Apollon, Artemis, Asteria und die Apokalypse des Johannes

Kleine Schriften
des Fachbereichs Evangelische Theologie
der Goethe-Universität Frankfurt am Main

Band 9

Apollon, Artemis, Asteria und die Apokalypse des Johannes

Eine Spurensuche zur Intertextualität und Intermedialität im Rahmen griechisch-römischer Kultur

Herausgegeben von
Stefan Alkier und Thomas Paulsen

EVANGELISCHE VERLAGSANSTALT
Leipzig

Bibliographische Information der Deutschen Nationalbibliothek
Die Deutsche Nationalbibliothek verzeichnet diese Publikation in der Deutschen Nationalbibliographie; detaillierte bibliographische Daten sind im Internet über http://dnb.dnb.de abrufbar.

Das Buch wurde auf alterungsbeständigem Papier gedruckt.

Cover: Kai-Michael Gustmann, Leipzig
Satz: Simon Dittmann, Frankfurt a. M.
Druck und Binden: Hubert & Co., Göttingen

ISBN 978-3-374-05690-3
www.eva-leipzig.de

Zum Geleit

Im Wintersemester 2012/13 unterrichteten wir beide, ohne es voneinander zu wissen, ein Seminar über die Johannesapokalypse. Studierende machten uns darauf aufmerksam, und so beschlossen wir, im Sommersemester 2013 ein gemeinsames Seminar zu dieser philologisch wie theologisch hochinteressanten Schrift anzubieten.

Nicht nur den an diesem ersten gemeinsamen, interdisziplinär konzipierten und durchgeführten Seminar teilnehmenden Studierenden schien diese Kooperation große Freude und Lernfortschritte zu bereiten, sondern wir spürten schon nach wenigen Sitzungen, wie ergiebig die Kombination aus Philologie und Exegese für unsere jeweiligen Fragestellungen war. Dem Ansinnen der Studierenden, diese für alle ergiebige Zusammenarbeit fortzusetzen, folgten wir gern, und seitdem bieten wir in jedem Sommersemester ein gemeinsames Seminar zur Johannesapokalypse an.

Sicherlich gibt es zahlreiche weitere Schriften, die uns gemeinsam interessieren, aber dass wir bei der Johannesapokalypse geblieben sind, ist weniger ein Zeichen von Einfallslosigkeit, als vielmehr Ausdruck unserer zunehmenden Begeisterung über die Komplexität und Güte dieser umstrittenen Schrift – und auch unseres Eindrucks, mehr und anderes gemeinsam zu ihrer Erforschung beitragen zu können als jeder für sich.

Zu unserer großen Freude als akademische Lehrer teilen einige Seminarteilnehmerinnen und -teilnehmer, von denen nicht wenige in den vergangenen Jahren kontinuierlich unsere interdisziplinären Lehrveranstaltungen besuchten, unsere Begeisterung für die Johannesapokalypse und deren Erforschung. Manche von ihnen widmen ihr nun ihre Examensarbeit und mittlerweile gehen daraus auch Dissertationsprojekte hervor.

Als wir im Sommersemester ein Seminar zur Intertextualität der Johannesapokalypse anboten, das sich ganz der Frage nach der Beziehung dieser Schrift zu griechischer Literatur widmete, die nicht aus jüdischen Kontexten hervorging, wurden wir von kreativen und zum Teil auch innovativen Ideen der Seminarteilnehmerinnen und -teilnehmer beschenkt. Die gemeinsame Arbeit an diesem spannenden Thema erzeugte eine Arbeitsatmosphäre, die wir uns als Geisteswissenschaftler für die gesamte Universität erträumen: Entdeckerfreude, Mut zum eigenen Denken, Raum für unausgegorene und zuweilen auch abwegige Ideen, gegenseitige Ermunterung und sachliche Kritik, heiterer Ernst und ausdauernde Leidenschaft für den Gegenstand der Forschung.

In der Mitte des Semesters hatten wir bereits so viele Ideen gesammelt, dass wir beschlossen, daraus ein Büchlein zu fertigen und der Gruppe anzubieten, eigene Miszellen beizutragen. Wir denken, dass daraus ein beachtenswerter Forschungsbeitrag zur Intertextualität der Johannesapokalypse geworden ist, auch wenn einiges im Bereich des rein Hypothetischen anzusiedeln sein wird. Die Dichte der intertextuellen Bezüge aber, die das Seminar erarbeitet hat, kann nicht von der Hand gewiesen werden und macht weitere Forschungen dazu unerlässlich. Das ist wohl unser wichtigstes Ergebnis: Die religiöse und kulturelle Positionierung der Johannesapokalypse kann nicht hinreichend verstanden werden, ohne ihre intertextuellen Bezüge zu griechischer und wohl auch zu mancher römischen Literatur wahrzunehmen. Wir freuen uns daher sehr, unserem schönen Seminar den vorliegenden Band folgen zu lassen, der manches von unserer gemeinsamen Arbeit dokumentiert und andere daran teilnehmen lassen möchte.

Wir danken Simon Dittmann, unserem gemeinsamen Doktoranden und Teilnehmer aller gemeinsamen Seminare, dass er die mühsame Arbeit der Redaktion auf sich genommen hat. Wir danken namentlich Frau Dr. Annette Weidhaas stellvertretend für alle an diesem Band beteiligten Mitarbeiterinnen und Mitarbeiter der Evangelischen Verlagsanstalt für die professionelle und freundliche Zusammenarbeit.

Diese Publikation erscheint im Kontext des vom LOEWE-Programm des Hessischen Ministeriums für Wissenschaft und Kunst geförderten Forschungsschwerpunkts »Religiöse Positionierung: Modalitäten und Konstellationen in jüdischen, christlichen und islamischen Kontexten« an der Goethe-Universität Frankfurt, der aus der jahrzehntelangen Arbeit des Fachbereichs Evangelische Theologie an der Erforschung von Religion im Dialog hervorgegangen ist.

Frankfurt, im März 2018

Stefan Alkier Thomas Paulsen

Inhaltsverzeichnis

Stefan Alkier / Thomas Paulsen

Der kommende Gott und die Götter der Anderen

Beobachtungen zur intratextuellen Komposition und zur intertextuellen Schreibweise der Johannesapokalypse

»O schön leuchtender Helios, wie hast du mich vernichtet / und ihn hier. Apollon/Vernichter aber wirst du unter Sterblichen mit Recht genannt, / wer immer die verborgenen Namen der Gottheiten kennt.«
(Euripides, Phaethon)

Einleitung

Die Johannesapokalypse ist kein Buch mit sieben Siegeln. Sie fordert ihren Rezipientinnen und Rezipienten aber Zeit und Muße ab und mutet ihnen zu, aufmerksam zu hören, zu lesen, zu imaginieren und mitzudenken. Sie fordert sprachlich heraus und spielt mit der literarischen Kompetenz ihrer Interpretinnen und Interpreten. Wer nur die Schriften der Septuaginta kennt, wird viele Bezüge verpassen, wer sie aber nicht kennt, dem könnte dieser kühne theologische Entwurf eines hoch gebildeten kleinasiatischen Autors zur Zeit Domitians, Nervas und/oder Trajans wohl schnell – aber keineswegs unabdingbar – als Buch mit zu vielen Siegeln erscheinen.

Wer sich auf den kompositorischen Gestaltungswillen und die intertextuelle Schreibweise der Johannesapokalypse einlässt und ihr nachspürt, erfährt sie als ein faszinierendes Geflecht aus Pro- und Analepsen auf der intratextuellen Ebene und als Vernetzung kosmologischer, theologischer und mythologischer Wissensbestände, die sich der intertextuellen Schreibweise des Poetheologen Johannes verdankt. Johannes entwirft eine kühne interkulturelle Theologie mit einer klaren Positionierung im Wirkfeld des Gottes Israels, den die verschriftlichten Visionen des Johannes als gegenwärtig kommenden Allherrscher sehen lassen.

Dass dieser inspirierende kosmo-theologische Ansatz aber so wirkmächtig gelang, ist zunächst seiner sprachlichen und poetischen Kompetenz zu verdanken, die sein Werk auch zu einem ästhetischen und intellektuellen Vergnügen werden ließ, wenn man ihm die dafür notwendige Aufmerksamkeit schenkt. Aber ist das nicht die Voraussetzung für alle großen Werke, die mit Sprache experimentieren? Wer wird Ovids Metamorphosen, Hölderlins Hyperion oder James Joyces Ulysses nach einmaliger Lektüre durchblicken? Sprachkünstler haben es im Zeitalter von fast food, Smartphones und Simplifizierung schwer, Leserinnen und Leser mit langem Atem zu finden - und der wird benötigt, wenn man sich in die konflikt- und bilderreiche Welt des Johannes begibt. Der Lohn ist groß, wird man doch gleichermaßen philologisch, literarisch und theologisch vom Poetheologen Johannes beschenkt.

Wir entnehmen seinen Namen seinem Text, so wie alles, was wir über ihn sagen werden, allein unserer Textinterpretation verpflichtet ist. Der Text gibt »Johannes« als expliziten Autor an und wir nutzen diesen Namen auch unbefangen für den impliziten Autor. Da wir ohne Bedeutungsunterschied abwechselnd mit den Termini »Autor« und »Verfasser« operieren, sei hier methodisch klargestellt, dass wir damit zunächst rezeptionsästhetisch den impliziten Autor meinen, dessen »Intention« sich auf der Basis philologischer, literaturwissenschaftlicher und theologischer Analysen und Interpretationen ermitteln lässt. Wir sind zugleich davon überzeugt, dass sich damit ein Kompetenzprofil auch des realen Autors aus Fleisch und Blut erstellen lässt und damit eine Brücke zwischen einer semiotisch und rezeptionsästhetisch reflektierten texttheoretischen Autorkonzeption und dem Begehren, auch etwas über den Verfasser aus Fleisch und Blut zu erschließen, bauen lässt[1].

Da beide Verfasser dieses Aufsatzes die Poetik des Aristoteles als unübertroffene poetologische Programmschrift[2] begreifen, beginnen wir dessen Konzeption folgend mit der Analyse des *mythos* der Johannesapokalypse oder, wie man neudeutsch sagen würde, seines *plots* - oder herkömmlich und wohl auch verständlicher, seines Aufbaus. Das Ganze bestimmt Aristoteles zufolge die Funktion seiner Teile und dieser Satz ist nicht umkehrbar. Wir werden deshalb im ers-

---

1 Vgl. H. LINK, Rezeptionsforschung. Eine Einführung in Methoden und Probleme, Stuttgart u. a. ²1980.

2 Aristoteles, Poetik, gr.-dt., übers. u. hg. v. M. FUHRMANN, Stuttgart 1982.

ten Abschnitt unsere Rekonstruktion des Bauplans dieser Schrift darstellen. Der zweite Abschnitt wird die intertextuelle Schreibweise des Johannes skizzieren und dabei unser methodisches Verständnis von Intertextualität offenlegen. Weil der Schwerpunkt der bisher geleisteten intertextuellen Analysen der Johannesapokalypse ganz deutlich auf den Bezügen zu den Heiligen Schriften Israels lag[3], werden wir im dritten Abschnitt versuchen, die intertextuelle Schreibweise des Johannes anhand expliziter und auch verborgener Götternamen insbesondere griechischer und römischer Kulte zu konkretisieren. Dass unsere diesbezüglichen Ausführungen nur ein Fingerzeig für weitere notwendige intertextuelle Forschung zur Johannesapokalypse sein können, sei ausdrücklich hervorgehoben.

---

3 Vgl. u.a. G. K. BEALE, John's Use of the Old Testament in Revelation, Sheffield 1998; S. MOYISE, The Old Testament in the Book of Revelation, Sheffield 1995; TH. HIEKE, Die literarische und theologische Funktion des Alten Testaments in der Johannesoffenbarung, in: S. ALKIER/TH. HIEKE/T. NICKLAS (Hg.) in Zusammenarbeit mit M. SOMMER, Poetik und Intertextualität der Johannesapokalypse, Tübingen 2015, 271-290. In diesen Veröffentlichungen ist zahlreiche Literatur zum Thema vermerkt.

I. Philologische, literaturwissenschaftliche und theologische Beobachtungen zur Komposition der Johannesapokalypse[4]

1. Zur literarischen Integrität der Johannesapokalypse

Zu den meistbehandelten Problemen, mit denen sich die Forschung zur Johannesapokalypse (Apk) konfrontiert sieht, gehört der auf den ersten Blick chaotisch erscheinende, zahlreiche Redundanzen enthaltende Aufbau des Werkes, welcher die Frage herausfordert, ob wir es denn hier tatsächlich mit einem sinnvoll strukturierten, zusammenhängenden und vollständigen Text zu tun haben. Die Mehrzahl der Gelehrten scheint immer noch davon auszugehen, dass der Text über einen längeren Zeitraum von möglicherweise mehreren Jahrzehnten nicht organisch gewachsen ist, sondern in mehreren Redaktionsphasen seine heutige Gestalt erhalten hat. In der radikaleren Spielart dieser Analyserichtung werden sogar mehrere Autoren angenommen[5]. Die gemäßigtere Deutungsrichtung geht zwar von einem einzi-

---

4 Der Abschnitt I erschien bereits in gekürzter Fassung als separater Aufsatz: S. ALKIER/TH. PAULSEN, Der kommende Gott. Philologische, literaturwissenschaftliche und theologische Beobachtungen zur Komposition der Johannesapokalypse, THLZ 142 (2017), 453-472.

5 Siehe hierzu etwa W. BOUSSET, Die Offenbarung Johannis, Göttingen 1966 [⁶1906], 116f., 122-129; R. H. CHARLES, A Critical and Exegetical Commentary on the Revelation of St. John, Bd. I, Edinburgh 1975 [1920], lxii-lxv, lxxxix-xci; S. MOYISE, Word Frequencies in the Book Revelation, AUSS 43.2 (2005), 285-299.

gen Verfasser aus, in dessen Werk sich aber mehrere chronologische Schichten nachweisen ließen[6].

Die interessanteste und gründlichste moderne Analyse dieser Art bietet FRANZ TÓTH, der in dem eigentlichen apokalyptischen Geschehen, das sich ab Kapitel 4 entfaltet, die älteste Schicht ausmacht, welcher der Autor in einer ersten redaktionellen Bearbeitung die Kultszenen im Himmel als Strukturierungshilfen hinzugefügt habe, bis schließlich in einer zweiten Redaktionsphase mehrere Jahrzehnte nach der Genese des *corpus apocalypticum* in den letzten Jahren der Regierungszeit Trajans [98–117] die Sendschreiben hinzugefügt worden seien[7]. So scharfsinnig diese Analysen von TÓTH und anderen auch sind, kranken sie unseres Erachtens an dem methodischen Grundproblem, dass nicht ernsthaft untersucht wird, ob die Annahme redaktioneller Bearbeitun-

---

6 Siehe hierzu etwa H. KRAFT, Die Offenbarung des Johannes, Tübingen 1974, 10, 93, 221f.; D. E. AUNE, Revelation 1-5, Dallas (TX) 1997, cxx-cxxxiv; A. SATAKE, Die Offenbarung des Johannes, Göttingen 2008, 59-73; F. TÓTH, Von der Vision zur Redaktion. Untersuchungen zur Komposition, Redaktion und Intention der Johannesapokalypse, in: ders./J. FREY/J. A. KELHOFFER (Hg.), Die Johannesapokalypse. Kontexte – Konzepte – Rezeption, Tübingen 2012, 319-411.

7 TÓTH, Von der Vision zur Redaktion, pass., v. a. 328, 339-356, 384-405, 411. Für ihn enthalten Apk 1,1-3.10-20 und 4,1-22,10 das ursprüngliche, schon etwa um das Jahr 70 anzusetzende apokalyptische Corpus, das in einer ersten Redaktionsstufe durch die Kultszenen 4/5; 8,1-6; 11,15-19; 14,14-20; 15,1-8; 16,17-21; 19,1-10 und 21,1-8 zu einer »oktaedrischen Ordnung« in acht Visionsabschnitten (a. a. O. 328) zusammengefügt wurde, während in einer zweiten Redaktionsstufe ab etwa 112 die Sendschreiben mit ihrer Einleitung (Apk 1,4-9; 2/3) hinzukamen.

gen zwingend nötig ist oder ob sich selbst ein *prima vista* so uneinheitlich wirkender Text wie die Apk nicht als eine zusammengehörige, als solche vom Autor konzipierte Einheit erklären lässt. Die Beweislast liegt doch grundsätzlich bei denen, die postulieren, dass ein überlieferter Text kein zusammenhängend komponiertes Ganzes bilde[8]. Vor allem können Interpreten wie TÓTH mit der Annahme einer doppelten Redaktion nicht plausibel machen, warum Johannes die Niederschrift des gewaltigen Gebäudes seiner Visionen Jahrzehnte lang in der Schublade schlummern ließ, bevor er es, angepasst an eine neue historische Situation, um die Sendschreiben angereichert, publizierte[9]. Wir wollen diese

---

8 Ein vergleichbares Phänomen fand sich in der Klassischen Philologie in der Homerinterpretation des 19. und der ersten Hälfte des 20. Jahrhunderts. Mit großem Scharfsinn legten die so genannten Analytiker in der Nachfolge von F. A. WOLF Schicht um Schicht frei, um nachzuweisen, dass nicht nur *Ilias* und *Odyssee* von verschiedenen Dichtern stammten, sondern dass die beiden Epen auch in sich Konglomerate seien, die verschiedene Autoren im Laufe von Jahrzehnten zusammengetragen hätten. Mittlerweile haben sich aber so genannte Unitarier wie LATACZ durchgesetzt, die für *Ilias* und *Odyssee* im Wesentlichen je einen Dichter annehmen und so mit Ausnahme weniger späterer Interpolationen mit zwei »Homeren« auskommen. Wenige radikale Unitarier in der Nachfolge von REINHARDT, zu denen auch der altphilologische Co-Autor dieses Beitrags gehört, halten es sogar nach wie vor für denkbar, dass ein- und derselbe Dichter beide Epen verfasst hat.

9 Diese ganz unwahrscheinliche Auffassung vertritt explizit R. MOBERLY, When was Revelation Conceived?, Bib 73 (1992), 376-393, hier: 392. – Ein ernsthafteres Argument zugunsten einer »Zweischichtenthese« könnte man in den v. a. von AUNE, Revelation 1-5, cxxxii-cxxxiv festgestellten sprachlichen und stilistischen Differenzen zwi-

Diskussion hier nicht weiter verfolgen, sondern nur konstatieren, dass wir die Apk als Werk eines Autors betrachten, das von einem einheitlichen Gestaltungswillen getragen in einem chronologischen Kontinuum entstanden ist, dessen Dauer zwar nicht bestimmt werden kann, das aber keine erkennbaren Unterbrechungen aufweist[10].

Unter dieser Prämisse werden wir uns zunächst der intratextuellen Frage zuwenden, wie mit Hilfe der Untersuchung des sprachlichen und theologischen Gestaltungswillens des Johannes die so kompliziert erscheinende Struktur der Apk erklärt werden kann. Dabei wollen wir uns in erster Linie mit den Schwierigkeiten beschäftigen, eine kohärente Zeitstruktur[11] des Geschehens in den Kapiteln 4-20, welche

---

schen den Sendschreiben und dem eigentlich apokalyptischen Text sehen. Diese scheinbare Divergenz ist aber leicht durch die Unterschiede zwischen Briefform des einen und Erzählform des anderen Teils zu erklären.

[10] Vgl. hierzu auch M. KARRER, Johannesoffenbarung (Offb. 1,1-5,14), Ostfildern/Göttingen 2017, der ebd., 85, wie auch wir »für eine Würdigung der scheinbaren Spannungen als grundlegende, literarisch-rhetorisch intendierte Charakteristika des Werkes« eintritt. Vgl. auch schon M. KARRER, Die Johannesoffenbarung als Brief. Studien zu ihrem literarischen, historischen und theologischen Ort, Göttingen 1986, 137; R. BAUCKHAM, Structure and Composition, in: ders. (Hg.), The Climax of Prophecy. Studies on the Book of Revelation, Edinburgh 1993, 1-37; H. GIESEN, Die Offenbarung des Johannes, Regensburg 1997, 93; K. HUBER, Einer gleich einem Menschensohn. Die Christusvisionen in Offb 1, 9-20 und Offb 14,14-20 und die Christologie der Johannesoffenbarung, Münster 2007, 76 (Anm. 9).

[11] Vgl. zu Zeit und Raum in der Apk S. ALKIER/T. NICKLAS, Wenn sich Welten berühren. Beobachtungen zu zeitlichen und räumlichen Strukturen in der Apokalypse des Johannes, in: S. ALKIER/TH.

die dramatische Handlung der Apk enthalten, auszumachen. Erwähnt sei hier nur das Verhältnis der jeweils sieben Siegel-, Posaunen- und Schalenvisionen (6,1-8,5; 8,6-11,19; 16,1-21) zueinander, bei dem selbst mit dem Text gut vertraute Leserinnen und Leser Schwierigkeiten haben, den logischen und chronologischen Zusammenhang der sich zum Teil wiederholenden Ereignisse zu verstehen: Wann findet denn nun eigentlich das Jüngste Gericht genau statt und in welchem Verhältnis stehen mögliche Ankündigungen dazu? Hier soll als Grundlage der strukturellen Untersuchung der Gliederungsvorschlag von STEFAN ALKIER dienen, in den wir am Ende dieses Abschnitts unsere hier vorgelegten Beobachtungen eintragen[12].

Es ist eine altbekannte Tatsache, dass es in der Apk von inter- und intratextuellen Bezügen wie in keinem anderen Text der Bibel wimmelt[13]. Während der Autor bei der

---

HIEKE/T. NICKLAS (Hg.) in Zusammenarbeit mit M. SOMMER, Poetik und Intertextualität der Johannesapokalypse, Tübingen 2015, 205-226, vgl. auch D. ZELLER, Zum Tempusgebrauch in der Offenbarung des Johannes, in: ebd., 27-44.

[12] S. ALKIER, Die Johannesapokalypse als »ein zusammenhängendes und vollständiges Ganzes«, in: M. LABAHN/M. KARRER (Hg.), Die Johannesoffenbarung. Ihr Text und ihre Auslegung, Leipzig 2012, 147-171, mit schematischem Überblick 151f. – Interessante Alternativvorschläge bieten etwa F. TAVO, The Structure of the Apocalypse. Re-Examining a Perennial Problem, NT 47 (2005), 47-68 mit besonderer Betonung der »narrative joints« zwischen den einzelnen Visionsblöcken und TÓTH, Von der Vision zur Redaktion, pass., mit schematischer Darstellung S. 408.

[13] Besonders fruchtbar und erhellend sind hierzu die Ausführungen von R. B. HAYS, Faithful Witness, Alpha and Omega. The Identity of Jesus

Verwendung von ersteren direkte Zitate peinlich vermeidet, unterstützt er sein Lese- und Hörpublikum dabei durch wörtliche und annähernd wörtliche Selbstzitate, welche das Werk mit einem dichten Geflecht kataphorischer und anaphorischer Verweise durchziehen, die Struktur dieses hochkomplexen Textes zu verstehen. Auf dieser Beobachtung aufbauend soll hier der Versuch unternommen werden, den sprachlichen Gestaltungswillen des Johannes für das Verständnis der Komposition der Apk nutzbar zu machen. Dies bietet sich um so mehr an, als sich in der Forschung zunehmend die Erkenntnis durchsetzt, dass der Autor nicht nur kein anspruchsloses Griechisch schrieb[14], das womöglich auf unzureichender Sprachbeherrschung beruhen würde, sondern vielmehr die griechische Sprache virtuos beherrschte[15], so virtuos wie vielleicht kein anderer Autor des Neuen Testaments, so dass von vornherein damit zu rechnen ist, dass er diese Sprachbeherrschung in den Dienst der

---

in the Apocalypse of John, in: ders./S. ALKIER (Hg.), Revelation and the Politics of Apocalyptic Interpretation, Waco (TX) 2012, 69-83, TÓTH, Von der Vision zur Redaktion, mit zahlreicher weiterführender Literatur und D. L. BARR, Tales of the End. A Narrative Commentary on the Book of Revelation, Salem (OR) 2012.

14 Siehe hierzu exemplarisch E. C. SELWYN, The Christian Prophets and the Prophetic Apocalypse, New York 1900, 258.

15 Siehe hierzu v. a. T. HOLTZ, Sprache als Metapher. Erwägungen zur Sprache der Johannesapokalypse, in: F. W. HORN/M. WOLTER (Hg.), Studien zur Johannesoffenbarung und ihrer Auslegung. Festschrift Otto Böcher, Neukirchen-Vluyn 2005, 10-19; vgl. auch die weiterführende Studie von LAURENȚIU FLORENTIN MOȚ, Morphological and Syntactical Irregularities in the Book of Revelation. A Greek Hypothesis, Linguistic Biblical Studies 11, Leiden 2015.

Leserlenkung und seiner Theologie stellt. Wir gehen dabei von der Beobachtung aus, dass Johannes gleichermaßen ein Lese- wie Hörpublikum im Sinne hat (vgl. Apk 1,3). In ihrer ganzen Komplexität lässt sich die Struktur des Werkes nur durch wiederholte Lektüre begreifen, wie uns selbst, seit wir uns näher mit diesem faszinierenden Text zu beschäftigen begannen, kontinuierlich immer deutlicher bewusst wurde, aber das primäre Zielpublikum waren ja die sieben in den Sendschreiben (Kap. 2-3) angesprochenen kleinasiatischen Gemeinden in ihrer Gesamtheit, deren Mitgliedern der Text auch mündlich vorgetragen werden sollte, damit auch des Lesens unkundige Christusanhänger in den Genuss der Offenbarungen kommen konnten. Dies unterstützte der Autor durch eine auf der Ebene der Syntax und des Sprachklangs möglichst ansprechende Gestaltung, in deren Dienst auch die zahlreichen Wiederholungen markanter Formulierungen stehen.

Man kann unseres Erachtens diesen Text durchaus im Vollsinn des Wortes auch als ein Hörspiel klassifizieren, das in einer Versammlung von Christusanhängerinnen und -anhängern vorgetragen werden soll und durch den gemeinsam erlebten Hörgenuss der vor die Augen gemalten Visionen eine kollektive Identität der leiblich anwesend hörend Sehenden und so in andere Sphären Mitentrückten erzeugen soll[16]. Es verhält sich mit den sprachlich erklin-

---

[16] Vgl. S. Alkier, Identitätsbildung im Medium der Schrift, in: Marianne Grohmann (Hg.), Identität und Schrift. Fortschreibungsprozesse als Mittel religiöser Identitätsbildung, Göttingen 2016, 105-161; ders., Schwerwiegende Differenzen – Vernachlässigte

genden ja so wie mit musikalischen Motiven: Je öfter ein Motiv ertönt, desto besser prägt es sich dem Hörer ein und desto eher lässt es sich erfassen, wenn der Komponist es beim erneuten Erklingen variiert[17]. Diese Beobachtungsweise, die sich idealtypisch etwa an der Leitmotivtechnik in Richard Wagners Opernzyklus *Der Ring des Nibelungen* oder Howard Shores Musik zu Peter Jacksons Verfilmung von J. R. R. Tolkiens *The Lord of the Rings* erproben lässt, wird sich auch bei der Untersuchung kataphorischer und anaphorischer Verweise in der Apk als fruchtbar erweisen. Dies lässt sich am anschaulichsten an einem besonders markanten, insgesamt fünfmal erklingenden »Leitmotiv« vorführen, mit dem wir die Analyse daher beginnen wollen.

Antagonismen in der Johannesapokalypse, in: ders./MICHAEL SCHNEIDER/CHRISTIAN WIESE (Hg.), Diversität – Differenz – Dialogizität, Berlin/Boston 2017, 247–289.

17 Einen sehr gelungenen musikalischen Vergleich für dieses Phänomen wählt auch BARR, Tales of the End, 173f.: »The repetitious (...) is everywhere. On one level, there is a repetitiveness to the first four seals, as each proceeds in verbal synchrony with the previous. This is the repetitiveness of the drum, hammering home the message. (...) But there is a deeper level of the repetitious. Seal six, for example, symbolizes the final judgment (...) as does the earthquake following the ascent of the two witnesses (11:13). This is not drumming, but more like the musical variations on a theme in a symphony. Each repetition states, refines, and enhances the theme so that we understand it in new ways.«

2. Transformationen der Gottesbezeichnung von Apk 1,4 im Textverlauf

Die sicher markanteste Gottesbezeichnung der Apk erscheint gleich zu Beginn: Johannes wünscht den sieben Gemeinden in der Provinz Asia Segen und Frieden (Apk 1,4):

> χάρις ὑμῖν καὶ εἰρήνη ἀπὸ ὁ ὢν καὶ ὁ ἦν καὶ ὁ ἐρχόμενος.

Intertextuell liegt dieser Prädikation die berühmte Gottes-Selbstvorstellung aus Ex 3,14 Ἐγώ εἰμι ὁ ὤν zugrunde[18], deren unveränderliche Gegenwart Johannes um die Zeitstufen der Vergangenheit und Zukunft erweitert[19]. Für das Publikum, unabhängig davon, ob es diesen Vers las oder hörte, musste sie besonders einprägsam sein, da in nur neun Wörtern zunächst durch zwei schwerwiegende Grammatikverstöße die Erwartungshaltung erschüttert wird und dann inhaltlich das dritte Glied der dreiteiligen Gottesprädikation mit einer überraschenden Formulierung aufwartet[20]. Zu-

---

[18] Vgl. AUNE, Revelation 1-5, 30.

[19] Hier liegt die griechische Dreizeitenformel zugrunde; vgl. M. KARRER, Das Gottesbild der Offenbarung vor hellenistisch-frühkaiserzeitlichem Hintergrund, in: M. STOWASSER (Hg.), Das Gottesbild in der Offenbarung des Johannes, Tübingen 2015, 53-81, hier: 68; zu verwandten Gedanken in der Ontologie insbesondere Platons s. a. a. O. 75-79.

[20] Vgl. hierzu ausführlicher TH. PAULSEN, Zu Sprache und Stil der Johannes-Apokalypse, in: S. ALKIER/TH. HIEKE/T. NICKLAS (Hg.) in Zusammenarbeit mit M. SOMMER, Poetik und Intertextualität der Johannesapokalypse, Tübingen 2015, 3-25, hier: 21-24; vgl. weiterhin:

nächst erscheint anstelle des nach der Präposition ἀπό grammatisch erforderlichen Genitivs τοῦ ὄντος der Nominativ, ein in der gesamten antiken griechischen Literatur wohl singulärer Solözismus, der noch prägnanter dadurch wirkt, dass der Autor die Präposition unmittelbar danach anlässlich der Erwähnung von Christus korrekt konstruiert (ἀπὸ Ἰησοῦ Χριστοῦ, 1,5). Dann wird, unter grammatischen Gesichtspunkten nicht weniger schockierend, der Gegenwart von ὁ ὤν die Vergangenheit mit ὁ ἦν beigefügt. Das klingt elegant, ist aber nach den Regeln der Schulgrammatik natürlich ebenfalls ein schwerwiegender Verstoß, da eine finite Verbform nicht durch einen Artikel substantiviert werden kann[21]. In Anlehnung an die Deutung von HOLTZ wurde an anderer Stelle bereits ausgeführt[22], dass Johannes' primäre Darstellungsabsicht hier darin liegt, Gott als das Subjekt schlechthin, das den Regeln menschlicher Grammatik nicht unterworfen ist, einzuführen. Im hiesigen Zusammenhang soll es in erster Linie darum ge-

---

CHARLES, Commentary I, 10; GIESEN, Offenbarung, 74; G. K. BEALE, The Book of Revelation. A Commentary on the Greek Text, Grand Rapids (MI) 1999, 188f.

21 KARRER, Gottesbild, 78 verweist auf die von Platon im *Timaios* geführte Diskussion über die Unmöglichkeit, dem Seienden Zeitformen der Vergangenheit zuzuweisen. In diesem Zusammenhang fällt zweimal die Formulierung τὸ ἦν (37e4, 38a1). Dieser Fall ist jedoch grammatisch anders zu erklären als ὁ ἦν in Apk 1,4, da der sächliche Artikel die Verbform ἦν hier nicht substantiviert, sondern als bestimmten Ausdruck bezeichnet; man könnte τὸ ἦν etwa mit »die Formulierung ›war‹« wiedergeben.

22 Vgl. HOLTZ, Sprache als Metapher, 14 und PAULSEN, Sprache und Stil, 23f.

hen, die mutmaßliche Wirkung dieser gewichtigen Worte auf Leser und Hörer herauszuarbeiten. Die beiden genannten Solözismen bieten auf dieser Wirkungsebene gleichermaßen zwei Ausrufezeichen, die dazu beitragen, sich die Formulierung sofort einzuprägen, was durch die schon erwähnte Assonanz und lapidare Kürze von ὁ ὤν und ὁ ἦν unterstrichen wird, eine Prägnanz, die durch eine grammatisch korrekte Konstruktion im Genitiv oder durch einen Relativsatz nicht hätte erzielt werden können. Für unseren Kontext am wichtigsten ist aber das dritte - grammatisch unanstößige - Durchbrechen der Erwartungshaltung: Nachdem Gegenwart und Vergangenheit der Gottesprädikation genannt wurden, rechnet man mit der Bezeichnung der Zukunft durch das im Gegensatz zum nicht existierenden Partizip Imperfekt zur Charakterisierung einer dauerhaften Vergangenheit problemlos zu bildende Partizip Futur ὁ ἐσόμενος. Stattdessen erscheint jedoch ὁ ἐρχόμενος, womit der inhaltliche Akzent verschoben wird: Es wird nicht die selbstverständliche Existenz Gottes auch in der Zukunft in den Blick genommen, sondern stattdessen die Tatsache, dass er kommt - nicht in einer ferneren Zukunft kommen wird, dies hätte der Autor durch das zumal klanglich sehr gut zu ὁ ὤν und ὁ ἦν passende Futur-Partizip ὁ ἰών zum Ausdruck gebracht, sondern durch das Partizip Präsens, dessen durativer Aspekt hier bezeichnet, dass Gott schon dabei ist zu kommen, so dass man in der deutschen Übersetzung am besten das Partizip beibehält und die markante Junktur unter weitgehender Beibehaltung der grammatischen Schockeffekte folgendermaßen wiedergeben könnte:

»Gnade euch und Friede von: der SEIENDE und der IMMER-WAR und der KOMMENDE«[23].

Johannes legt also besonderen Wert darauf zu betonen, dass Gott gewissermaßen schon unterwegs zu den Menschen ist, und dieser Aspekt wird sich als höchst bedeutsam für das Verständnis der Struktur der Apokalypse erweisen. Dass Leser und Hörer die schon beim ersten Erscheinen so markante Formulierung im Kopf behalten, dafür sorgt ihre Wiederkehr nur vier Verse später, wo sie als Selbstaussage Gottes, der hier zum ersten Mal in der Apokalypse spricht, in mächtig erweiterter Form erscheint:

Ἐγώ εἰμι τὸ ἄλφα καὶ τὸ ὦ, λέγει Κύριος ὁ Θεός, ὁ ὢν καὶ ὁ ἦν καὶ ὁ ἐρχόμενος, ὁ Παντοκράτωρ.

»ICH BIN das Alpha und das Omega, sagt HERR, der GOTT, der SEIENDE und der IMMER-WAR und der KOMMENDE – der ALLMÄCHTIGE!«

War an der ersten Stelle die direkte Gottesbezeichnung noch nicht genannt worden, obwohl die Identität des ewig Seienden natürlich jedem Rezipienten klar sein musste, wird Gott hier durch zwei weitere Prädikate, Κύριος und Θεός, direkt bezeichnet, denen eine Variation der Ewigkeitsvorstellung aus 1,4 vorangestellt wird: Während die hier erneut erschei-

[23] Alle Übersetzungen stammen, soweit nicht anders angegeben, von uns. Sie sind Teil eines gemeinsamen Lehr- und Forschungsprojektes zur Apk.

nende Formulierung von 1,4 die Ewigkeit Gottes in den verschiedenen Zeitstufen betont, wird mit der hier erstmals verwendeten Formulierung τὸ ἄλφα καὶ τὸ ὦ Anfang und Ende des kosmischen Geschehens in den Blick genommen[24], die Allgegenwart Gottes also um einen neuen Aspekt bereichert[25]. Die abschließende Gottesbezeichnung ὁ Παντοκράτωρ zieht gewissermaßen die Summe aus den vorangehenden: Gott hat unumschränkte Macht in Raum und Zeit[26]. Sprachlich sind die insgesamt acht Gottesbezeichnungen von 1,8 in monumentaler Schlichtheit wie gemeißelt, was im mündlichen Vortrag besonders gut zum Ausdruck gebracht werden kann: Es gibt zwei kurze parataktische Sätze, deren erster als direkte Rede Gottes das vom Autor genannte verbum dicendi umschließt. Die in der direkten Rede enthaltenen sechs Prädikationen werden als sechs Prädikatsnomina zum Subjekt Ἐγώ geboten, die beiden anderen sind Subjekt und Apposition in dem knappen Satz, der die direkte Rede Gottes als solche kenntlich macht und als weiteren Satzbestandteil nur noch das Prädikat enthält. Als einziger Kasus in diesem parataktischen Satzgefüge erscheint also neunmal der Nominativ, verteilt auf zwei Subjekte, sechs Prädikatsnomina und eine Apposition, wobei

---

24 Vgl. AUNE, Revelation 1-5, 57, GIESEN, Offenbarung, 80f.

25 Die ausgeschriebene Version des Buchstaben Omega existiert zu dieser Zeit noch nicht; s. KARRER, Gottesbild, 70.

26 Zur Verwendung der Junktur Κύριος ὁ Θεὸς ὁ Παντοκράτωρ im Gesamtplan der Apokalypse siehe auch TÓTH, Von der Vision zur Redaktion, 328 mit Anm. 34; zum Παντοκράτωρ-Begriff s. AUNE, Revelation 1-5, 58.

mit den Nominativen neunmal dieselbe »Person« bezeichnet wird. Rechnet man die sieben Artikel dazu, die sieben dieser neun Nominative vorangestellt sind und berücksichtigt, dass Gott das Subjekt beider Prädikate ist, so ist in 18 der 21 Wörter dieser beiden Sätze Gott unmittelbar gegenwärtig und bei den drei anderen handelt es sich jeweils um die Konjunktion καί, welche einige der Prädikationen miteinander verbindet. Man kann also sagen, dass beide Sätze vollständig von Gottesbezeichnungen durchdrungen sind, die das Problem des verborgenen Namens Gottes aus Ex 3,13f. durch eine explikative Semantik und Multiplizierung der Namen Gottes klären und mit dieser Theologie der offengelegten Namen Gottes die kosmologische Basisüberzeugung der Johannesapokalypse im kulturellen Kontext der Verehrung zahlreicher Gottheiten setzen. Gott ist nur einer und er ist derselbe Gott, der sich in Ex 3,13f. zeigt. Der Name des Gottes Israels lässt sich nicht in einem Namen fassen, aber das semantische Geflecht seiner Namen in Apk 1,8 offenbart so viel von ihm, wie zu wissen nötig ist, um die Johannesoffenbarung und mit ihr die kosmischen Konflikte und ihre Lösung zu verstehen, um damit hoffentlich in der alltäglichen Gegenwart leben und handeln zu können. Dass die Markierung der direkten Rede in diese eingebettet ist, dient dem Zweck, das Ἐγώ εἰμι als intertextuelle Disposition an den Anfang der Aussage setzen zu können, während das resümierende Παντοκράτωρ den gewichtigen Schluss markiert.

Werfen wir nun einen kurzen Blick auf die inhaltliche Struktur der eng zusammengehörigen Verse 1,4-8 im Zusammenhang, so lassen sich, um die musikalische Metaphorik wiederaufzunehmen, zwei Motive erkennen, mit denen die beiden Protagonisten der Apk in einer Exposition vorgestellt werden, das »Gottesmotiv«, das mit seiner Grundform in 1,4 und seiner Erweiterung in 1,8 die Partie rahmt, und das vielfältiger gestaltete »Christusmotiv«, das mit einer ganzen Reihe unterschiedlicher Prädikationen die Verse 1,5-7 beherrscht, so dass sich eine ABA-Komposition ergibt, in welcher der A-Teil bei seinem zweiten Erscheinen ausgebaut wird. Das Christusmotiv kann im hier gestellten Rahmen nicht eingehend untersucht werden, wir verweisen hier aber noch einmal auf die sich im Gesamtkontext als bedeutsam erweisende Differenzierung, dass Christus bei seinem ersten Erscheinen in 1,5 grammatisch korrekt im von ἀπό abhängigen Genitiv erscheint: Er ist natürlich eine ganz herausragende Gestalt, die hier in ihrem Erlösungswerk die entscheidende Vermittlerposition zwischen Gott und den Menschen einnimmt, doch gewinnt man hier erstmals auch auf sprachlicher Ebene den Eindruck einer angedeuteten Hierarchie, in der Gott den alleinigen ersten Platz einnimmt.

Mit dieser Exposition prägt Johannes seinem Publikum also die offenkundig gewordene Allgewalt Gottes mit wiederholten Formulierungen von lapidarer Monumentalität ein und konnte gewiss auf das Erinnerungsvermögen seiner Rezipienten hoffen, wenn er dieses »Gottesmotiv« an drei weiteren Stellen erklingen lässt. Ab 1,13 tritt zunächst Christus in den Fokus der johanneischen Vision und beherrscht sie durch seine Anweisungen für die sieben Sendschreiben bis zum Ende von Kapitel 3. Mit Kapitel 4 beginnt dann der lange, 17 Kapitel umfassende Hauptteil, der das eigentliche apokalyptische Geschehen präsentiert. Johannes sieht in einer zweiten Vision, die wie die erste (1,10) durch die Formulierung ἐγενόμην ἐν πνεύματι, *ich kam in den Geist*, eingeleitet wird (4,2), im geöffneten Himmel den Thron Gottes und Ihn selbst, der allerdings nicht beim Namen genannt, sondern wie es in der Apk insgesamt zwölfmal geschieht, mit der Periphrase »der Sitzende auf dem Thron« bedacht wird (4,2). Mit den Augen des Erzählers sehen und hören wir in einer Art von Pause, in der die erzählte Zeit stehenbleibt, Naturphänomene wie Blitze und Donner und die Wesen, die um den Thron herum gruppiert sind, die 24 »Älteren« (πρεσβύτεροι) und die vier »Lebewesen« (ζῷα), bei denen es sich trotz ihrer schlichten Bezeichnung um die ranghöchsten Engel handelt. Sie stimmen einen unaufhörlichen Gesang an (4,8):

> ἅγιος, ἅγιος, ἅγιος Κύριος ὁ Θεὸς ὁ Παντοκράτωρ, ὁ ἦν καὶ ὁ ὢν καὶ ὁ ἐρχόμενος.

> »Heilig, heilig, heilig, HERR, der GOTT, der ALLMÄCHTIGE, der IMMER-WAR und der SEIENDE und der KOMMENDE.«

Ungefähr 70 Zeilen nach seinem zweiten Erscheinen, gegen Ende des ersten Fünftels der Apk erscheint das »Gottesmotiv« also zum dritten Mal, an einer inhaltlich vergleichbaren und wiederum höchst bedeutsamen Stelle: War Gott bei seinem ersten Erscheinen vom Autor verbunden mit Leseanweisungen für die expliziten Leser als Quelle der Offenbarung genannt worden, die unmittelbar im Anschluss daran beginnt, erscheint er hier als Quelle der Macht, die das gesamte apokalyptische Geschehen anstoßen wird, beginnend mit der unmittelbar folgenden Präsentation des Buches mit den sieben Siegeln (5,1). Auch an dieser Stelle geht es in den 16 Wörtern, die das »Gottesmotiv« diesmal umfasst, ausschließlich um den Allmächtigen selbst und das in einer gegenüber dem zweiten Erscheinen syntaktisch weiter reduzierten Form: Es erscheint hier keine echte finite Verbform (die einzige, die von der Form her eigentlich eine solche ist, nämlich ἦν, ist ja substantiviert), sondern (wiederum bis auf das hier zweimalige καί) eine einzige Abfolge von Nominativen, die Gott, den Herrn charakterisieren[27]. Insgesamt neun Nomina sorgen für eine symmetrische Komposition, bei der diesmal die drei Substantive Gott, der Herr, der Allmächtige in der Mitte stehen und von jeweils drei adjektivischen beziehungsweise partizipialen Prädikationen umrahmt werden. Dadurch wird die feierliche, lapidare Statik der beiden ersten Stellen, an denen das »Gottesmotiv« erklang, womöglich noch überboten, unterstützt durch die doppelte Anapher von ἅγιος. Die Umstellung der Bezeichnung Gottes als Παντοκράτωρ lässt sich wohl dadurch erklären, dass die in 1,8 erstmals genannte Allmacht als Resümee am Ende der Prädikationenreihe erscheinen sollte und die Anfangsposition für die intertextuelle Disposition des »Ich bin« aus Ex 3,14 besetzt wurde, während die Bezeich-

---

[27] Es ist ein in der Apk häufig zu beobachtendes Phänomen, dass Johannes, wenn von Gott die Rede ist, finite Verbformen meidet, wodurch ein statischer Effekt hervorgerufen wird, der das unveränderliche Sein des Allmächtigen unterstreicht; vgl. hierzu PAULSEN, Sprache und Stil, 13.

nung Gottes als Παντοκράτωρ hier, wo wir sie bereits kennen, mit den beiden wesensmäßig eng verwandten anderen Substantiven Κύριος und Θεός einen Dreiklang der Substantive bilden sollte.

Warum aber werden hier ein einziges Mal gegenüber 1,4 und 1,8 zudem Gegenwart und Vergangenheit vertauscht, da nach einhelliger handschriftlicher Überlieferung in sozusagen chronologisch richtiger Reihenfolge der »Immer-War« dem »Seienden« vorangeht? Dass Johannes an den beiden vorangehenden Stellen anders vorging, ist mit der intertextuellen Referenz zu Ex 3,14 zu erklären, die den Gott der Johannesapokalypse programmatisch mit dem Gott Israels vernetzt, wie er in den Heiligen Schriften Israels dargestellt wird. Zudem ist ὁ ὤν wohl auch für Rezipienten ohne Kenntnis der Heiligen Schriften Israels die wichtigste der drei Prädikationen, da sie das unveränderliche Sein Gottes zum Ausdruck bringt. Zum anderen wollte er bei der ersten Charakterisierung der göttlichen Ewigkeit sicher nicht mit der grammatisch unkorrekten Form ὁ ἦν beginnen, die sich zudem noch unmittelbar als Nominativ an die Präposition ἀπό angeschlossen hätte, was Leser und Hörer durch die Doppelung des grammatischen Schockeffekts vom Inhalt hätte ablenken können. Dass Johannes dann an der in kurzem Abstand folgenden zweiten Stelle das Motiv unverändert erklingen lassen wollte, dürfte leicht nachvollziehbar sein. Denkbar wäre für unsere dritte Stelle in 4,8, dass die vier Lebewesen, aus deren Mündern wir diese Charakterisierung von Gottes Ewigkeit vernehmen, das Weltgeschehen von der Schöpfung her in den Blick nehmen wollten, da im Gegensatz zu 1,8 diesmal die Prädikation Gottes als Alpha, als Anbeginn von allem fehlt: Durch die stärkere Betonung von ὁ ἦν, die sich durch die Vertauschung ergibt, wird stärker hervorgehoben, dass Er schon immer da war.

Zum vierten Mal erscheint fast genau in der Mitte des Textes das »Gottesmotiv« wiederum im Kontext eines Preises, diesmal im Munde der 24 Älteren, und wiederum an einer zentralen Stelle, aber diesmal nicht zu Beginn, sondern am Ende einer längeren Handlungseinheit: Das dritte Erklingen ging der Präsentation des Buches mit den sieben Siegeln voraus, das vierte folgt unmittelbar auf das Erschallen der siebten Posaune, so dass die Eröffnung der Siegel und das Blasen der Posaunen durch das »Gottesmotiv« umrahmt werden, das so einen Beginn und einen Abschluss markiert. Und die Formulierung dieses Abschlusses in 11,17 ist von zentraler Bedeutung für das Verständnis der Komposition der ganzen Apk. Die 24 Älteren sagen: »Wir preisen Dich,

> Κύριε ὁ Θεὸς ὁ Παντοκράτωρ ὁ ὢν καὶ ὁ ἦν.
>
> HERR, der GOTT, der ALLMÄCHTIGE, der SEIENDE und der IMMER-WAR.«

Wie in 4,8 erscheinen die drei Substantive, mit denen Gott bezeichnet wird, hintereinander und ὁ ὢν und ὁ ἦν haben wieder ihre ursprünglichen Plätze eingenommen. Aber es fehlt der Verweis auf die Zukunft, es fehlt ὁ ἐρχόμενος. Das kann nur bedeuten, dass sich, ohne dass der Autor dies explizit angekündigt hätte, etwas ganz Grundsätzliches geändert hat: Das Öffnen der Siegel und das Blasen der Posaunen war trotz aller furchtbaren Ereignisse, die dadurch hervorgerufen wurden, »nur« die Ankündigung des kommenden Gerichts, nicht das Gericht selbst, denn Gott war zu diesem Zeitpunkt aus der irdischen Perspektive noch ὁ ἐρχόμενος, gewissermaßen noch unterwegs. Mit dem Erschallen der siebten Posaune ist Gott da und das Jüngste Gericht kann beginnen[28]. Es handelt sich hier wohl um eine der wirkungsvollsten Stellen des ganzen Textes: Das Erscheinen Gottes zum Gericht wird nicht pompös inszeniert, sondern auf der Ebene der Sprache durch eine schlichte Ellipse von zwei Wörtern ausgedrückt, deren sprachliche Gestaltung sich reziprok zu ihrem Inhalt verhält: Solange Gott als »der Kommende« explizit bezeichnet wird, ist er noch nicht da; das Verschwinden der Bezeichnung hingegen markiert den Vollzug seiner Ankunft. Hier wird nun auch vollends deutlich, was die johanneische Leitmotivtechnik zu leisten vermag: Dadurch, dass die dreifache Prädikation schon dreimal

[28] Es beginnt dann freilich nicht sofort, sondern vor dem Ausgießen der sieben Schalen ereignet sich in den Kapiteln 12 und 13 die Peripetie, welche die Vertreibung des durch den Drachen symbolisierten Teufels aus dem Himmel und sein unheilvolles Wirken auf der Erde schildert. Dieser Einschub, der ziemlich genau die Mitte des eigentlichen apokalyptischen Geschehens markiert (Vorbereitung und Ankündigung des Gerichts davor und Durchführung des Gerichts danach umfassen jeweils sieben Kapitel), ist freilich nicht in einen zeitlich kontinuierlichen Ablauf mit der Gerichtshandlung eingebettet, sondern fällt aus dem chronologischen Rahmen. Andeutungsweise sei hier nur gesagt, dass der Satan ja nicht erst unmittelbar vor dem Jüngsten Gericht die Erde heimsucht, sondern sein Wirken dort bereits in den Sendschreiben vorausgesetzt wird und an der Bedrängnis (θλῖψις) der Gemeinden mitwirkt (s. v. a. 2,9 und 2,13). Hier findet also eine Überlagerung verschiedener Zeitebenen statt.

erfolgt war, hatten und haben sie mit Sicherheit alle aufmerksamen antiken und modernen Leser und Hörer im Ohr, so dass der Wegfall des dritten Gliedes beim vierten Erscheinen unmittelbar auffallen musste und die Rezipienten so zur Interpretation auffordert, durch die sich die für das Verstehen der Textkomposition ganz wesentliche Erkenntnis gewinnen lässt, dass die Siegel und Posaunen auf der einen und die Schalen auf der anderen Seite im Verhältnis von Ankündigung zu Durchführung zueinander stehen[29]. Wir werden auf dieses Thema im nächsten Unterkapitel zurückkommen.

Das fünfte Erklingen des »Gottesmotivs« in 16,5 bestätigt die bisher gewonnenen Ergebnisse; diesmal hören wir es aus dem Munde des dritten Schalen-Engels, der sagt:

---

29 Erstaunlicherweise wird auf die zentrale Bedeutung dieser Ellipse in den gängigen Kommentaren meist nur knapp eingegangen, s. z. B. BOUSSET, Offenbarung, 331, CHARLES, Commentary I, 295, J. L. MANGINA, Revelation, Grand Rapids (MI) 2010, 142, H. LICHTENBERGER, Die Apokalypse, Stuttgart 2014, 174. BEALE, Book of Revelation, 613 konstatiert das Fehlen des dritten Gliedes, sieht es aber ersetzt durch den seine Stelle einnehmenden Kausalsatz »because you have taken your great power and have begun to reign«. Das geht interpretatorisch durchaus in die richtige Richtung, verkennt aber ebenfalls die zentrale Bedeutung, die das fehlende ὁ ἐρχόμενος für die chronologische Erzählstruktur der Apokalypse hat. GIESEN, Offenbarung, 265 sieht hingegen die Erwähnung des Kommen Gottes als »Ausdruck seiner zuvorkommenden Liebe«, die daher im Gerichtskontext nicht verwendet werde. Gott tritt ja aber in der Apokalypse nicht einfach als gütiger Gott auf, sondern ist nicht nur Retter, sondern auch Richter. Damit kann man sein Kommen nicht aus dem Gerichtskontext lösen.

δίκαιος εἶ, ὁ ὢν καὶ ὁ ἦν, ὁ ὅσιος, ὅτι ταῦτα ἔκρινας.

»Gerecht bist DU, der SEIENDE und der IMMER-WAR, der HEILIGE, weil DU dieses Gericht begonnen hast.«

Die Übersetzung, die wir hier für ἔκρινας gewählt haben, versteht den Aorist als ingressiv, was gut zu der Deutung, dass mit dem Ausgießen der sieben Schalen das Gericht vollzogen wird, passt. Denkbar wäre allerdings auch eine effektive Auffassung »weil Du dieses Urteil gesprochen hast«. Eindeutig fügt sich die Form, in der das »Gottesmotiv« erklingt, aber in jedem Fall zu der vierten Stelle: Das Fehlen der Bezeichnung »der Kommende« markiert die Gegenwart Gottes bei Seinem Gericht. Nach den bisherigen Beobachtungen, an welchen Stellen dieses Motiv angestimmt wurde, könnte man vermuten, dass es erst am Ende des Gerichts wieder erscheinen sollte. Dort ertönt es nun allerdings nicht noch einmal, wir werden allerdings sehen, dass an passender Stelle ein Ersatz präsentiert wird. Hier, mitten in der Durchführung des Gerichts, lässt es Johannes unseres Erachtens erklingen, um die in 11,17 gewonnene Interpretation zu unterstützen: Das Gericht kann stattfinden, weil Gott selbst zugegen ist, und so wird mit analoger Formulierung seine Gegenwart mitten unter dem Wirken der Schalen-Engel eigens hervorgehoben.

Wir haben in 16,5 das »Gottesmotiv« in seiner knappsten Form vorliegen: Anstelle des dreimaligen ἅγιος, welches es in 11,17 eröffnete, haben wir hier ein einziges damit korrespondierendes ὅσιος am Ende[30]. Dies passt zu der erhöhten Dramatik des Geschehens: Das Ausgießen der sieben Schalen nimmt erheblich weniger Erzählzeit in Anspruch als die Siegel- und Posaunenvisionen, womit Johannes sicher zum Ausdruck bringen will, dass bei der Durchführung des Gerichts sich alles Schlag auf Schlag vollzieht, während die Ankündigung des Gerichts sich in die Länge zieht – und in dieser Zeit der Entsiegelung und des Erklingens der Posaunen erkennen die Leser und Hörer die bedrückenden Schrecknisse und Gefahren der eigenen Zeit. Freilich ist hier bei seinem letzten Erscheinen das Motiv aufgespalten, indem der feierliche Dreiklang der Macht Gottes

Κύριε ὁ Θεὸς ὁ Παντοκράτωρ

in 16,7 nachgereicht wird, im Zusammenhang mit der Betonung, dass Seine Richtersprüche (κρίσεις) *wahrhaftig und gerecht* sind.

Das »Gottesmotiv« selbst hat damit für Johannes seine Aufgabe erfüllt, doch lassen sich einige weitere Beobachtungen zu den Prädikationen Gottes anschließen, die zur Abrundung unserer Interpretation beitragen. Am Ende des Gerichts erklingt es selbst nicht mehr, doch werden wir an einer sehr markanten Stelle auf sein zweites Erscheinen in 1,8 zurückverwiesen: Nachdem das Gericht beendet und das

---

30 ἅγιος und ὅσιος werden von Johannes als Synonyme verwendet, man darf hier also nicht etwa an die moderne Differenzierung in der griechisch-orthodoxen Kirche denken, die ἅγιος als Begriff für *heilig*, ὅσιος für *selig* verwendet.

Neue Jerusalem vom Himmel herabgestiegen ist, ergreift Gott erst zum zweiten Mal in der Apk in 21,6 selbst das Wort und er beginnt seine kurze Rede mit denselben Worten wie in 1,8, so dass wir es mit einem klaren anaphorischen Verweis zu tun haben[31]:

Ἐγώ εἰμι τὸ ἄλφα καὶ τὸ ὦ.

In kosmischer Hinsicht ist Gott ohnehin Anfang und Ende, in gewisser Weise markiert er aber mit dieser identischen Formulierung auch Anfang und Ende der Handlung der Apk: Auf 1,8 folgt der Beginn der Johannes-Vision, mit der das Geschehen eingeleitet wird, mit dem Herabsteigen des Neuen Jerusalem ist das Handlungsziel erreicht, wenn auch seine Segnungen nach 21,6 noch näher beschrieben werden. In 1,8 war das »Gottesmotiv« in einer erweiterten Form präsentiert worden, in der es in dieser Pracht nur an dieser einen Stelle vollständig erklingt. Doch dadurch, dass die Erweiterung der Grundform von 1,4 hier am Ende noch einmal erscheint, wird auch das gesamte Motiv, das auf verschiedene Weise die ewige Macht Gottes zum Ausdruck bringt, noch einmal in Erinnerung gerufen. Werfen wir nun einen Blick auf die Verteilung der behandelten Stellen auf den gesamten Text, so ergibt sich eine relativ symmetrische Anordnung: Es erscheint zu Beginn kurz hintereinander in Grundform (1,4) und Erweiterung (1,8), erklingt erneut kurz vor Beginn des eigentlichen apokalyptischen Geschehens am

31 Vgl. AUNE, Revelation 17-22, Dallas (TX) 1998, 1126f.; BEALE, Book of Revelation, 1055.

Ende des ersten Text-Fünftels (4,8), markiert ziemlich genau in der Mitte erstmals in reduzierter Form (11,17) das Ende der Vorbereitungen des Gerichts, betont, wiederum in reduzierter Form, gegen Ende des dritten Fünftels (16,5) die Durchführung des Gerichts, während die Erweiterung aus (1,8) gegen Ende (21,6) nach Vollendung des Gerichts den Beginn der Neuen Zeit kennzeichnet.

Damit sind wir aber noch nicht am Ende der Beobachtungen im Umkreis des »Gottesmotives« angelangt, denn neben der bereits besprochenen Transformation ist eine zweite andersartige Umwandlung oder vielleicht eher Verschmelzung von Vorstellungen zu beobachten: Bei ihrem zweiten Erscheinen in 21,6 erklingt die Erweiterung des Kernmotivs zwar ohne dieses, wird aber ihrerseits um einen Baustein erweitert:

> Ἐγώ εἰμι τὸ ἄλφα καὶ τὸ ὦ, ἡ ἀρχὴ καὶ τὸ τέλος.
>
> »Ich bin das Alpha und das Omega, der Anfang und das Ende.«

Dies sind zunächst einmal zwei Aussagen, die einmal mit einer Metapher aus dem griechischen Alphabet und einmal direkt denselben Sachverhalt zum Ausdruck bringen, dass Gott in seiner Ewigkeit überzeitlicher Ursprung und Ziel allen Daseins ist, insofern ist diese doppelte Ausdrucksweise auch nicht redundant, sondern dient dazu, den Inhalt der Aussage den Rezipienten besonders einzuprägen. Für griechisch-sprachige Menschen war diese Aussage noch prägnanter, als wir dies in der schriftlichen Übersetzung nachempfinden können, denn nach den Regeln der Grammatik ist eigentlich der bestimmte Artikel beim Prädikatsnomen untersagt und darf nur gesetzt werden, wenn dieses Prädikatsnomen besonders betont werden soll. Gott sagt hier also: *Ich bin* ***das*** *Alpha und* ***das*** *Omega,* ***der*** *Anfang und* ***das*** *Ende,* mithin Anfang und Ende, Ursprung und Ziel schlechthin, unter allen möglichen Anfängen und Enden herausragend.

In welchem gedanklichen Verhältnis stehen diese Selbstaussagen Gottes zu einer ähnlichen Formulierung, die Christus ziemlich zu Beginn des Werkes zweimal tätigt und die durch ihre Nähe zu 1,8 das Publikum sicher dazu anregen sollte, darüber nachzudenken, ob die entsprechenden Aussagen von Gott und Christus austauschbar sind oder doch eine andere Sinnnuance haben. Jesus sagt in 1,17:

> Ἐγώ εἰμι ὁ πρῶτος καὶ ὁ ἔσχατος.
>
> »Ich bin der Erste und der Letzte.«

und kurz darauf in ähnlicher Form als Selbstzitat im Sendschreiben an die Versammlung in Smyrna (2,8):

> τάδε λέγει ὁ πρῶτος καὶ ὁ ἔσχατος.
>
> »Dies sagt der Erste und der Letzte.«

Im Gegensatz zu der klar zeitlichen Dimension, die Gottes Selbstprädikationen in 1,8 und 21,6 aufweisen, sind »der Erste« und »der Letzte« zeitlich oder hierarchisch deutbar und unter Berücksichtigung des Kontextes spielen beide Interpretationsmöglichkeiten in die Aussage hinein. Das erste, was wir von Jesus Christus in der Apk erfahren, ist, dass er der Zeuge Gottes (1,2) und zwar der treue Zeuge schlechthin (1,5) ist. Diese Zeugenschaft, die unmittelbar nach der ersten Prädikation Gottes als ὁ ὢν καὶ ὁ ἦν καὶ ὁ ἐρχόμενος (1,4) betont wird, kombiniert der Autor mit zwei weiteren Kennzeichen Christi, so dass auch er durch eine dreigliedrige Aussage charakterisiert wird (1,5):

> ὁ μάρτυς, ὁ πιστός, ὁ πρωτότοκος τῶν νεκρῶν καὶ ὁ ἄρχων τῶν βασιλέων τῆς γῆς.
>
> »Der Zeuge, der treue, der Erstgeborene der Toten und der Herrscher der Könige der Erde.«

Diese drei Prädikationen schließen sich, wiederum grammatisch unmöglich, im Nominativ an das genitivische Bezugswort ἀπὸ Ἰησοῦ Χριστοῦ an, das noch von dem Segenswunsch χάρις ὑμῖν καὶ εἰρήνη zu Beginn von 1,4 abhängt. Auch bei der Nennung von Christus geschieht also etwas, was die Grammatikregeln transzendiert, aber dies ist in weniger radikaler Weise zum Ausdruck gebracht als bei der unmittelbar vorausgehenden Nennung Gottes, was um so mehr auffällt, als die Präposition ἀπό im Abstand von weniger als zwei Zeilen einmal mit dem unmöglichen Nominativ und einmal mit dem korrekten Genitiv konstruiert wird. Wenn die eingangs erwähnte Deutung zutrifft, dass Johannes mit seinen radikalen Solözismen Gottes Stellung oberhalb aller von Menschen gemachten Regeln zum Ausdruck bringen wollte, so trifft das auch für Christus zu, jedoch, wie die sprachliche Fügung zeigt, in abgeschwächter Form: Johannes deutet mit seiner Formulierung einen gewissen hierarchischen Unterschied zwischen Gott und Christus an, der in der jeweils dreifachen Prädikation der beiden verdeutlicht wird: Gott ist der Ewig-Seiende, der außer- und oberhalb des Weltgeschehens steht, während Jesus in das Weltgeschehen hineingestellt wird: Er ist **der** treue Zeuge Gottes, Er ist durch seine Auferstehung *der Erstgeborene der Toten*, also der erste, der den Tod überwindet: hier bringt das in dem substantivierten Adjektiv πρωτότοκος steckende πρῶτος eine klare zeitliche Dimension zum Ausdruck, und zwar nicht im Sinne der Ewigkeit, sondern der Integration in zeitliche Abläufe auf der Erde. Die dritte Aussage hingegen, dass Christus *der Herrscher der Könige der Erde* sei, fasst Sein πρῶτος-Sein in einem klar hierarchischen Sinne auf: Er ist der Erste, das heißt der Oberste auf Erden.

An den beiden Stellen, an denen Christus sich selbst als *der Erste und der Letzte* bezeichnet, ist ein unmittelbarer anaphorischer Bezug zu der zweiten der drei Aussagen von 1,5 gegeben, denn er sagt jeweils im Anschluss (1,17):

> καὶ ὁ ζῶν, καὶ ἐγενόμην νεκρὸς καὶ ἰδοὺ ζῶν εἰμι εἰς τοὺς αἰῶνας τῶν αἰώνων.

> »und der Lebendige, und Ich war tot und siehe, lebendig bin Ich für die Äonen der Äonen.«

beziehungsweise (2,8):

> ὃς ἐγένετο νεκρὸς καὶ ἔζησεν.

»der tot war und wieder auflebte.«

Diese Zusätze machen deutlich, dass Christus primär in dem Sinne der Erste ist, dass er als Erster den Tod überwunden hat, und insofern ist er auch der Letzte, da er für alle Zeiten leben wird, er wird aber nicht in dem Sinne alle Zeiten übergreifend gesehen, wie dies bei Gott der Fall ist. Johannes erweist sich an dieser Stelle also gewissermaßen als Arianer *avant la lettre*, der keine Wesensgleichheit von Gott und Christus annimmt[32].

Mit der Übergabe des versiegelten Buches und der damit einhergehenden Inthronisation Christi im 5. Kapitel wird diese anfängliche Wesensungleichheit freilich deutlich verringert und Christus erscheint während des eigentlichen apokalyptischen Geschehens und beim Vollzug des Gerichts als mit Gott gleichberechtigter Protagonist. Dass mit Jesus Christus im Verlauf der Apokalypse etwas geschieht, dass sich seine hierarchische Position verändert, zeigt dann seine letzte Selbstäußerung, die wir geradezu als »anaphorischen Cluster« ansprechen können (22,13):

> Ἐγὼ τὸ ἄλφα καὶ τὸ ὦ, ὁ πρῶτος καὶ ὁ ἔσχατος, ἡ ἀρχὴ καὶ τὸ τέλος.

---

[32] Anders Hays, Faithful Witness, 81, der in der Apokalypse gerade eine »proto-Chalcedonian Christology« am Werk sieht, da bei aller Paradoxie, die sich aus dem leidenden Mensch-Sein Christi, der einen Märtyrertod stirbt, ergibt, Er doch vollen Anteil an der göttlichen Identität besitzt. Wir kommen auf diese Argumentation im Folgenden sogleich zurück.

Christus greift also die Selbstprädikation Gottes aus 21,6 auf, welche alle Rezipienten, da sie nur ein Kapitel zurücklag, noch im Ohr gehabt haben dürften, und fügt als Mittelglied die aus 1,17 und 2,8 bekannte Eigenbezeichnung ein[33]. Der Vorgang ist einem Musikstück vergleichbar, in dem zwei Themen, die bisher immer getrennt erklangen, schlussendlich in einer großen musikalischen Phrase zusammengeführt werden[34]. Jesus Christus bleibt *der Erste und der Letzte* in seinem soteriologischen Kontext, diese alte Funktion wird aber nun auch in der Wortstellung umrahmt durch die neue alle Zeiten transzendierende Rolle und vollständige Macht, die Er nunmehr von Gott übertragen bekommen hat: Gott und Christus verschmelzen am Ende der Apk gleichsam zu einer Einheit[35]. Dies wird, wie HAYS beobach-

---

33 Eine brillante Interpretation, warum an dieser Stelle Jesus anders als Gott in 1,8 nicht das finite Verb εἰμί verwendet, bietet KARRER, Gottesbild, 70f.

34 Man könnte hier etwa zur Veranschaulichung an die Doppelfuge in der Coda des 4. Satzes von Beethovens 9. Symphonie denken, in der die beiden Themen zu den Texten *Freude, schöner Götterfunken* und *Seid umschlungen, Millionen* zusammengeführt werden.

35 Hierin liegt der wesentliche Unterschied unserer Deutung gegenüber derjenigen von HAYS, Faithful Witness, 74-76, 81, der die »mysterious coinherence of the identity of God and the identity of Jesus« bereits von Anfang an als gegeben ansieht, während wir einen dynamischen Prozess annehmen. Entscheidend für diese Auffassung ist für uns neben der schon erwähnten Beobachtung, dass in 1,4f. grammatisch zwischen Gott und Jesus unterschieden wird, die Tatsache, dass diejenige Prädikation, in der sich die göttliche Macht am Augenfälligsten manifestiert, nämlich Παντοκράτωρ Gott vorbehalten bleibt; vgl. auch AUNE, Revelation 1-5, cxxvf. und TÓTH, Von der Vision zur

tet[36], auch durch ein auffälliges grammatisches Phänomen deutlich: Johannes spricht (22,3) vom Thron Gottes und des Ἀρνίον, das Christus verkörpert, und fügt an:

Καὶ οἱ δοῦλοι αὐτοῦ λατρεύσουσιν αὐτῷ

»Und Seine Knechte werden Ihn verehren.«

Der anstelle des eigentlich zu erwartenden Plurals gesetzte scheinbar grammatisch unkorrekte Singular deutet die Einheit von Gott und Christus an[37].

Redaktion, 354f., Anm. 128, der als Ausdruck der »Aktionseinheit zwischen Jesus Christus und Gott« darauf verweist, »dass in 22,16 – in pointierter Gegenüberstellung zu Apk 22,6 und 1,1 – nun Christus selbst den *angelus interpres* sendet«. So werde es »erst von Apk 22,16 her (...) möglich, die ansonsten theozentrische Offenbarungsstruktur von Apk 1,1-3 (...) christologisch neu zu lesen«.

36 A. a. O. 76.

37 Dasselbe Phänomen findet sich auch bereits in 11,15, worauf HAYS, Faithul Witness, 193, Anm. 29 verweist; hier ist von der Herrschaft des Herrn und seines Christus die Rede, woran sich wiederum die singularische Formulierung βασιλεύσει εἰς τοὺς αἰῶνας τῶν αἰώνων (*und Er wird herrschen für die Äonen der Äonen*) anschließt. Dieser Fall ist jedoch etwas anders gelagert als in 22,3, da das Futur des Prädikats darauf verweist, dass diese Identität der Königsherrschaft Gottes und Christi in der Zukunft liegt. Sie beginnt faktisch in der Zeit, in der das Neue Jerusalem vom Himmel herabsteigt.

3. Zur gliedernden Funktion kataphorischer und anaphorischer Deixis kosmologischer Semantik in der Textur der Johannesapokalypse

3.1 Blitze, Stimmen, Donner

Die Vielfalt intratextueller kataphorischer und anaphorischer Deixis in der Textur der Apokalypse des Johannes kann im Rahmen eines Aufsatzes nur ausschnitthaft behandelt werden[38]. Wir haben hierfür überwiegend Beispiele ausgewählt, die dem unmittelbaren Umkreis von Gottes Wirken angehören und sich somit mit den im vorigen Unterkapitel untersuchten Passagen gut in Einklang bringen lassen. Den Anfang soll eine weitere Präsentation göttlicher Macht bilden, die in ihrer Kernformulierung viermal nahezu unverändert in der Apokalypse erscheint[39], das erste Mal in 4,5:

> καὶ ἐκ τοῦ θρόνου ἐκπορεύονται ἀστραπαὶ καὶ φωναὶ καὶ βρονταί (...).
>
> »Und aus dem Thron gehen heraus Blitze und Stimmen und Donner (...).«

---

[38] Eine Vielzahl weiterer treffender Beobachtungen findet sich etwa bei TÓTH, Von der Vision zur Redaktion, wir nennen nur einige der besonders aussagekräftigen: S. 327, 347 zu 17,1-3 und 21,9f. sowie zu 19,9f. und 22,6-9; S. 340 zur wiederholten Formulierung ἐν πνεύματι; S. 353 zu 1,1-3 und 22,6-10; S. 384 zu den antithetischen Paaren Hure vs. Braut und Babylon vs. Jerusalem.

[39] Vgl. hierzu und zum Folgenden auch TÓTH, a. a. O., 330f., 349 der diese Elemente geradezu als »Theophaniemotive« bezeichnet.

Kontext ist die erstmalige Schau von Gottes Thron und seiner Umgebung durch den Erzähler, auf den eine überwältigende Flut optischer und akustischer Eindrücke einströmt (4,2-8), die alle dazu bestimmt sind, Gottes unvergleichliche Herrlichkeit darzustellen. Blitz und Donner als Attribute göttlicher Macht bedürfen keiner näheren Erläuterung. Um wessen Stimmen es sich handelt, wird nicht gesagt und ist auch von sekundärer Bedeutung. Ihre Mittelstellung zwischen Blitzen und Donner zeigt, dass damit gewaltige, majestätische Stimmen gemeint sein müssen[40]. Alle drei Phänomene erscheinen an markanter Stelle zu Beginn der apokalyptischen Haupthandlung, wo Gott als Quelle der Macht, die diese Handlung in Gang setzen und kontrollieren wird, vorgestellt und gepriesen wird. Diese Macht ist gewaltig und zugleich Schrecken erregend, wie die drei anderen Stellen, an denen die Blitze zucken, und die Stimmen und Donner erschallen, erweisen: Sie markieren nämlich drei Höhepunkte der Katastrophe, die über die Welt hereinbricht: in 8,5 eröffnen sie die Posaunenvisionen, in 11,19 schließen sie sie ab, in 16,18 beenden sie die Schalenvisionen, stehen also an den beiden letztgenannten Stellen am Ende der Anzeichen des Gerichts und am Ende des Gerichtes selbst, wodurch der Zusammenhang der Siegel und Posaunen einerseits mit den Schalen andererseits verdeutlicht wird.

Zugleich wird dieses »Gewittermotiv«, wie wir es vereinfachend nennen wollen, bei jedem Erscheinen erweitert und

---

40 φωναὶ καὶ ἀστραπαί als Ausdruck göttlicher Macht finden sich auch bereits im AT, z. B. Ex 19,16.

gesteigert: in 8,5 wird zunächst eine Naturgewalt hinzugefügt:

> καὶ ἐγένοντο βρονταὶ καὶ φωναὶ καὶ ἀστραπαὶ καὶ σεισμός
>
> »Und es entstanden Donner und Stimmen und Blitze[41] und ein Erdbeben.«

In 11,19 gesellt sich dann eine weitere Naturkatastrophe hinzu:

> καὶ ἐγένοντο ἀστραπαὶ καὶ φωναὶ καὶ βρονταὶ καὶ σεισμὸς καὶ χάλαζα μεγάλη.
>
> »Und es entstanden Blitze und Stimmen und Donner und ein Erdbeben und Hagel, gewaltiger.«

Noch vernichtender ist die Wirkung dieser Naturereignisse nach dem Ausgießen der siebten Schale, was einmal mehr zeigt, dass sich erst hier das Gericht vollzieht (16,18)[42]:

> καὶ ἐγένοντο ἀστραπαὶ καὶ φωναὶ καὶ βρονταὶ καὶ σεισμὸς ἐγένετο μέγας, οἷος οὐκ ἐγένετο, ἀφ᾽ οὗ

---

[41] Nur hier tauschen Donner und Blitze die Plätze; hierfür haben wir bislang keine plausible Erklärung gefunden.

[42] Vgl. BAUCKHAM, Structure and Composition, 16: »16,17-20 expands 11,19b, making the seven bowls a fuller version of the seventh trumpet«.

ἄνθρωπος ἐγένετο ἐπὶ τῆς γῆς, τηλικοῦτος σεισμὸς οὕτω μέγας.

»Und es entstanden Blitze und Stimmen und Donner und ein Erdbeben entstand, ein gewaltiges, wie es nicht entstand, seit ein Mensch entstand auf der Erde, ein so großes Erdbeben, ein so gewaltiges.«

Während das »Gewittermotiv« selbst unverändert bleibt und damit den klaren anaphorischen Bezug auf die Thronszene und vor allem das Ende der Posaunenvisionen herstellt, wird das »Erdbebenmotiv« gegenüber seinem vorherigen Erscheinen erweitert[43]. Dies geschieht natürlich schon rein quantitativ durch die drei adjektivischen Attribute und den Relativsatz mit davon abhängigem Temporalsatz, die das Erdbeben näher charakterisieren, in erster Linie aber qualitativ durch eine sprachliche Formung, an der sich idealtypisch das vielleicht wichtigste Gestaltungsmittel, das Johannes immer wieder anwendet, demonstrieren lässt, in welchem sich wirkungsvolle Wahl der Wortreihenfolge und der gezielte Einsatz von Wiederholungen bei großer syntaktischer Schlichtheit miteinander verbinden[44]: Das schlichte

---

43 Vgl. R. BAUCKHAM, The Eschatological Earthquake, in: ders. (Hg.), The Climax of Prophecy. Studies on the Book of Revelation, Edinburgh 1993, 199-209.

44 Dieser Effekt kann ins Deutsche nur dann einigermaßen hinübergerettet werden, wenn man, so gut es geht, die Wortstellung des griechischen Originals beibehält. Dafür nehmen wir auch bewusst in Kauf, dass die Wortfügung der Übersetzung manchmal ungewöhnlich oder gar manieriert wirken mag.

Prädikat ἐγένετο wird, was syntaktisch nicht notwendig gewesen wäre, noch einmal gesetzt, wodurch das »Erdbebenmotiv« gegenüber dem »Gewittermotiv« eine größere Eigenständigkeit gewinnt; seine Größe wird dann dadurch betont, dass das charakterisierende Adjektiv »gewaltig« durch das Prädikat von seinem Bezugswort getrennt und dadurch, dass es nachgereicht wird, eine pointiertere Stellung gewinnt[45]: *ein Erdbeben ereignete sich, ein gewaltiges* unterstreicht die Macht dieses Naturereignisses deutlich stärker, als wenn es einfach *ein gewaltiges Erdbeben ereignete sich* hieße. Diese Gewalt wird nun durch zwei Nebensätze besonders hervorgehoben, einen Relativsatz und einen davon abhängigen Temporalsatz, die umso wirkungsvoller sind, als Johannes einen ausgesprochen parataktischen Stil pflegt, in dem Nebensätze zweiter Ordnung nur sehr selten vorkommen. Der Relativsatz allein würde ausreichen, um das Erdbeben als in seiner Größe noch nicht dagewesen zu charakterisieren, aber diese Einmaligkeit wird durch die Einführung der zeitlichen Dimension, die bis zur Erschaffung des Menschen aufgespannt wird, noch weiter verstärkt. Das Verb ἐγένετο erscheint hier ungewöhnlicher Weise in allen drei Sätzen, dem Hauptsatz und beiden Nebensätzen als Prädikat (wobei zweimal das Erdbeben und einmal der Mensch das Subjekt ist), was natürlich gerade nicht durch mangelndes sprachliches Ausdrucksvermögen des Autors zu

---

45 Der Übersetzung kommt hier, wie generell in der Apk, zugute, dass das Deutsche und das Griechische sich in der Art und Weise, wie Hervorhebungen durch die Wortstellung erzielt werden können, recht ähnlich sind.

erklären ist, sondern ganz gezielt durch sein dreimaliges Erscheinen mit jeweils drei dazwischenstehenden Wörtern eine geradezu einhämmernde Wirkung erzielt, vergleichbar etwa mit einer Reihe von Paukenschlägen[46]. Damit aber noch nicht genug: die singuläre Macht des Erdbebens wird dadurch weiter gesteigert, dass der Begriff σεισμός, hier in der für Johannes typischen parataktischen Fügung, mit der Begriffe additiv aneinandergereiht erscheinen, wiederholt wird, umrahmt von zwei weiteren quantitierenden Adjektiven.

Die Parataxe in der Apk ist eben kein Anzeichen eines minderwertigen oder »hebraisierenden« Stils. Sie steht vielmehr im Zeichen eines poetisch-theologischen Gestaltungswillens, der mittels einer erhöhten syntagmatischen Frequenz die Amplitude der gewählten Semantik verstärkt. Wer sich auf das Sehenhören dieses Stils einlässt, sieht das Beben und hört den Hagel: Nachdem die Wirkung des Erdbebens auf größere Gebilde wie Städte, Inseln und Berge geschildert wurde, prasselt der Hagel in 11,19 gezielt auf die Menschen hernieder, und wie das Erdbeben ist auch er von singulär katastrophaler Gewalt (16,21)[47]:

46 Auch der nächste Satz (16,19) beginnt zur Verstärkung dieser Wirkung noch einmal mit καὶ ἐγένετο, hier allerdings mit einer Bedeutungsverschiebung, indem es hier das Zerfallen der gewaltigen Stadt Babylon in drei Teile markiert.

47 Hier dient sicher Ex 9,24 als Vorbild, wo im Rahmen der ägyptischen Plagen ein gewaltiger Hagel niedergeht. Es heißt dort: ἡ δὲ χάλαζα πολλὴ σφόδρα σφόδρα, ἥτις τοιαύτη οὐ γέγονεν ἐν Αἰγύπτῳ, ἀφ' οὗ γεγένηται ἐπ' αὐτῆς ἔθνος (*Der Hagel aber* <*war*> *viel, heftig, heftig, der als solcher nicht entstanden ist in Ägypten, seit entstanden ist in ihm*

καὶ χάλαζα μεγάλη ὡς ταλαντιαῖα καταβαίνει ἐκ τοῦ οὐρανοῦ ἐπὶ τοὺς ἀνθρώπους (...).

»Und Hagel, gewaltiger, wie ein Talent schwer steigt herab aus dem Himmel auf die Menschen (...).«

Ein Talent wiegt 26,2 Kilogramm; dies muss natürlich nicht ganz wörtlich genommen werden, zeigt aber eindrücklich seine niederschmetternde Gewalt. Auffällig ist hier jedenfalls das Prädikat, das Johannes wählt: Mit Hagel verbindet man Begriffe wie »niederprasseln« oder wenigstens »fallen«, aber nicht ein gravitätisch langsames Herabsteigen. Dass es sich auch hier nicht um einen Lapsus oder semantischen Fehlgriff des Autors handelt, wird sich bald erweisen: Die Ungewöhnlichkeit der Formulierung sorgt dafür, dass sie im Gedächtnis haften bleibt und kataphorisch auf weitere, ganz unterschiedliche Wesenheiten vorausweist, die vom Himmel in relativ gleichmäßigen Abständen herabsteigen werden, den machtvollen Engel, der den Fall Babylons verkündet (18,1), den noch machtvolleren, der den Satan besiegen wird (20,1) und schließlich das Neue Jerusalem (21,2), den Wohnort der Erlösten, die das Jüngste Gericht überstehen. Erstes und drittes Subjekt des Herabsteigens einerseits und zweites und viertes andererseits sind inhaltlich aufei-

[= *Ägypten*] *ein Volk*.). Wie bei intertextuellen Bezügen bei ihm üblich geht Johannes mit diesem Hypotext kreativ um: Er übernimmt den Hagel als solchen, überträgt aber seine Charakterisierung, wie gewaltig er war und wie es ihn seit Menschengedenken nicht gab, auf das Erdbeben; vgl. auch D. E. AUNE, Revelation 6-16, Dallas (TX) 1998, 901f.; GIESEN, Offenbarung, 366; BEALE, Book of Revelation, 844f.

nander bezogen: Der Hagel (Nr. 1) peinigt die menschlichen Feinde Gottes, der zweite Engel (Nr. 3) Seinen teuflischen Widersacher; der erste Engel (Nr. 2) verkündet den Fall der irdischen Stadt, für die als Ersatz schließlich die himmlische Stadt (Nr. 4) vom Himmel herabsteigt.

Kehren wir aber zu den Naturgewalten zurück: Das erste Erscheinen der Blitze, Stimmen und Donner war als Ausdruck der Herrlichkeit Gottes, die noch keine Katastrophe heraufbeschwört, naturgemäß nicht mit einem Erdbeben verbunden. Trotzdem kommt es relativ früh im Hauptteil schon zu einem solchen, nämlich bei der Öffnung des sechsten Siegels (6,12)[48]:

> σεισμὸς μέγας ἐγένετο καὶ ὁ ἥλιος ἐγένετο μέλας (...).
>
> »Ein Erdbeben, ein gewaltiges entstand und die Sonne wurde schwarz (...).«

Dass die Sonnenfinsternis nicht mehr mit den drei anderen Erdbeben verbunden wird, erscheint plausibel, da es sich hier zwar um ein gewaltiges Naturschauspiel handelt, das jedoch selbst keine katastrophale Wirkung hat, sondern allenfalls nach verbreiteter antiker Vorstellung eine Katastrophe ankündigen kann. Wir erwähnen sie hier hauptsächlich der sprachlichen Gestaltung der Stelle wegen: Wieder haben wir zweimal das schlichte Prädikat ἐγένετο, allerdings diesmal in unterschiedlicher Valenz, da es als Prädikat zum

48 Ein weiteres Erdbeben ohne andere Katastrophenelemente findet sich noch in 11,13.

Erdbeben Vollverb, als Prädikat zur Sonne Hilfsverb ist, so dass wir hier ausnahmsweise in der Übersetzung den Gleichklang aufgegeben haben. Ebenfalls nicht nachzuahmen war der ähnliche Klang der Adjektive μέγας und μέλας, die chiastisch um das wiederholte Prädikat herum gruppiert sind. Werfen wir aber noch einmal einen Blick auf das Erdbeben, so stellen wir fest, dass es an analoger Stelle zu zwei der drei anderen steht, denn bei der Eröffnung der Siegel enden die katastrophalen Wirkungen bereits mit dem sechsten. So markieren die drei Erdbeben, nach dem sechsten Siegel, der siebten Posaune und der siebten Schale, jeweils das Ende einer Etappe des katastrophalen Geschehens und werden so zu sogar etwa gleich weit, nämlich ziemlich genau jeweils fünf Kapitel[49] voneinander entfernten Eckpfeilern der zentralen Handlungen des Hauptteils der Apk und dienen damit in besonderem Maße der Gliederung des kunstvollen Gesamtbaus.

Kehren wir aber noch einmal zu Blitzen, Stimmen und Donner zurück, so stellen wir fest, dass diese drei Attribute göttlicher Macht mit Ausnahme von 8,5 jedes Mal in der Nähe des im Unterkapitel I. 2. betrachteten »Gottesmotivs« erscheinen, also eng mit ihm verbunden sind: In 4,5 gehen sie ihm (4,8) um wenige Verse voraus, in 11,19 folgen sie ihm (11,16) in etwa gleichem Abstand. Lediglich an der dritten Stelle liegt ein etwas größerer Raum dazwischen, da das

[49] Exakt stehen zwischen der ersten und der zweiten Stelle 85, zwischen der zweiten und der dritten 81 Verse. Auch wenn diese Verszählung natürlich nicht von Johannes selbst stammt, bietet sie doch eine Orientierung für die Proportionen des Textes.

»Gottesmotiv« bereits nach der dritten Schale (16,5) erklingt, während die Auswirkungen Seines Zorns ihre gesamte Gewalt erst nach der siebten Schale entfalten (16,18).

4. Theologische Effekte der Makrosyntax der Apk

4.1 Eine methodische Bemerkung

In seinem material- und perspektivenreichen Aufsatz »Das Gottesbild der Offenbarung vor hellenistisch-frühkaiserzeitlichem Hintergrund« stellt MARTIN KARRER fest: »Wenden wir uns zuletzt der bedeutendsten Gottesbezeichnung der Offb zu, dem Prädikat ›der ist und der war und der kommt‹ [...]. Unser Autor [.] stellt es an den Anfang des Werkes (in 1,4 sowie die Mitte des [.] Verses 1,8). Danach wiederholt er es mehrfach in Varianten (ὁ ἦν καὶ ὁ ὢν καὶ ὁ ἐρχόμενος; 4,8; ὁ ὢν καὶ ὁ ἦν; 11,17; 16,5). Er ist sich des Rangs der Aussage bewusst und hebt sie hervor.«[50] Diesen Interpretationsansatz hat KARRER dann ausführlich im ersten Band seines Kommentars zur Johannesoffenbarung ausgebaut[51]. So erhellend seine Ausführungen zu diesem Syntagma auch sind, so begreifen wir dessen verschiedene Gestaltungen nicht wie KARRER als »Variationen«, sondern als Transformationen, deren theologische Tragweite erst vollends auf der Ebene der Makrosyntax der Gesamtkomposition der Apk zur Geltung kommt.

---

50 KARRER, Gottesbild, 75.

51 KARRER, Johannesoffenbarung, 203-232.

Bevor wir diese Transformationen mit unserer Makrogliederung der Johannesapokalypse interpretieren, sei eine methodische Bemerkung vorangeschickt. Ein immer wieder gegen die These eines kompositorischen Gesamtaufbaus dieser Schrift polemisch hingeworfener Einwand besteht darin, dass es eine Vielzahl von Gliederungsvorschlägen gibt, und diese Vielzahl selbst anzeige, dass die Johannesapokalypse kein zusammenhängendes Ganzes sei. Dieser Einwand beruht aber auf einem unterkomplexen Textbegriff, denn er setzt voraus, dass Textualität eine inhärente Texteigenschaft ist, die ihm der reale Autor eingestiftet hat. Die Logik dieses Argumentes lautet dann mehr oder weniger ausgesprochen: *ein* Autor – *eine* Intention – *eine* Gliederung – *ein* Sinn des Textes. Wir gehen dagegen mit der Texttheorie von JANOS PETÖFI davon aus, dass es schon deswegen nicht nur *eine* adäquate Gliederung eines Textes geben kann, weil die Rezeption nicht erst ein nachträgliches Phänomen von Textualität ist, sondern in den Textbegriff selbst hineingehört. PETÖFI definiert: »Für uns ist *Textualität* keine inhärente Eigenschaft verbaler Objekte. Ein Produzent oder ein Rezipient betrachtet ein verbales Objekt als Text, wenn er glaubt, dass dieses verbale Objekt ein zusammenhängendes und vollständiges Ganzes ist, das einer tatsächlichen oder angenommenen kommunikativen Intention in einer tatsächlichen oder angenommenen Kommunikationssituation entspricht. Ein Text ist – gemäß der semiotischen Terminologie – ein komplexes verbales Zeichen (oder ein verbaler Zeichenkomplex), das / der einer gegebenen Erwartung der Textualität entspricht.«[52] Die Einbeziehung der Rezeption in diesen semiotisch reflektierten Textbegriff bedeutet kein Plädoyer für Beliebigkeit. Die Alternative zu einer autorintentionalen Hermeneutik, die nur mit einem einzigen adäquaten Textsinn rechnet, und einer Überbewertung der Rezeption, die jede Lektüre eines Textes gelten lassen möchte, besteht in der semiotischen Position, den Sinn eines Textes als Interaktion vorgegebener Zeichen und ihrer jeweiligen Aufführung im Akt des Lesens zu begreifen. Das Kriterium einer angemessenen Interpretation und damit auch einer adäquaten Gliederung besteht dann in der philologisch korrekten Verknüpfung der vorgegeben Zeichenmenge. Was mit einer philologisch nachvollziehbaren Verknüpfung der gegebenen Zeichen nicht begründet werden kann, kann auch literaturwissenschaftlich und theologisch nicht gelten. Literaturwissenschaftliche wie auch theologische Interpretationen ohne hinreichende philologische Begründungen sind auf Sand gebaut und können keine Geltung beanspruchen. Dieses philologische Kriterium lässt so viele Spielräume offen, wie es die Zeichen und ihre Sinn generierenden Verknüpfungen erlauben[53].

---

[52] J. PETÖFI, Explikative Interpretation. Explikatives Wissen, in: ders./T. OLIVI (Hg.), Von der verbalen Konstitution zur symbolischen Bedeutung – From verbal constitution to symbolic meaning, Papiere zur Textlinguistik 62, Hamburg 1988, 184–195, hier 184.

[53] Vgl. zur semiotisch-kritischen Begründung der Exegese S. ALKIER, New Testament Studies on the Basis of Categorical Semiotics, in: ders./R. B. HAYS/L. HUIZENGA (Hg.), Reading the Bible Intertextually,

Wir beanspruchen daher nicht, die einzig mögliche Gliederung anzubieten. Wir beanspruchen aber, dass unsere Gliederung und unsere Interpretationen philologisch nicht falsifiziert werden können. Wo das aber doch der Fall sein sollte, müssten wir korrigieren.

4.2 Die Dynamik des Textverlaufs und die dadurch erzeugte Zeitlichkeit Gottes

Unsere Gliederung im Zeichen einer generativen Poetik geht davon aus, dass die Johannesapokalypse mittels einer narratologischen Beobachtung gegliedert werden kann[54]. Sie eröffnet ihr Diskursuniversum, also die Welt des Textes, mittels der Etablierung einer doppelten Kommunikationssituation. Die erste wird in den Versen 1,1-3 zwischen Gott und allen Rezipienten unabhängig von ihren jeweiligen räumlichen oder zeitlichen Bestimmungen hergestellt. Die zweite, in 1,4 einsetzende Kommunikationssituation ist die eines Briefes des Johannes an Versammlungen (ἐκκλησίαι) von Christusanhängerinnen und Christusanhängern in sieben Städten der römischen Provinz Asia. Der Abschnitt 1,4-8 formuliert die grundlegenden Realitätsannahmen, die zu akzeptieren sind, wenn man die Argumentation des Gesamttextes verstehen möchte.

Der Begriff der θλῖψις in 1,9 führt aber nun ein Problem ein, das in dem Mangel an umfassendem Heil der Christus-

---

Waco (TX) 2009, 223-248; elementarisierend dazu S. Alkier, NT Basics, Tübingen/Basel 2010, 104-112;139-183.

54 Zur ausführlicheren Begründung der im folgenden skizzierten Makrostruktur der Johannesapokalypse vgl. Alkier, Johannesapokalypse.

anhängerinnen und -anhänger besteht. Sie erfahren Bedrückung. Die Sendschreiben in Kap 2 und 3 differenzieren die Vielfältigkeit von Bedrückungskonstellationen aus und ermahnen die Bedrückten, ihre jeweiligen Kämpfe zu führen und sie zu gewinnen, indem sie trotz der unleugbaren Konfliktlagen und Bedrohungen von Innen und Außen nicht nachlassen, als Zeugen des Zeugen Jesu Christi und damit als Gottes Zeugen zu leben. Da der explizite Autor dieser Briefe aber der kosmische Christus ist, wie er sich Johannes in 1,9-18 gezeigt hat und wie er dann auch in der Gestalt eines verletzten und deswegen umso gefährlicheren Böckleins in 4-20 agiert, verschränkt diese kosmische Christologie die Kommunikationssituation der irdischen Christusversammlungen in der Asia mit den Himmel, Erde und Meer umgreifenden Visionen ab Kap 4. Diese dienen dazu, die Lösung des Mangels der θλῖψις aufzuzeigen und sie dadurch schon jetzt, im Akt des Sehenhörens der Johannesapokalypse antizipierend zu erleben, um mit der Gewißheit ihrer zukünftigen vollständigen Lösung in den Konflikten der Gegenwart zu bestehen. Wie schwer diese Konflikte wiegen und wie ernst der Verfasser der Apokalypse sie nimmt, wird an der benötigten Erzählzeit der Visionen ablesbar. Zunächst müssen in den Kapiteln 4 und 5 die Protagonisten – Gott und der von ihm auferweckte Gekreuzigte, das verwundete Böcklein (ἀρνίον) – geschildert werden, die dazu befähigt sind, den guten Ausgang zu gewährleisten. Das Böcklein wird befähigt, die Macht Gottes zu ergreifen und damit gewappnet den Kampf gegen die Widermächte anzutreten.

Das Lösen der sieben Siegel entbirgt das siebenfache Blasen der Posaunen zum Gericht Gottes. Die Kapitel 12 und 13 bilden die Peripetie der Handlung, indem der Himmel zum satansfreien Raum wird und dem Satan von Gott ein begrenzter Augenblick zugebilligt wird, sein Unwesen auf der Erde zu treiben. Die Situation der Sendschreiben und die des kosmischen Kampfes werden hier verschränkt, denn mittels der Kapitel 12 und 13 wird die Situation der Sendschreiben als Satans Zeit, als sein καιρός interpretiert, in der aber der Himmel bereits vollkommen und ohne jede Störung von Gott beherrscht wird. Das Ausgießen der Zornesschalen bereitet nun allen irdischen Widermächten, seien sie politisch, wirtschaftlich oder kultisch angelegt – das Ende (vgl. 14-20). Aber erst nachdem auch Satan vollends und für alle Zeiten vernichtet wurde, kommen mit dem unermesslich schönen und alle Sinne verwöhnenden himmlischen Jerusalem auch Gott selbst und Sein Böcklein vom Himmel auf die Erde. Dieser unermesslich strahlend schöne Licht durchflutete Lebensraum kennt nichts Düsteres mehr und erst hier ist alle θλῖψις überwunden (vgl. 21,1-22,5).

Die generative Handlungsstrukturstruktur der Johannesapokalypse – ihr *plot* oder aristotelisch formuliert, ihr *mythos* – kann also darin gesehen werden, dass eine bestehende Mangelsituation, die sich in verschiedenen Problemkonstellationen auf situationsabhängige Weise auswirkt, durch eine Reihe von konflikthaften Ereignissen schließlich gelöst wird: θλῖψις (1-3) – Vorbereitung des Kampfes gegen θλῖψις durch die Darstellung der Befähigung der Protagonisten (4 und 5) – Beseitigung der θλῖψις durch Ankündigung und Durchführung des Gerichts (6-20) – Darstellung des Lebensraumes der überwundenen θλῖψις (21,1-22,5). Gerahmt wird diese generative Grundstruktur von Leseinstruktionen in 1,1-3 und 22,6-20.

In dieser Transformationsgeschichte vom Mangel der θλῖψις hin zu ihrer Überwindung, die alle Kapitel der Apk miteinander verknüpft, spielt die Transformation des Gottesmotivs eine tragende Rolle. In 1,4 und 1,8 hat das Syntagma die Funktion einer Präsupposition. Gott ist als ὁ ὤν und ὁ ἦν der Pantokrator, der alle Zeiten und Räume umspannt. Als Kommender aber ist er gegenwärtig derjenige, der seine ihm zustehende und allein von ihm auszufüllende Herrschaft noch nicht vollständig ergriffen hat. Das dritte Glied des Syntagmas in 1,4 und 1,8, ὁ ἐρχόμενος, ist also der erzähllogische und theologische Sachgrund, der verstehen lässt, warum es überhaupt noch θλῖψις geben kann. Mit diesem ὁ ἐρχόμενος wird also das Theodizee-Problem[55] damit gelöst, dass es eine doppelte Funktion erhält: Gott ist jetzt der Kommende, er ist in Bewegung auf seine Zeugen zu. In diesem gegenwärtigen Kommen ist das Ziel des Kommens, nämlich das ungestörte Zusammensein von Gott, Jesus Christus und ihren Zeugen schon jetzt wirksam. Es verhindert aber nicht die θλῖψις der Zeugen, weil die Bewegung des Kommens das gänzliche Zusammensein noch ausspart, oder anders gesagt: auch der jetzt kommende Gott ist der Pantokrator, er hat aber seine ihm zustehende Herrschaft noch nicht vollständig ergriffen, sondern lässt seinen

---

55 Vgl. S. Alkier, Die Realität der Auferweckung in, nach und mit den Schriften des Neuen Testaments, Tübingen/Basel 2009, 170-188, insbes. 186ff.

Widersachern immer noch Raum und zwar den irdischen Raum mitsamt den Meeren.

Weil das Kommen Gottes aber jetzt schon im Gange ist, ist Seine vollständige Ankunft gewiss. Weil Gottes vollständige Machtnahme im Himmel nach dem Satanssturz bereits vollzogen ist, und dieser deswegen nur noch einen kurzen καιρός von Gott erhält (vgl. 12,12), ist Gott mit dem Anbrechen des Gerichts schon nicht mehr der Kommende, auch wenn das Gericht noch nicht vollständig durchgeführt wurde und der Umzug Gottes vom Himmel auf die Erde noch nicht vollzogen wurde.

Gott ist der Kommende, solange Sein Gericht als vollständige Verwirklichung seiner Macht mittels Entsiegelung und Posaunen noch im Modus der Ankündigung vorgestellt wird. Mit dem Beginn Seiner allumgreifenden Machtverwirklichung durch Sein Gericht beginnt auch Sein endgültiges Da-Sein. Er bleibt der Seiende, der Immer-War, aber mit der Darstellung der Verwirklichung Seiner Macht ist Er nicht länger als Kommender vorzustellen. Im Licht durchfluteten Lebensraum des auf die Erde herabgekommenen himmlischen Jerusalem bleibt Gott der Seiende, der Immer-War, Er wird aber nicht mehr der Kommende sein, weil Sein Kommen sein Ziel erreicht hat. Die Makrosyntax der Johannesapokalypse löst das Problem der Theodizee mittels der Transformation der Gottesvorstellung von einem dreigliedrigen zu einem zweigliedrigen Syntagma der Zeitlichkeit Gottes. Die Kraft der Gestaltung wirkt im Text der Johannesapokalypse eben nicht nur auf der Wort- und Satzebene, sondern nicht zuletzt – und vielleicht sogar vor allem – auf der makrosyntaktischen Ebene ihrer Komposition, die im folgenden Schema visualisiert werden soll:

I

1,1–8: Leserinstruktionen für den Lektürevertrag

1,1–3: Leseanweisungen für alle Leser aller Zeiten
1,4–8: Leseanweisungen für die expliziten Leser

II

1,9–3,22: Ausgangssituation – Darstellung der Mangelsituation (θλῖψις)

1,9–20: Die Beauftragung des Johannes
2,1–3,22: Offene Briefe an sieben kleinasiatische Ekklesiai

III

4–20: Transformation – Darstellung der Handlungen, die den Mangel beseitigen

4–11: *Das Gericht wird vorbereitet*

4,1–6,1: Notwendige Vorbereitungen im Himmel
4: Gott als Quelle der Macht
– Blitze, Stimmen und Donner (I)
5: Die Beauftragung des Protagonisten: Übergabe des versiegelten Buches und Inthronisation Christi

6–11:	Anzeichen des kommenden Gerichts: sieben Siegel und sieben Posaunen
6:	Die ersten sechs Siegel
7:	Versiegelung der Stämme Israels und himmlischer Gottesdienst der getöteten Zeugen aus allen Völkern
8,1–5:	Das siebte Siegel – Blitze, Stimmen und Donner (II) + Erdbeben (I)
8,6–9,21:	Die ersten sechs Posaunen
10:	Der Engel und das kleine Buch
11,1f.:	Die Vermessung des Tempels
11,3–14:	Die beiden Zeugen
11,15–19:	Die siebte Posaune – Blitze, Stimmen und Donner (III) + Erdbeben (II) + Hagel (I)
12–13:	*Peripetie: Die Vertreibung Satans aus dem Himmel und sein Wirken auf der Erde*

14–20: *Das Gericht wird ausgeführt: 7 Zornesschalen*

14: Die Eröffnung des Gerichts
15–18: Ausführung des Gerichts durch die Zornesschalen
- Blitze, Stimmen und Donner (IV)
+ Erdbeben (III) + Hagel (II)
und Vernichtung Babylons
19,1–10: Hochzeit des Böckleins
19,11–21: Sieg über das Tier und seine Verehrer auf Erden
20: Tausendjähriges Reich, endgültige Vernichtung des Diabolos/Satans,
letztes Gericht, Buch des Lebens

IV

21,1–22,5: Neue Situation – Darstellung des mangelfreien neuen Lebens

Neuer Himmel, neue Erde, neues Jerusalem mit dem Thron Gottes und des Böckleins, Sehen des Angesichts Gottes, Baum des Lebens zur Heilung aller Völker, Herrschaft der Knechte Gottes

V
22,6–20 Leserinstruktionen für den Lektürevertrag

22,6–17:	Fortsetzung der Beauftragung des Johannes
22,18f.:	Warnung vor der Veränderung des Textes
22,20:	Wahrheitsgarantie mittels Verweis auf Jesu Zeugnis

22,21:	Briefschluss

II. Konzepte, Skizzen und Desiderate neutestamentlicher Intertextualitätsforschung

1. Intertextuelle Perspektiven

Der Terminus Intertextualität hat sich in den literatur- und textwissenschaftlichen Diskursen[56] und von da aus auch in Philologie und Exegese[57] weitgehend etabliert. Allerdings wird er insbesondere in den philologischen und exegetischen Fächern nur selten definiert und häufig in Fortschreibung historisch-kritischer Methodik, die selbst keinerlei Texttheorie erarbeitet hat, lediglich als modisches Wort für die althergebrachte Einflussforschung benutzt, die aber den texttheoretischen Grundentscheidungen des Konzepts der Intertextualität nicht entspricht.

Aber nicht nur dieser unterkomplexe und zuweilen unsachgemäße Gebrauch des Wortes Intertextualität nötigt

---

56 Informative Überblicksdarstellungen bieten: GRAHAM ALLEN, Intertextuality, London/New York 2000; FRAUKE BERNDT/LILY TONGER-ERK, Intertextualität. Eine Einführung, Berlin 2013. Hinter diesen Theoriestand sollte keine Verwendung des Begriffs Intertextualität zurückfallen. Die texttheoretische fundierteste und ausdifferenzierteste Konzeption hat vorgelegt: SUSANNE HOLTHUIS, Intertextualität. Aspekte einer rezeptionsorientierten Konzeption, Tübingen 1993.

57 Zur exegetischen Aufnahme des Konzepts der Intertextualität in den Bibelwissenschaften vgl. S. ALKIER/R. B. HAYS (Hg.) unter Mitarb. v. KRISTINA DRONSCH/LEROY A. HUIZENGA/KATRIN KRÜGER/MICHAEL SCHNEIDER, Die Bibel im Dialog der Schriften. Konzepte intertextueller Bibellektüre, Tübingen/Basel 2005; MICHAEL SCHNEIDER, Art. Intertextualität (NT), www.wibilex.de (letzter Zugriff 29 Jan 18).

zu einer konzeptionellen Stellungnahme. Vielmehr gibt es auch keinen literaturwissenschaftlichen Konsens über Intension und Extension dieses Begriffs[58]. Alles in allem kann man ihn von seinem inflationären Gebrauch her in der gegenwärtigen Lage zunächst als *umbrella term* beschreiben, der für jegliche Text-Text-Relationen Verwendung findet. Eine so weitgehende Unterbestimmung macht ihn als Analyseinstrument aber solange unbrauchbar, wie er für das jeweilige Interpretationsanliegen nicht geklärt wird. Deshalb wollen wir als nächsten Schritt unserer Argumentation unsere Auffassung von Intertextualität in Kürze darlegen. Dabei greifen wir auf einige Veröffentlichungen von Stefan Alkier zurück, der sich seit seiner Habilitationsschrift intensiv mit dieser Methodik und ihren texttheoretischen Grundlagen befasst[59].

58 Vgl. z.B. JOSEF KLEIN/ULLA FIX (Hg.), Textbeziehungen. Linguistische und literaturwissenschaftliche Beiträge zur Intertextualität, Tübingen 1997; BERNDT/TONGER-ERK, Intertextualität. Eine Einführung, a. a. O.

59 Die Ausführungen in diesem Abschnitt beruhen teilweise auf einer überarbeiteten deutschen Fassung von STEFAN ALKIER, Art. Intertextuality. III. New Testament, EBR 13, Berlin/Boston 2016, sowie auf den folgenden Veröffentlichungen: STEFAN ALKIER, Intertextualität - Annäherungen an ein texttheoretisches Paradigma, in: DIETER SÄNGER (Hg.), Heiligkeit und Herrschaft. Intertextuelle Studien zu Heiligkeitsvorstellungen und zu Psalm 110, Neukirchen-Vluyn 2003, 1-26; STEFAN ALKIER, Die Bibel im Dialog der Schriften und das Problem der Verstockung in Mk 4. Intertextualität im Rahmen einer kategorialen Semiotik biblischer Texte, in: ders./R. B. HAYS (Hg.), Die Bibel im Dialog der Schriften, a. a. O., 1-22; STEFAN ALKIER, Positionierung - Transpositionierung - Dialogizität. Zur aktuellen hermeneutischen

Das von uns favorisierte semiotisch-poetologische Konzept der Intertextualität nimmt Text-Text-Relationen unter der produktions- und rezeptionsästhetischen Fragestellung in den Blick, welche Sinneffekte durch intertextuelle Beziehungen ermöglicht wurden und werden. Intertextuelle Lektüreverfahren können durchaus Ergebnisse von Einflussforschung, Traditionsgeschichte und Quellenkritik aufgreifen, oder auch selbst zu diesen Fragestellungen beitragen. Sie gehen darin aber nicht auf. Sachgemäß wird von Intertextualität erst dann gesprochen, wenn sich durch Text-Text-Relationen Sinnerweiterungen, Sinnverschiebungen oder Sinnverdichtungen ergeben, die ohne Text-Text-Relationen nicht generiert werden können. Bei intertextuellen Schreib- und Lektüreverfahren handelt es sich daher um Dezentralisierungen von Sinn.

Auf der Basis der Texttheorie von JANOS PETÖFI[60] konzipierte SUSANNE HOLTHUIS Intertextualität »[...] als Phänomen der TEXTVERARBEITUNG, abhängig von a) der (gegebenen oder angenommenen) ›intertextuellen Disposition‹ des Textes zum einen und b) Aspekten einer ›intertextuell gelenkten Textverarbeitung‹ zum anderen.«[61] »Der Terminus ›inter-

Relevanz der paulinischen Schriftrezeption, in: FLORIAN WILK/MARKUS ÖHLER (Hg.), Paulinische Schriftrezeption. Grundlagen – Ausprägungen – Wirkungen – Wertungen, Göttingen 2016, 275-296; STEFAN ALKIER, Intertextuality Based on Categorical Semiotics, in: B. J. OROPEZA/STEVE MOYISE (Hg.), Exploring Intertextuality. Diverse Strategies for New Testament Interpretation of Texts, Eugene (OR) 2016, 128-147.

60 Vgl. PETÖFI, Explikative Interpretation. Vgl. oben Anm. 52.

61 HOLTHUIS, Intertextualität, 32.

textuelle Disposition‹ soll kennzeichnen, daß im Text bestimmte Intertextualitätssignale vorliegen, die den Rezipienten, soweit er diese als solche erkennt, dazu veranlassen können, nach Relationen zu anderen Texten zu suchen.«[62]

Der unfruchtbare Streit zwischen weiten, zumeist poststrukturalistischen Intertextualitätskonzeptionen, die sich an der Konzeption JULIA KRISTEVAS orientieren und engeren Intertextualitätskonzeptionen, die auf Methodisierbarkeit und Kriterien zur Begrenzung von Text-Text-Relationen zielen, wird entspannt, wenn man auf der Grundlage der Texttheorie Petöfis und ihrer Ausarbeitung zu einer Intertextualitätstheorie durch Holthuis Intertextualitätsphänomene in drei Bereiche unterteilt, ohne sie gegeneinander auszuspielen. *Produktionsorientierte Intertextualität* fragt nach solchen referentiellen Text-Text-Beziehungen, die von philologisch ausweisbaren »intertextuellen Dispositionen« wie Zitaten, Anspielungen, narrativen Abbreviaturen motiviert werden. In produktionsorientierter Perspektive dürfen nur solche Texte mit einem anderen Text korreliert werden, die dem Verfasser des zu untersuchenden Textes nachweislich bekannt waren oder mit hoher Wahrscheinlichkeit bekannt gewesen sein konnten. *Rezeptionsorientierte Intertextualität* untersucht Text-Text-Beziehungen, die von konkreten Leserinnen und Lesern tatsächlich hergestellt wurden oder von hypothetischen Lesern zu bestimmten Zeiten und an bestimmten Orten hätten hergestellt werden können. *Generative Intertextualität* fragt

[62] Ebd. 33.

hingegen auch unabhängig von intertextuellen Dispositionen danach, welche Sinneffekte sich durch solche Text-Text-Relationen ergeben, die weder durch Kriterien produktions- noch durch solche rezeptionsorientierter Intertextualität begründet werden. Das Kriterium generativer Intertextualität ist die Frage, ob sich durch den intertextuell erzeugten Zwischenraum interessante Sinneffekte ereignen. Während produktionsorientierte und rezeptionsorientierte Intertextualitätsphänomene überwiegend analytisch und rekonstruktiv ermittelt werden, und auf Grund ihrer Fragestellungen und Methoden zwischen legitimen und illegitimen Text-Text-Beziehungen unterscheiden, ist generative Intertextualität ein prinzipiell unbegrenztes performatives Verfahren. Als einflussreichster Vertreter produktions- bzw. rezeptionsorientierter, also mittels einer Kriteriologie begrenzender Intertextualitäskonzepte gilt in den Bibelwissenschaften zu Recht Richard B. Hays[63]. Besonderes Gewicht auf dem Gebiet unbegrenzter, also performativ-generativer, Intertextualität kommt Stephen Moore[64] zu. Ein kategorialsemiotisch begründetes Modell, das strukturalistische, poststrukturalistische und poetologische Ansätze integriert, schlägt Stefan Alkier vor[65].

---

63 Vgl. RICHARD B. HAYS, Echoes of Scripture in the Letters of Paul, New Haven/London 1989; ders., Echoes of Scripture in the Gospels, Waco (TX) 2016.

64 Vgl. STEPHEN D. MOORE, The Bible in Theory. Critical and Postcritical Essays, Atlanta 2010.

65 Vgl. Anm. 59.

Produktionsorientierte Perspektiven: Am klarsten begrenzt sind intertextuelle Phänomene in der produktionsorientierten Perspektive. Aber auch in diesem Arbeitsfeld der Intertextualitätsforschung sind die Text-Text-Beziehungen frühchristlicher bzw. - aus späterer kanonischer Perspektive - neutestamentlicher Texte nicht überschaubar. Es ist nämlich nicht möglich, ein Verzeichnis aller produktionsorientierten Intertextualitätsbeziehungen der neutestamentlichen Schriften anzufertigen, wie es etwa die »Appendix IV: Loci citati vel allegati« des Nestle-Aland bzw. die Randbeigaben dieser Studienausgabe des griechischen Neuen Testaments suggerieren. Auch die im Erscheinen begriffene kritische Ausgabe des griechischen Neuen Testaments kann dies nicht leisten, weil es keine Verfahren gibt, alle produktionsorientierten Text-Textbeziehungen zu ermitteln. Das liegt nicht nur an der zu verarbeitenden Datenmenge – ein Problem, das sich vielleicht sogar mit der Unterstützung dafür zu entwickelnder Software annäherungsweise lösen ließe. Vielmehr ist die Konstatierung einer Text-Text-Relation nicht mechanisierbar, weil sie kreative Interpretationsentscheidungen der beteiligten Interpreten im Sinne der Mitarbeit der Rezipienten voraussetzt, was trefflich in der Definition von SUSANNE HOLTHUIS zum Ausdruck kommt. Mit PETÖFI versteht HOLTHUIS Texte als »dominant verbale relationale semiotische Objekte«[66]. Sie folgt der oben bereits zitierten zitierten Definition von Textualität PETÖFIS[67]. Seine Defi-

66 HOLTHUIS, Intertextualität, 30.

67 Vgl. oben Anm. 52.

nition überträgt HOLTHUIS auf den Begriff *Intertextualität*: »Demzufolge muß auch *Intertextualität* verstanden werden als eine Texten nicht inhärente Eigenschaft, auch hier muß davon ausgegangen werden, daß intertextuelle Qualitäten zwar vom Text motiviert werden können, aber vollzogen werden in der Interaktion zwischen Text und Leser, seinen Kenntnismengen und Rezeptionserwartungen. Mit anderen Worten konstituiert sich Intertextualität als Relation zwischen Texten erst im Kontinuum der Rezeption und nicht, wie von ausschließlich textimmanent verfahrenden Konzeptionen angenommen, im und durch den Text selbst.«[68]

Aber auch die durch offensichtliche intertextuelle Dispositionen erweisbaren Referenzen auf andere Texte sind in den neutestamentlichen Schriften so zahlreich, dass kein Kommentar, keine intertextuelle Interpretation in der Lage ist, alle gleichermaßen zu bedenken und miteinander zu korrelieren, da die zu verarbeitenden Textmengen die menschliche Auffassungsgabe im Akt der Lektüre schlicht überfordern. Es ist daher davon auszugehen, dass auch dem jeweiligen Autor selbst bei weitem nicht alle intertextuellen Bezüge im Akt seines Schreibens bewusst waren, die seinem Text eingeschrieben sind.

Insgesamt lässt sich sagen, dass die neutestamentliche Intertextualitätsforschung vornehmlich die produktionsorientierte Perspektive eingenommen hat, aber auch auf diesem Feld noch viele Desiderate aufweist.

---

68 HOLTHUIS, Intertextualität, 31.

Rezeptionsorientierte Perspektiven: Es ist interessant und lehrreich zu erforschen, wie konkrete Leser und Leserinnen biblische Texte miteinander, aber auch mit anderen Texten kombiniert haben und sich daraus neue, zum Teil überraschende Sinneffekte und intertextuelle Schreibverfahren ergeben, die zur weiteren Produktion insbesondere von Evangelien und Apostelgeschichten bis ins 9. Jh. n. Chr. und sogar darüber hinaus führten. So könnte auch das Problem der sogenannten Pseudepigraphie als rezeptionsorientierte Intertextualität neu bedacht werden. Homilien und Kommentare zu den neutestamentlichen Schriften verdanken sich in einem nicht unerheblichen Ausmaß intertextuellen Lektüren. Auch die Erforschung der intertextuellen Bezüge der Weltliteratur zu biblischen Texten bis in die Gegenwart hinein erhielte durch eine intertextuelle Orientierung neue hermeneutische und methodische Impulse.

Besonderes Gewicht in rezeptionsorientierter Perspektive kommt dem Kanon als Leseanweisung zu. Der biblische Kanon stellt die Einzelschriften in einen neuen intertextuellen Zusammenhang, der die Sinnpotentiale der Einzelschriften verändert. Durch den Zusammenhang des Kanons ist es hermeneutisch begründet und theologisch notwendig, jede biblische Schrift mit jeder anderen biblischen Schrift zusammen zu lesen und diese sich gegenseitig interpretieren zu lassen, auch wenn diese Schriften in produktionsorientierter Hinsicht keine diesbezüglichen intertextuellen Dispositionen aufweisen. Martin Luthers Schriftlehre und insbesondere das Theorem *scriptura sui interpres* führt in intertextueller Reformulierung nicht zu einer Verengung biblischer Schriften, wie sie mit geistreichen Argumenten und besorgniserregenden Beobachtungen George Aichele in seiner Monographie *The Control of Biblical Meaning*[69] dem Konzept des Kanons als solchem unterstellt hat. Vielmehr werden durch die wechselseitige intertextuelle Leseweise auch höchst überraschende und nicht kalkulierbare Sinneffekte generiert, die gerade nicht zu dogmatistischen Festschreibungen von Sinn führen, sondern dynamisch in jedem neuen Leseakt und in jeder neuen Zusammenstellung von Texten changieren. Der Kanon erweist sich in intertextueller Reformulierung als ein Spielfeld, auf dem mit einem begrenzten Zeichenbestand eine unbegrenzte Zahl von Kombinationsmöglichkeiten und daraus resultierende Sinneffekte im Akt des Lesens entstehen[70].

Generative Intertextualität: Nur sehr wenige Bibelwissenschaftlerinnen und Bibelwissenschaftler befassen sich mit generativer Intertextualität, da diese Aufgabe den gewohnten Rahmen und die eingeübten Fachkompetenzen der Analyse, Rekonstruktion und Interpretation übersteigt. Generative Intertextualität verlangt kreative Schreibverfahren, die die starre Grenze zwischen Wissenschaft und Kunst zu überschreiten in der Lage sind. Besonders Stephen Moore setzt sich für die Aufgabe generativer Intertextualität ein, die darauf zielt, durch die experimentelle Zusammenstellung zweier oder mehrerer Texte oder Textwelten in ide-

---

69 George Aichele, The Control of Biblical Meaning. Canon as Semiotic Mechanism, Harrisburg (PA) 2001.

70 Stefan Alkier/Richard B. Hays, Kanon und Intertextualität, Kleine Schriften des Fachbereichs Evangelische Theologie der Goethe-Universität Frankfurt Main 1, Frankfurt am Main 2010.

ologiekritischer Absicht die Konstruktivität und die damit ins Spiel gebrachten Festschreibungen und Machtansprüche aufzuzeigen. Auch wenn diese anspruchsvolle Aufgabe nicht immer gelingt und sogar gelegentlich zu abstrusen Lektüren führt, sollte sie nicht als fachfremd abgetan oder gar belächelt werden, da sie wesentliche Aspekte des Bibellesens thematisch werden lässt, die nicht analytisch rekonstruktiv, sondern nur performativ in den Blick geraten können. Die Chancen generativer Intertextualität wären allerdings unterbelichtet, wenn ausschließlich der ideologiekritische Aspekt dieses Lektüreverfahrens bedacht würde. Tatsächlich handelt es sich leseempirisch gesehen um den Normalfall intertextuellen Lesens im Alltag.

2. Monologische und dialogische intertextuelle Schreibweisen

Intertextuelle Beziehungen zu konstatieren bzw. zu kreieren und sie einer der drei möglichen intertextuellen Perspektiven zuzuordnen ist lediglich der Einstieg in eine textwissenschaftlich reflektierte und methodisch angeleitete intertextuelle Interpretation. Sie zielt vielmehr darauf, Modi, Funktionen und Effekte intertextueller Beziehungen zu analysieren und zu interpretieren. Mit Bezug auf Michail Bachtins Konzept der Dialogizität und Roland Barthes' Begriff der Schreibweise lassen sich einige Fragen formulieren, die der intertextuellen Forschung als Leitfragen dienen könnten, ohne Vollständigkeit zu beanspruchen: Werden Texte als Belegstellen für die eigene Sicht der Dinge monologisch vereinnahmt, oder bleibt ihre Stimme als eigene Stimme dialogisch hörbar? Bleiben Differenzen und Dissonanzen wahrnehmbar oder werden die verknüpften Texte in ein harmonisches Korsett geschnürt? Unterstützen sich die intertextuell verknüpften Texte, ergänzen sie sich, oder widerstreiten sie? Wieviel Raum für Anderes eröffnet die Integration eines anderen Textes im eigenen Text? Werden die intertextuellen Relationen planmäßig an bestimmten Eckpunkten der Textur eingewoben, so dass sich intertextuelle Muster oder Themen ergeben, oder geschieht das Ganze eher beiläufig, planlos? Werden die verwobenen Texte machtförmig zur Autorisierung und Legitimierung des eigenen Textes herangezogen, oder dient der intertextuelle Bezug zu deren Abwertung und Delegitimierung. Erzeugt die intertextuelle Schreibweise ganz neuen Sinn, neue Dimensionen, neue Perspektiven oder dient sie eher einer redundanten Verstärkung des schon Gesagten?

Als JULIA KRISTEVA den Terminus der Intertextualität in die literaturwissenschaftliche Forschung einbrachte, interpretierte sie damit den Begriff der Dialogizität von MICHAIL BACHTIN. Der Philosoph BACHTIN hatte sich im Rahmen seiner Überlegungen zur Ästhetik mit der Schreibweise Dostojewskijs befasst und meinte, in dessen Romanen einen ganz neuen Typus von Literatur zu finden. Kam der Stimme des Erzählers bis dahin die Funktion zu, die Vielzahl der Charaktere und Stimmen monologisch zu bündeln, so stünden in den Romanen Dostojewskijs die Stimmen der Charaktere und die des Erzählers gleichberechtigt nebeneinander, ohne dass es eine Lösung gebe in diesem Dialog der Weltanschauungen. Diesen Dialog, der nicht auf Übereinstimmung, Vereinnahmung oder Ausgrenzung ziele, indem es dennoch um die Erschließung der Wirklichkeit und nicht um eine konstruktivistische Auflösung der Wirklichkeit gehe, bezeichnet BACHTIN mit dem Kunstwort Dialogizität[71]. Gemeint ist das Aufeinanderprallen verschiedener Standpunkte, die trotz oder sogar wegen ihrer Differenzen im Gespräch bleiben.

Der Gräzist PETER VON MÖLLENDORFF hat die literaturgeschichtliche Behauptung BACHTINS, eine dialogische Schreibweise gäbe es erst bei Dostojewskij, kritisiert, sein literaturästhetisches Konzept aber nicht nur grundsätzlich gewürdigt, sondern auch mit seinen Untersuchungen zu Aristophanes vorgeführt, wie produktiv BACHTINs Konzept für die Interpretation antiker Texte sein kann[72]. Wir verdan-

---

[71] Vgl. MICHAIL M. BACHTIN, Probleme der Poetik Dostoevskijs, übers. v. A. SCHRAMM, Frankfurt a. M./Berlin/Wien 1985.

[72] Vgl. PETER VON MÖLLENDORFF, Grundlagen einer Ästhetik der Alten Komödie. Untersuchungen zu Aristophanes und Michail Bachtin, Tübingen 1995; siehe auch ders., Christliche Apokalypsen und ihr mimetisches Potential in der paganen Bildungskultur. Ein Beitrag zu Lukians Wahren Geschichten, in: S. ALKIER/R. B. HAYS (Hg.) unter Mitarb. v. K. DRONSCH/L. A. HUIZENGA/K. KRÜGER/M. SCHNEIDER, Die Bibel im Dialog der Schriften. Konzepte intertextueller Bibellektüre, Tübingen/Basel 2005, 179-194; vgl. auch ders., »Nimm und verschling es!« Elemente einer Poetik der Johannes-Apokalypse, in: S. ALKIER/TH. HIEKE/T. NICKLAS (Hg.) in Zusammenarbeit mit M. SOMMER, Poetik und Intertextualität der Johannesapokalypse, Tübingen 2015, 155-176.

ken MÖLLENDORFFs Ausführungen, dass wir hier nicht eigens begründen müssen, warum BACHTINs ästhetisches Konzept der Dialogizität auch für die Erforschung antiker »neutestamentlicher« Texte zu gebrauchen ist.

KRISTEVAs Interesse an der Ästhetik BACHTINs als Literaturwissenschaftlerin und Kulturtheoretikerin war es, im Wissen um den Zusammenhang von Text und Kultur eine Schreibweise zu fördern, die dialogisch und ambivalent sein sollte, da sie die Leben stillstellende Macht als monologisch und *ein*deutig begreift. Nicht nur den Begriff der Dialogizität, sondern auch den der Ambivalenz entnimmt sie der Ästhetik MICHAIL BACHTINs, den sie mit ihrem 1967 in Paris gehaltenen Referat der Rezeption der französischen Strukturalisten, insbesondere ROLAND BARTHES, anempfehlen wollte: »Bachtins Arbeiten stellen eines der bedeutendsten Ereignisse der formalen Schule dar und zugleich einen der fruchtbarsten Versuche ihrer Weiterführung. Weit entfernt von der technischen Strenge der Linguisten, impulsiv, mitunter gar prophetisch schreibend, erörtert Bachtin fundamentale Probleme, denen sich die strukturale Analyse der Erzählung (récit) heute konfrontiert sieht und die die Lektüre der bereits vor vierzig Jahren konzipierten Texte wieder aktuell machen. Bachtin gehört zu den ersten, die die statische Zerlegung der Texte durch ein Modell ersetzen, in dem die literarische Struktur nicht *ist*, sondern sich erst aus der Beziehung zu einer *anderen* Struktur *herstellt*. Diese Dynamisierung des Strukturalismus wird erst durch eine Auffassung möglich, nach der das ›literarische Wort‹ nicht ein *Punkt* (nicht ein feststehender Sinn) ist, sondern eine *Überlagerung von Text-Ebenen*, ein Dialog verschiedener Schreibweisen: der des Schriftstellers, der des Adressaten (oder auch der Person), der des gegenwärtigen oder vorangegangenen Kontextes.«[73]

Intertextualität in diesem Sinne meint das Aufeinander-Bezogen-Sein von Schriften, die mit jeweils eigener Stimme in einen nicht endenden und nicht konsensual aufzulösenden Dialog eintreten. Die stets gewaltsame Nivellierung oder Amalgamierung der Differenzen der Stimmen zu einer Stimme, die stets dasselbe sagt oder besser zu sagen vorgibt, bezeichnet BACHTIN als monologisch.

Das Begriffspaar »monologisch/dialogisch« ist nicht nur deskriptiv, sondern auch wertend gemeint, weil der Differenzästhetik BACHTINS zufolge die Verschiedenheit der Stimmen die komplexe Erschließung der Welt eher ermögliche als die Behauptung, eine einzelne Stimme könne wahr sprechen. Dagegen spricht schon die chronotopische[74] Kontingenz und Bedingtheit jeder einzelnen Stimme.

Schon KRISTEVAS BACHTIN-Referat griff ROLAND BARTHES' Konzept der Schreibweise auf, ohne beide Konzepte für einen methodischen Weg intertextueller Interpretationen aufeinander abzustimmen. Wir schlagen nun vor, BACHTINS Konzept der Dialogizität mit ROLAND BARTHES'

---

[73] J. KRISTEVA, Bachtin, das Wort, der Dialog und der Roman, in: Texte zur Literaturtheorie der Gegenwart, hg. u. komm. v. DOROTHEE KIMMICH, ROLF GÜNTER RENNER u. BERND STIEGLER, Stuttgart 1996, 334-348, hier: 334f.

[74] Vgl. zum ästhetischen Konzept des Chronotopos MICHAIL M. BACHTIN, Chronotopos, aus d. Russ. v. MICHAEL DEWEY, m. e. Nachw. v. MICHAEL C. FRANK u. KIRSTEN MAHLKE, Frankfurt am Main 2008. Vgl. auch ALKIER/NICKLAS, Wenn sich Welten berühren.

Begriff der Schreibweise zu kombinieren und für eine methodisch angeleitete Intertextualitätsforschung fruchtbar zu machen[75] und mit dem Konzept der intertextuellen Schreibweise zu arbeiten. Damit bewegt man sich zunächst auf dem Feld produktionsorientierter Intertextualität. Es lässt sich aber rezeptionsästhetisch erweitern durch das Konzept der intertextuellen Leseweise, doch wollen wir uns hier zunächst der überschaubareren produktionsorientierten Perspektive zuwenden.

Es geht bei der Frage nach einer intertextuellen Schreibweise nicht um die psychologische bzw. historische Rekonstruktion des Aktes des Schreibens eines realen Autors. Es handelt sich auch nicht um Stilfragen oder um literarkritische bzw. redaktionsgeschichtliche Forschungen. Es geht vielmehr um eine Analyse der Textur als Sinn erzeugenden Gewebes von Zeichen, die auf andere Zeichen verweisen. Auf welche Art und Weise und mit welchen Sinneffekten und Pointen wurden die verwendeten und eingespielten Zeichen ausgewählt und verknüpft, so dass beim Lesen der Eindruck eines kohärenten Ganzen entstehen kann?

Das Konzept der *Schreibweise*, wie wir es von ROLAND BARTHES übernehmen, betont nämlich den Aspekt der Wahl in jedem Akt des Schreibens, der eben nicht alles miteinander verknüpfen kann und daher aufgrund der Ökonomie der Sprache immer eklektisch und daher positionell bleiben muss. BARTHES schreibt: »Der Horizont der Sprache

---

75 Diesen Vorschlag hat STEFAN ALKIER erstmals vorgebracht in seinem Aufsatz: Positionierung – Transpositionierung – Dialogizität, insbes. 283-290. Daraus haben wir hier einige Passagen übernommen.

und die Vertikalität des Stils bezeichnen also für den Schriftsteller etwas Gegebenes, denn er wählt weder das eine noch das andere. [...] In beiden Fällen handelt es sich um Gegebenheiten, um ein vertrautes *gestuarium*, ein Reservoir an Gesten und Gewohnheiten, in dem die Energie lediglich operativer Natur ist und einmal zur Aufzählung, ein andermal zur Umwandlung verwendet wird, niemals aber, um zu urteilen oder um eine Wahl zu treffen. Jede Form ist aber auch Wert; deshalb besteht zwischen Sprache und Stil noch Raum für eine andere formale Realität: für die ›Schreibweise‹. In jeder beliebigen literarischen Form findet sich die allgemeine Wahl eines Tones, oder wenn man so will: eines Ethos, und hier individualisiert sich ein Schriftsteller eindeutig, denn hier engagiert er sich.«[76]

Die spezifische Frage nach der intertextuellen Schreibweise begreift dementsprechend die Auswahl, Verknüpfung und Einbindung anderer Texte in die eigenen Schreibprozesse als sinnbildendes Strukturelement des Schreibens insgesamt. Gerade weil kein Autor alle ihm bekannten Texte in jeder Hinsicht in seinen eigenen Text integrieren kann, eröffnet die Untersuchung der konkreten Art und Weise der intertextuellen Strategie des Textes eine interessante Perspektive auf dessen Positionierung.

---

[76] Roland Barthes, Am Nullpunkt der Literatur, in: ders. (Hg.), Am Nullpunkt der Literatur. Literatur oder Geschichte. Kritik und Wahrheit, aus d. Franz. v. Helmut Scheffel, Frankfurt am Main 2006, 7-69, hier: 17f.

3. Einige unvollständige Skizzen der intertextuellen Schreibweisen neutestamentlicher Schriften

3.1 Evangelien und Apostelgeschichte

Wie bedeutend intertextuelle Schreibverfahren für die Abfassung frühchristlicher Schriften waren, sieht man bereits auf der ersten Seite des Neuen Testaments. Die Genealogie des Matthäusevangeliums erzeugt ein intertextuelles Verweissystem, in dem die gelisteten Namen als narrative Abbreviaturen dienen, die durch ihre Auswahl und ihre Unterbrechungen die Rezeption der Heiligen Schriften Israels steuern und von da aus den Sinnhorizont des Matthäusevangeliums als Ganzes entwerfen. Die sich durch dieses Evangelium ziehenden Zitate und Anspielungen Heiliger Schriften Israels verlangen danach, nicht nur die jeweiligen Zitate isoliert zu betrachten, sondern sie als Ganzes mit den Schriften, die durch die Zitate, Anspielungen und narrativen Abbreviaturen eingespielt werden, intertextuell zu korrelieren und nach den damit erzeugten Sinneffekten zu fragen. Insbesondere die Halacha-artige Auslegung der Tora kennzeichnet wichtige Passagen des Matthäusevangeliums (vgl. Mt 5-7) als dialogische Intertextualität, die die in den eigenen Text integrierten Stimmen zumeist als solche kenntlich macht.

Auch das Markusevangelium eröffnet sein Diskursuniversum mit der Herstellung eines intertextuellen Verweissystems, das das Markusevangelium trotz monologischer Tendenzen in einer dauerhaften dialogischen Korrelation zu lesen aufgibt. Indem es den »Anfang des Evangeliums« (Mk

1,1) bei »Jesaja« verortet, verlangt es danach, als Fortsetzung und legitimer Abschluss der Prophetie Jesajas gelesen zu werden. Das in Mk 1,2f. Jesaja zugeschriebene Mischzitat lässt das Schreibverfahren des Markusevangeliums als generative Intertextualität klassifizieren, die vornehmlich an der Performanz seiner Erzählung interessiert ist. Dabei werden die eingearbeiteten Stimmen zwar dialogisch kenntlich gemacht, aber doch weitgehend monologisch für das Anliegen des Textes funktionalisiert.

Anders als das Matthäusevangelium und das Markusevangelium entwirft das Lukasevangelium mit seinem Proömium in Lk 1,1-4 mittels typologischer Intertextualität einen historiographischen Horizont. Seine referentiellen intertextuellen Verweise sind kaum weniger gewichtig als die seiner Vorgänger, auf die er sich bereits im Proömium intertextuell anknüpfend und abgrenzend bezieht. Die Heiligen Schriften Israels werden als Verstehensvoraussetzungen nicht nur des lukanischen Doppelwerks, sondern der Jesus-Christus-Geschichte (Eckart Reinmuth) als solcher eingeführt. Die Schrift als Schlüssel der Erkenntnis (vgl. Lk 11,52) verlangt eine durchgehende parallele intertextuelle Lektüre der lukanischen Schriften und der Heiligen Schriften Israels mit dialogischen Effekten. Erst dieser intertextuelle Lektüreakt führt laut Lk 24,27 zum Verstehen des Ereigniszusammenhangs von Kreuz und Auferweckung sowie der in der Apostelgeschichte dargestellten Ausgießung des Heiligen Geistes (vgl Act 2, 16-21) und der Ausbreitung des Evangeliums über die Grenzen Judäas hinaus (Act 15,14-17). Dabei verfolgt Lukas eine Reihe verschiedener intertextueller Schreibverfahren, die von Mimesis (Lk 7,11-17) über Zitate und Allusionen bis zur midraschartigen Neuerzählung (Act 7) und zur Schriftreflexion (Lk 11,52; 24,27) reichen, um nur einige wichtige Verfahren zu benennen.

Das Johannesevangelium setzt mit seiner intertextuellen Verschränkung mit der Schöpfungstheologie ein, wie sie insbesondere in Gen 1,1-2,4a als Schöpfung durch das göttliche Wort inszeniert wird (Joh 1,1-4). Diese kosmologische Perspektive prägt das gesamte johanneische Schrifttum, die Johannesapokalypse inbegriffen. Obwohl auf den ersten Blick weniger referentielle Bezugnahmen auf die Heiligen Schriften Israels zu beobachten sind, als es bei den Synoptikern oder in den paulinischen Briefen der Fall ist, ist die intertextuelle Verortung der johanneischen Schriften hermeneutisch wie theologisch keinesfalls geringer einzuschätzen. Das Johannesevangelium erzählt seine Geschichte als Erfüllung der Heiligen Schriften Israels und gleichermaßen als Erfüllung der Worte Jesu, weil beide die Autorität des Leben schaffenden Geistes des Wortes Gottes präsentieren (Joh 2,22; vgl. 17,12; 18,9). Die johanneischen Erfüllungszitate können mit Hartwig Thyens epochalem Johanneskommentar zudem als intertextuelle Disposition des Johannesevangeliums begriffen werden, die es als Kommentar zu den Synoptikern begreifen lässt. So wird etwa Joh 5,47 verständlich als intertextueller Kommentar zu Lk 16,31. Damit kann die intertextuelle Schreibweise des Johannesevangeliums als dialogische Vernetzung zahlreicher Stimmen beschrieben werden.

3.2 Paulusbriefe

Der Klassiker der bisherigen neutestamentlichen Intertextualitätsforschung, RICHARD B. HAYS, *Echoes of Scripture in the Letters of Paul*, hat nicht nur wegweisend maßgebliche intertextuelle Referenzen der Paulusbriefe zu den Heiligen Schriften Israels nachgewiesen – an die 90 Zitate und noch mehr Allusionen –, sondern diese auch einem neuen hermeneutischen Verständnis zugeführt. HAYS konnte aufzeigen, dass Paulus nicht lediglich einzelne Verse der Heiligen Schriften Israels willkürlich aus ihrem Zusammenhang herausreißt, sondern deren Kontext eine bedeutsame Rolle für die paulinischen Argumentationen spielt. Die paulinischen Briefe werden somit zu einem Resonanzraum der Schriften Israels, die durch die neue Perspektive des Wortes vom Kreuz in Kontinuität und Diskontinuität zur Tradition steht.

Die wechselseitige Berührung des Sinnpotentials der paulinischen Schriften einerseits und der Heiligen Schriften Israels andererseits kann dabei nicht schematisch als Mimesis rabbinischer Hermeneutik und Methodik enggeführt werden, sondern muss Kontext für Kontext mit Blick auf die jeweiligen Sinneffekte erforscht werden. Dabei stellt sich die Frage, ob der paulinische Schriftgebrauch eher dialogisch oder monologisch einzuschätzen ist. In kritischer Auseinandersetzung mit HAYS schreibt ALKIER zum paulinischen Schriftgebrauch: »Mit Richard B. Hays bin ich der Auffassung, dass eine intertextuelle Analyse des paulinischen Schriftgebrauchs die Theologie und Argumentationsweise der paulinischen Briefe besser in den Blick geraten lässt, als notwendig unsicher bleibende Hypothesen über ihre Genese. Die heiligen Schriften Israels bilden das Diskursuniversum der paulinischen Briefe: ›Paul is seeking to ground his exposition of the gospel in Israel's sacred texts.‹[77] Aber bleiben die zitierten oder anderwärtig eingespielten Texte wirklich als *Echo* erkennbar? Der Sound eines Echos ist ja nicht eine exakte Kopie des Originals. Vielmehr gibt es Verzögerungen und Frequenzunterschiede, die Original und Echo als zwei verschiedene Stimmen hörbar werden lassen, und genau das macht den Reiz dieses Effektes aus: Erst das Zusammenspiel von Original und Echo als zwei verschiedenen Stimmen ergibt einen ganz eigenen Sound[78]. Es entsteht etwas Neues zwischen den beiden Stimmen. Ich teile die These von HAYS gerade auch mit Blick auf den Römerbrief: ›this text is most fruitfully understood when it is read as an intertextual conversation between Paul and the voice of Scripture.‹[79] Meine Anfrage daran lautet aber, ob der paulinische Schriftgebrauch tatsächlich als dialogisches Echo interpretiert werden kann, oder ob er nicht weitgehend ein monologischer Gebrauch der als Autorität aufgerufenen Texte ist, der deren eigene Stimme nicht mehr zum Klingen bringt, sie vielmehr übertönt, sie überschreibt? Das hermeneutische Problem der intertextuellen Schreibweise der Paulusbriefe besteht m. E. nicht so sehr darin, dass sie die Heiligen Schriften Israels aktualisiert und auf die gegenwärtigen Problemlagen bezieht. Das ist gerade ihre theologische Stär-

---

77 HAYS, Echoes, a. a. O., 34.

78 Als musikalisches Beispiel dafür kann man sich die Gitarrenparts in den Songs von U2 anhören.

79 HAYS, Echoes, a. a. O., 35.

ke. Problematisch ist vielmehr die monologische Überschreibung der eigenen Stimme der zitierten Schriften.«[80]

4. Die intertextuelle Schreibweise der Johannesapokalypse: Ein Forschungsdesiderat

Die Apk teilt mit dem Johannesevangelium nicht nur die kosmologische Perspektive sondern auch die Zurückhaltung hinsichtlich direkter Zitate aus den Heiligen Schriften Israels. Dennoch kann die Apk als die neutestamentliche Schrift mit den meisten intertextuellen Allusionen zu den Schriften Israels, aber auch zu neutestamentlichen Schriften gelten. Nicht zuletzt zum Johannesevangelium weist sie bedeutsame intertextuelle Relationen auf[81], die darauf verweisen, dass sie teils als Erfüllung des Johannesevangeliums, teils als dessen Fortsetzung konzipiert wurde (vgl. Joh 1,51; Apk 19,11).

Obwohl intertextuelle Bezüge der Johannesapokalypse nicht nur zum Johannesevangelium und den Johannesbrie-

---

80 Stefan Alkier, Positionierung – Transpositionierung – Dialogizität, a. a. O., 290f.

81 Vgl. dazu Jörg Frey, Erwägungen zum Verhältnis der Johannesapokalypse zu den übrigen Schriften im Corpus Johanneum, in: Martin Hengel (Hg.), Die johanneische Frage. Ein Lösungsversuch, mit einem Beitrag von Jörg Frey, Tübingen 1993, 326-429; ders., Das Corpus Johanneum und die Apokalypse des Johannes. Die Johanneslegende, die Probleme der johanneischen Verfasserschaft und die Frage der Pseudonymität der Apokalypse, in: S. Alkier/Th. Hieke/T. Nicklas (Hg.) in Zusammenarbeit mit M. Sommer, Poetik und Intertextualität der Johannesapokalypse, Tübingen 2015, 71-133.

fen sondern auch zu den synoptischen Evangelien, zu Paulusbriefen und auch zu weiteren Briefen wie dem Hebräerbrief[82] oder beiden Petrusbriefen immer wieder beobachtet wurden, gibt es keine systematische Forschung dazu. Diese ganze so nahe liegende intertextuelle Forschungsperspektive ist weitgehend ein brach liegendes Feld.

Die meisten Veröffentlichungen zur Intertextualität der Johannesapokalypse befassen sich mit der Frage »des Alten Testaments im Neuen«, wie u.a. G. K. Beales 1998 publizierte Monographie *John's Use of the Old Testament in Revelation*, eine Fragestellung, deren Formulierung Martin Karrer zu Recht kritisiert hat: »Die Apk speist ihre Motive und ihre Darstellung in hohem Maße aus den Schriften Israels (Jes, Ez, Dan u.a.). Das nimmt die Forschung seit langem wahr. E. Lohmeyer, einer der großen Kommentatoren aus dem frühen 20. Jh. schloss daraus, der Seher, der die Apk niederschrieb, lebe und schreibe in der ›Atmosphäre‹ der Schrift; er gewinne ›die Freiheit des eignen Wortes‹ allein ›wenn er sich mit der heiligen Schrift des AT erfüllt‹. Heute müssen wir den Vorgang differenzierter formulieren, weil uns die Selbstverständlichkeit verloren ging, mit der Lohmeyer Israels Schriften um die Zeitenwende in die eine heilige Schrift des Alten Testaments zusammenfasste. Unser späteres Altes Testament formte sich im 1. Jh. erst abschließend, wie inzwischen bewusst wurde. Israels Hauptschriften waren, so gewiss sich ein Konsens über ihre hohe Bewertung

82 Vgl. dazu Stefan Alkier, Hoffnung hören und sehen! Beobachtungen zur Dialogizität des Hebräerbriefes und der Johannesapokalypse, ZNT 29 (Themenheft »Der Hebräerbrief«), 2012, 14-24.

herausgebildet hatte, noch als selbständige Rollen mit beträchtlichen Varianten im Umlauf. Ihre Textgeschichte ist hochkompliziert.«[83] KARRER kommt bzgl. Ezechiel in der Johannesapokalypse zu folgenden Ergebnissen: »1. Der Apk-Autor kannte das Ezechielbuch auf griechisch und mutmaßlich zusätzlich hebräisch. Die Kenntnis Ezechiels bei seinen Leserinnen und Lesern setzt er nur in geringem Umfang voraus. 2. Die von der Apk benützte Ezechiel-Fassung unterschied sich in wichtigen Zügen (sprachlichen Einzelheiten sowie wahrscheinlich dem Aufbau von Ez 36-40) vom Ezechieltext unserer kritischen Textausgaben. [...] 3. Eine wesentliche Grenze aller Rückschlüsse aus der Apk liegt darin, dass der Apk-Autor nicht zitiert, sondern jede Schrift, auch die Ezechiels, in aktuelle Prophetie einschmilzt. Wollen wir die Theologie der Apk erschließen, haben wir deshalb grundlegend von der textgeschichtlichen zu einer theologisch-rezeptionsgeschichtlichen Perspektive zu wechseln.«[84]

Was KARRER mit Blick auf die Rezeption des Ezechielbuches in der Johannesapokalypse schreibt, hat grundsätzliche Bedeutung für die Erforschung der intertextuellen Schreibweise der Johannesapokalypse. Es finden sich zwar kaum wörtliche Zitate, aber deutlich wird dennoch, dass es weit plausibler ist, für die intertextuellen Bezüge zu den Heiligen Schriften Israels vornehmlich die griechischen Fassungen

---

83 MARTIN KARRER, Von der Apokalypse zu Ezechiel. Der Ezechieltext der Apokalypse, in: DIETER SÄNGER (Hg.), Das Ezechielbuch in der Johannesoffenbarung, BThS 76, Neukirchen-Vluyn 2004, 84-120, hier: 84.

84 KARRER, Von der Apokalypse zu Ezechiel, 118f.

heranzuziehen. Ob der Text der Johannesapokalypse überhaupt philologisch dazu zwingt, hebräische Fassungen zu berücksichtigen, scheint uns zumindest eine Diskussion wert zu sein. Auf keinen Fall sollte man so unbedacht wie bisher von den hebräischen Fassungen her denken. Es wird zu prüfen sein, ob sich die »Hebraismen« der Johannesapokalypse nicht eher als Septuagintismen erklären lassen.

Führt schon die Vernachlässigung der Septuaginta, also der griechisch-jüdischen Texttraditionen zu einer Schieflage in der Erforschung der intertextuellen Bezüge der Johannesapokalypse, so erst recht die sträfliche Vernachlässigung der übrigen griechischen Literatur, die zur Zeit der Abfassung der Johannesapokalypse zum Bildungskanon auch in den Städten Kleinasiens zählten wie etwa Homer und Herodot, um nur zwei gewichtige Beispiele zu benennen. Das Argument, es fänden sich ja keine Zitate aus diesen Schriften, verfängt aufgrund der bisherigen Beobachtungen zur Intertextualität der Johannesapokalypse nicht.

Wir meinen, im ersten Teil unserer Ausführungen philologisch, literaturwissenschaftlich und theologisch nicht nur den Gestaltungswillen, sondern auch die sprachliche und intellektuelle Kompetenz des Verfassers der Johannesapokalypse erwiesen zu haben. Ein solch gebildeter Autor wird aber sicher nicht in völliger Ignoranz hellenistischer Bildung gewesen sein können, selbst wenn er ihr kritisch oder sogar ablehnend gegenüber gestanden haben sollte. Es ist ja von unseren theoretischen Überlegungen zu den dialogischen und monologischen Möglichkeiten intertextueller Schreibweisen her zu bedenken, dass der Bezug auf andere

Texte noch nichts über deren Akzeptanz oder Ablehnung aussagt.

Martin Karrer hat bereits einige Hinweise auf den Bezug der Johannesapokalypse zu den »anderen Götter[n]«[85] wie Zeus, Dionysos oder Apoll gegeben. Diesen Weg wollen wir nun im dritten Teil unserer Untersuchung weiter beschreiten und den Bezug auf andere Götter im Text der Johannesapokalypse als »intertextuelle Dispositionen« auffassen. Es dürfte nach unseren konzeptionellen Ausführungen zur Intertextualität auf der Hand liegen, dass auch damit nur ein Bruchteil plausibler intertextueller Beziehungen der Johannesapokalypse mit griechischer Literatur in den Blick geraten kann. Aber sollte es uns gelingen, mittels dieser Fragestellung zu verdeutlichen, dass sich die Intertextualitätsforschung auch der griechischen Literatur zuzuwenden hat, um die intertextuelle Schreibweise der Johannesapokalypse analysieren und interpretieren zu können, wäre einiges gewonnen. Unseres Erachtens liegt hier ein ganzes Forschungsfeld brach. Dass hier interessante neue Perspektiven auf den Text der Johannesapokalypse eröffnet werden, zeigen auch die im Anschluss an unseren Beitrag abgedruckten Ideen der Teilnehmerinnen und Teilnehmer unseres interdisziplinären Seminars zu den intertextuellen Beziehungen der Johannesapokalypse zu griechischer Literatur, das wir gemeinsam im Sommersemester 2017 veranstaltet haben.

---

85 KARRER, Gottesbild, 66f.

III. Die Namen der Götter als intertextuelle Dispositionen in der Apokalypse des Johannes

1. Apollon, Artemis und Asteria

Zu den Besonderheiten der Johannes-Apokalypse gehört die auffallende Sparsamkeit des Autors in der Verwendung von Eigennamen[86] für die zahlreichen Akteure. Nur sehr wenige Namen begegnen in den Sendschreiben in Apk 2-3, wobei wohl nur der Name Antipas in 2,13 auf historischer Erinnerung beruhen könnte, die Namen der Nikolaiten[87] und mehr noch der der Isebel aber als intertextuelle Lektüreanweisungen aufzufassen sind. Nur Johannes selbst (1,1; 1,4; 1,9; 22,8) und Jesus Christus werden wiederholt beim Namen genannt[88], bisweilen der Teufel[89], während die Vielzahl der agierenden Engel, die Reiter in Kapitel 6, die Sonnenfrau und ihr Sohn in Kapitel 12 und weitere Handlungsträger namenlos bleiben. Dass die Johannesapokalypse Namen bzw. deren Verschleierung als poetologisches Mittel einsetzt, wird vollends klar, wenn man die Dechiffrierungsaufgabe des Namens des Tieres in Apk 13,17f. ins Kalkül zieht.

---

86 Siehe die von SIMON DITTMANN erstellte Liste der Eigennamen der Johannesapokalypse, die wir im Anschluß an unseren Beitrag abdrucken.

87 Vgl. NIKOLAUS WALTER, Nikolaos, Proselyt aus Antiochien, und die Nikolaiten in Ephesus und Pergamon. Ein Beitrag auch zum Thema: Paulus und Ephesus, ZNW 93 (2002), 200-226.

88 So etwa Apk 1,1f.; 1,5; 1,9 u. ö.

89 Als Satanas: 2,9; 2,13; 12,9; als Diabolos: 12,9; 20,10.

Die Beobachtung von zwei auffallenden Namensnennungen, die beim Erschallen der dritten und fünften Posaune relativ kurz hintereinander vorkommen, wirkt daher als intertextuelle Disposition für die folgenden Überlegungen zur intertextuellen Schreibweise der Johannesapokalypse in produktionsorientierter Perspektive.

Beginnen wir mit der besonders markanten zweiten Stelle: Nach der ausführlichen Schilderung des monströsen Heuschreckenheeres[90], das aus dem Brunnen des Abgrunds heraufsteigt (9,3), wird zum Schluss deren dämonischer Anführer präsentiert (9,11):

---

[90] Hierzu sei ein weiteres mögliches Beispiel produktionsorientierter Intertextualität angeführt: Mit ihrem Menschengesicht und dem Skorpionstachel erinnern die Heuschrecken an ein unheimliches menschenfressendes indisches Wundertier, den Martichoras, den Aelian (ca. 175–ca. 235) in seinem Werk *Über die Eigenheiten der Tiere* (4.22) mit Bezug auf die Darstellung im verlorenen Werk des griechischen Historikers Ktesias (ca. 400 v. Chr.) vorstellt. Wir halten es für gut möglich, dass hier ein Fall von produktionsorientierter Intertextualität vorliegt und Johannes die Beschreibung des Martichoras kannte. Die nach den Beschreibungen von Aelian und Johannes angefertigten beigegebenen Zeichnungen von NADINE HAAS mögen die Ähnlichkeit der Tiere verdeutlichen (Abb. 1 und 2). Möglicherweise hatte kein Geringerer als UMBERTO ECO auch schon diese Assoziation: In seinem Roman *Il nome della rosa* beschreibt Adson von Melk voller Bewunderung das Tympanon der Abteikirche, auf welchem die Thronszene aus Kapitel 4 der Apokalypse dargestellt ist. Zu den ehrwürdigen Gestalten der vier Lebewesen und 24 Älteren gesellt sich hier ein Pandämonium schauerlicher Kreaturen hinzu, die letztlich aber auch zum Ruhme Gottes anwesend sind, unter denen sich auch Mantikoren (die bekanntere Namensvariante von Martichoras) befinden (in: UMBERTO ECO, Il nome della rosa, Milano 1980, 52).

Abb. 1: ἀκρὶς τῆς ἀποκαλύψεως. »Heuschrecke der Apokalypse«.
Zeichnung: Nadine Haas.

Abb. 2: μαρτιχόρας. »Martichoras«.
Zeichnung: Nadine Haas.

ἔχουσιν ἐπ' αὐτῶν βασιλέα τὸν ἄγγελον τῆς ἀβύσσου, ὄνομα αὐτῷ Ἑβραϊστὶ Ἀβαδδὼν καὶ ἐν τῇ Ἑλληνικῇ ὄνομα ἔχει Ἀπολλύων.

»Sie haben über sich als König den Engel des Abgrunds, sein Name auf Hebräisch Abaddon und in der griechischen Sprache hat er den Namen Apollyon (= Vernichter).«

Johannes legt also ausdrücklich großen Wert darauf, den Namen des unheimlichen Engels - des einzigen Engels neben Michael in 12,7, der in der Apokalypse namentlich genannt wird - mitzuteilen, und das gleich in zwei Sprachen. Die griechische Übersetzung des Namens informiert zunächst das Zielpublikum in Kleinasien - bei dem Johannes kaum mit Hebräisch-Kenntnissen rechnen konnte - darüber, dass die unheilvolle Wirkung des Königs der Heuschrecken bereits in seinem sprechenden Namen angelegt ist. Durch die auffallende Stellung als letztes Wort der Heuschreckenperikope, das zudem grammatisch unkorrekt im Nominativ statt im Akkusativ erscheint[91], wird der griechische Name Apollyon besonders betont. Es handelt sich hierbei um das substantivierte Partizip Präsens von ἀπολλύω, einer gängigen Nebenform von ἀπόλλυμι, dem üblichen Verb für »vernichten«. Die lautliche Ähnlichkeit zum Namen des Gottes Apollon fällt unmittelbar auf[92], aber ist sie

[91] Zu dieser grammatischen Inkongruenz vgl. den Beitrag von NADINE HAAS im selben Band.

[92] Das wird auch in den Kommentaren vermerkt, s. z. B. AUNE, Revelation 6-16, 535, der in der Anspielung einen möglichen Bezug auf den römischen Kaiser Nero sieht, der einen besonderen Bezug zu Apollon hatte. Diese Assoziation erscheint uns als zu vage, da Apollon im römischen Staatskult in der frühen Kaiserzeit generell eine bedeutende Rolle spielte. Eine Anspielung auf Apollon nehmen auch B. WITHERINGTON III, Revelation, Cambridge 2003, 154, SATAKE, Offenbarung, 247 und M. KARRER, Apoll und die apokalyptischen Reiter, in: ders./M. LABAHN (Hg.), Die Johannesoffenbarung: ihr Text und ihre Auslegung, Leipzig 2012, 223-252, 228-230 sowie ders., Hellenistische und frühkaiserzeitliche Motive in der Johannesapokalypse, in: TH. SCHMELLER/M. EBNER/R. HOPPE (Hg.), Die Offenbarung des Johan-

auch produktionsästhetisch intendiert oder rezeptionsästhetisch gefragt: Wie wahrscheinlich ist es, dass ein antiker Leser Apollon mit Apollyon assoziierte?

Der Gott Apollon gehört in der Vielzahl von Funktionen, die er ausübt, zu den vielschichtigsten Gestalten des griechischen Mythos, wie er in zahlreichen Schriften und Bildern begegnet[93]. Die Assoziationen, die er heute weckt, dürften überwiegend positiv sein. Schon sein äußeres Erscheinungsbild als attraktiver Jüngling mit wallender Lockenpracht, idealtypisch dargestellt etwa im Apollon von Belvedere[94],

---

nes. Kommunikation im Konflikt, Freiburg i. B. u. a. 2013, 32-73, 63 an. KARRERS gehaltvolle Aufsätze waren generell die wichtigste Inspirationsquelle für unsere Überlegungen. – BOUSSET, Offenbarung, 301 und BEALE, Book of Revelation, 503f. halten die Anspielung auf Apollon für möglich. BEALE sieht, in Einklang mit seiner Deutung des Abaddon als des Teufels selbst oder eines seiner Repräsentanten, darin einen Seitenhieb auf die römischen Kaiser wie Domitian, die sich als Inkarnationen Apollons verstanden hätten. Für diesen Sachverhalt gibt es nach Auskunft des Klassischen Archäologen WULF RAECK zwar keine Belege, doch werden die Kaiser des 1. Jahrhunderts häufig mit Apollon verglichen; vgl. hierzu u. unsere Überlegungen zum ersten Reiter. – CHARLES, Commentary I, 246 und P. PRIGENT, Commentary on the Apocalypse of St. John, Tübingen 2004, 317 halten die Anspielung für unwahrscheinlich. CHARLES' unbegründete (auch von PRIGENT a. O. abgelehnte) Athetese des ganzen Kolons καὶ ἐν τῇ Ἑλληνικῇ ὄνομα ἔχει Ἀπολλύων als Interpolation verdirbt die ganze Pointe dieser Stelle.

93 Zu seinen verschiedenen Funktionen vgl. W. BURKERT, Griechische Religion der archaischen und klassischen Epoche, Stuttgart [2]2011, 223-230 u. 397.

94 Es handelt sich hier um eine der berühmtesten antiken Skulpturen. Das aus Bronze bestehende Original wird allgemein dem Bildhauer Leochares zugeschrieben und in die Zeit nach 350 v. Chr. datiert.

trägt zu dieser Wirkung bei, die von den wohl bekanntesten Funktionen, die er ausübt, unterstützt wird. Man kennt ihn in erster Linie als Orakelgottheit sowie als Gott der Schönen Künste, der in dieser Funktion häufig als Anführer der Musen erscheint. Seit dem 3. Jahrhundert v. Chr. tritt er zunehmend in Konkurrenz zum Sonnengott Helios; darüber hinaus ist er der ursprüngliche Gott der Heilkunst, dessen Funktionen dann zum Teil von seinem Sohn Asklepios übernommen werden. Apollon hat aber auch eine düstere Kehrseite: Er ist der Gott der Krankheiten, der die Menschen mit Seuchen heimsucht, und in dieser Funktion tritt er schon bei seinem ersten Erscheinen in der europäischen Literatur gleich zu Beginn der *Ilias* (A 43-53) auf, als er mit seinen Pfeilen die Pest in das Heerlager der Griechen vor Troja sendet. So ist es nicht verwunderlich, dass Wortspiele mit seinem, etymologisch bis heute nicht sicher geklärten, Namen und dem griechischen Verb für »vernichten«, nicht selten sind. Den ältesten Beleg bietet bereits Archilochos um die Mitte des 7. vorchristlichen Jahrhunderts in einer Anrufung an Apollon (Fragment 26.5f. WEST)[95]:

Erhalten ist aber nur eine Marmorkopie, die Ende des 15. Jahrhunderts in den Ruinen von Neros Villa in Antium gefunden wurde. Sie gehört heute zu den bekanntesten Ausstellungsstücken der Vatikanischen Museen.

95 Vgl. KARRER, Motive, 63, bei dem sich auch bereits die Verweise auf die folgenden Stellen finden. Die Stelle wird noch von Macrobius (5. Jh. n. Chr.) in seinen *Saturnalien* (1.17.9) im Rahmen seiner Behandlung möglicher Etymologien des Namens Apollon zitiert, kann also auch zur Zeit des Johannes als bekannt angenommen werden.

ὦναξ Ἄπολλον, καὶ σὺ τοὺς μὲν αἰτίους / πήμαινε καί σφεας ὄλλυ', ὅσπερ ὀλλύεις.

»Herr Apollon, füge auch du den Schuldigen / Leid zu und vernichte sie, der du ja vernichtest!«

Der Sprecher leitet hier (was sich in der deutschen Übersetzung nicht nachahmen lässt) den Namen Apollon von ὀλλύω, das wie das Kompositum ἀπολλύω »vernichten« bedeutet, ab, um zum Ausdruck zu verbringen, dass Apollon ein geeigneter Gott zur Vernichtung der genannten Übeltäter sei, da er ja das Vernichten schon im Namen trage. Dieselbe Namensherleitung findet sich bei Aischylos (525–456) in seiner 458 v. Chr. aufgeführten Tragödie *Agamemnon*, wo die Priesterin Kassandra Apollon als ihren Vernichter charakterisiert (V. 1080-1082)[96]:

Ἄπολλον, Ἄπολλον, / ἀγυιᾶτ', ἀπόλλων ἐμός· / ἀπώλεσας γὰρ οὐ μόλις τὸ δεύτερον.

96 In ihrem Fall trifft das allerdings nur mittelbar zu: Zur Strafe dafür, dass Kassandra sich seinen erotischen Avancen widersetzte, verhängte Apollon über sie den Fluch, dass ihre Weissagungen zwar immer zutreffend seien, ihr aber niemals jemand Glauben schenken werde. So verhallen ihre Warnungen vor der Hinterlist der Griechen ungehört, deren Beachtung den Fall Trojas und damit ihr eigenes Unglück hätte verhindern können. – Auf diese Aischylos-Stelle verweisen auch die meisten Apokalypse-Kommentare zu 9,11.

»Apollon, Apollon, / Schützer der Wege, mein Vernichter: / vernichtet nämlich hast du mich ganz und gar zum zweiten Mal.«

Die früheste bekannte Stelle, an der Apollon mit dem Sonnengott identifiziert wird, drei Versen aus der nur fragmentarisch erhaltenen Tragödie *Phaethon* des Euripides (484–406), bietet einen noch markanteren Beleg: Klymene, die Mutter des bei seiner Fahrt mit dem Sonnenwagen tödlich verunglückten Phaethon, klagt dessen Vater Helios als Verantwortlichen für das Unglück an (Fragment 781, 11-13):

ὦ καλλιφεγγὲς Ἥλι', ὥς μ' ἀπώλεσας / καὶ τόνδ'. Ἀπόλλων δ' ἐν βροτοῖς ὀρθῶς καλῇ, / ὅστις τὰ σιγῶντ' ὀνόματ' οἶδε δαιμόνων.

»O schön leuchtender Helios, wie hast du mich vernichtet / und ihn hier. Apollon/Vernichter aber wirst du unter Sterblichen mit Recht genannt, / wer immer die verborgenen Namen der Gottheiten kennt.«

Interessant ist hier vor allem, dass der Eigenname Apollon nicht als wirklicher Name des Gottes, der, wie im Mythos bis zu dieser Zeit üblich, Helios heißt, betrachtet wird, sondern als charakterisierendes Epitheton, in welchem sich seine zerstörerische Gewalt manifestiert. Dass solche Assoziationen verbreitet gewesen sein müssen, zeigt eine Stelle aus Platons (427–347) Dialog *Kratylos*, an der die Etymologie des Namens als Herleitung aus ἀπόλλυμι/ἀπολλύω nicht einmal explizit genannt wird, so dass Platon offenkundig davon ausging, dass seine Rezipienten die Anspielung verstanden (404d8-e2):

> Περὶ τὸν Ἀπόλλω (...) πολλοὶ πεφόβηνται περὶ τὸ ὄνομα τοῦ θεοῦ, ὥς τε δεινὸν μηνύοντος.
>
> »Was Apollon betrifft, (...) haben viele Angst mit Blick auf den Namen des Gottes, als zeige er etwas Furchtbares an.«

Auch zu Lebzeiten des Johannes, unabhängig davon, welchen chronologischen Ansatz man verfolgt, war die vermutete unheimliche Etymologie des Namens gegenwärtig. So lautet ein witziges Epigramm des Dichters Ammianos[97], das mit der Funktion von Apollon als Gott der Dichter und Sänger und der Ableitung seines Namens von ἀπόλλυμι/ἀπολλύω spielt:

> Νικήτης ᾄδων τῶν ᾠδῶν ἐστιν Ἀπόλλων,
> ἂν δ' ἰατρεύῃ, τῶν θεραπευομένων.

---

97 Anthologia Graeca XI 188; vgl. A. KERKESLAGER, Apollo, Greco-Roman Prophecy, and the Rider on the White Horse in Rev 6:2, in: JBL 112 (1993), 116-121, hier: 119, Anm. 20. Üblicherweise wird Ammianos in die Zeit Hadrians datiert, mit überzeugenden Argumenten plädiert jedoch HENDRICH SCHULTE in seiner kommentierten Edition (Die Epigramme des Ammianos, Trier 2004, 12) dafür, dass Ammianos ein Zeitgenosse Martials (ca. 40–104) war. Außer den schon genannten führt SCHULTE a. O. als weitere Belege für unsere Etymologie noch Cornutus 32 (Mitte 1. Jh.) und Macrobius, Saturnalien I 17.9 (frühes 5. Jh.) an.

»Wenn Niketes singt, ist er der Apoll der Lieder:
Wenn er aber doktert, ist er der seiner Patienten.«[98]

Wenn der besagte Niketes also singt, wird er zum Vernichter der Lieder und als Arzt ist er eine ebensolche Katastrophe, da seine Behandlung zum Verderben seiner Patienten führt.

Diese Belege lassen es als grundsätzlich plausibel erscheinen, dass sowohl Johannes selbst mit der Nennung des Namens Apollyon die Assoziation mit Apollon hervorrufen wollte, als auch seine Rezipienten den Bezug herstellen konnten[99]. Die Heranziehung eines Mediums aus der Bildenden Kunst unterstützt diesen Ansatz: Pausanias, der um die Mitte des 2. Jahrhunderts n. Chr. eine Art Reiseführer verfasste, berichtet von einer besonderen Apollon-Statue, die man auf der Akropolis in Athen besichtigen konnte (1.24.8)[100]:

> Τοῦ ναοῦ δέ ἐστι πέραν Ἀπόλλων χαλκοῦς καὶ τὸ ἄγαλμα λέγουσι Φειδίαν ποιῆσαι· Παρνόπιον δὲ καλοῦσιν, ὅτι σφίσι παρνόπων βλαπτόντων τὴν γῆν ἀποτρέπειν ὁ θεὸς εἶπεν ἐκ τῆς χώρας. Καὶ ὅτι μὲν ἀπέτρεπεν, ἴσασι, τρόπῳ δὲ οὐ λέγουσι ποίῳ.

---

98 Übersetzung von SCHULTE, a. a. O., 38.

99 Die Zurückhaltung, die ich (=TP) mir in dieser Frage in PAULSEN, Sprache und Stil, 9, Anm. 18 noch auferlegt habe, ist im Laufe der Beschäftigung mit der Thematik im Rahmen dieses Beitrags gewichen.

100 Vgl. KARRER, Apoll, 229 mit Abbildung sowie ders., Motive, 63.

> »Dem Tempel[101] gegenüber steht ein Apollon aus Bronze und die Statue soll Phidias gefertigt haben. Man nennt ihn den Parnopios[102], da der Gott ihnen (= den Athenern) sagte, er werde ihnen die Heuschrecken, die ihrem Boden schadeten, aus dem Land vertreiben. Und dass er sie vertrieb, weiß man, auf welche Weise, sagt man aber nicht.«

Eine Kopie der Statue, auf die sich Pausanias bezieht, ist sogar möglicherweise in der Kasseler Antikensammlung in Schloss Wilhelmshöhe erhalten. Leider fehlt die Heuschrecke in Apollons Hand, doch gilt deren Ergänzung als plausibel[103]. Der Gott erscheint hier in einer Funktion, auf die erstmals bereits im 1. Gesang der *Ilias* angespielt wird (A 39), als Schutzgott gegen alles mögliche unangenehme Getier, in diesem Fall als Smintheus, als Vertilger der Feldmäuse. Und gerade in dieser Funktion wird er speziell im kleinasiatischen Raum, in dem Johannes' primäres Zielpublikum lebte und aus dem Apollon ursprünglich stammt, besonders verehrt. So nennt der Geograph Strabon (63 v.–23 n. Chr.) ein Heiligtum des Apollon Smintheus in Killa[104] (13.1.63f.). Im selben Kontext (13.1.64) erscheint er auch wieder als Schutz-

---

[101] Gemeint ist der Parthenon.

[102] Abgeleitet von πάρνοψ, einem Wort für Heuschrecke.

[103] Nach mündlicher Auskunft des Klassischen Archäologen Axel Filges handelt es sich hier um eine nicht beweisbare, aber plausible Rekonstruktion.

[104] Dieser Ort erscheint schon in der *Ilias* (A 38) als eine der bevorzugten Kultstätten Apollons. Er ist nicht mehr genau zu lokalisieren, lag aber jedenfalls südlich des Ida-Gebirges in der Nähe von Troja.

gott gegen Heuschrecken, dem bei den kleinasiatischen Äoliern, die in der Gegend um Smyrna, einem der in den sieben Sendschreiben adressierten Orte, siedelten, sogar ein Monat, der Pornopion[105], gewidmet ist, in welchem ein Opferfest zu seinen Ehren stattfand.

Apollon als Herr der Heuschrecken, der auch in Kleinasien in dieser Funktion verehrt wurde und dessen Name sich nach verbreiteter Auffassung von ἀπόλλυμι oder ἀπολλύω ableiten ließ: die Kombination dieser beiden Aspekte macht es unseres Erachtens sehr wahrscheinlich, dass die Rezipienten der Apokalypse bei Abaddon an Apollon denken sollten. Bevor wir darauf eingehen wollen, welche Schlussfolgerungen aus diesem Sachverhalt zu ziehen sind, gilt es nun, eine weitere, noch auffallendere Namensnennung in den Blick zu nehmen, die sich nicht weit entfernt von der eben betrachteten Stelle findet. Beim Erschallen der dritten Posaune geschieht Folgendes (8,10f.):

> (10) καὶ ὁ τρίτος ἄγγελος ἐσάλπισεν· καὶ ἔπεσεν ἐκ τοῦ οὐρανοῦ ἀστὴρ μέγας καιόμενος ὡς λαμπὰς καὶ ἔπεσεν ἐπὶ τὸ τρίτον τῶν ποταμῶν καὶ ἐπὶ τὰς πηγὰς τῶν ὑδάτων, (11) καὶ τὸ ὄνομα τοῦ ἀστέρος λέγεται ὁ Ἄψινθος καὶ ἐγένετο τὸ τρίτον τῶν ὑδάτων εἰς ἄψινθον καὶ πολλοὶ τῶν ἀνθρώπων ἀπέθανον ἐκ τῶν ὑδάτων, ὅτι ἐπικράνθησαν.

---

105 Bei πόρνοψ handelt es sich um eine dialektale Variante von πάρνοψ.

(10) »Und der dritte Engel posaunte: Und es fiel aus dem Himmel ein großer Stern, brennend wie eine Fackel, und er fiel auf ein Drittel der Flüsse und auf die Quellen der Gewässer, (11) und der Name des Sterns wird genannt Apsinthos (= Wermut) und es wurde ein Drittel der Gewässer zu Wermut und viele der Menschen starben aufgrund der Gewässer, weil sie bitter geworden waren.«

Zunächst fällt ins Auge, dass das vom Erschallen der dritten und fünften Posaune in Gang gesetzte Geschehen sich auffallend ähnelt. So heißt es in Apk 9,1:

καὶ ὁ πέμπτος ἄγγελος ἐσάλπισεν· καὶ εἶδον ἀστέρα ἐκ τοῦ οὐρανοῦ πεπτωκότα εἰς τὴν γῆν (...).

»Und der fünfte Engel posaunte: Und ich sah einen Stern aus dem Himmel gefallen auf die Erde (...).«

Beide Male fällt also ein Stern vom Himmel. Da die beiden Stellen lediglich durch drei Verse voneinander getrennt sind, wird jedem aufmerksamem Leser oder Hörer diese Ähnlichkeit unmittelbar aufgefallen sein. Es erscheint demnach plausibel, dass Johannes die dritte und die fünfte Posaunenvision zueinander in Bezug setzen wollte. Wir werden auf diese Hypothese gleich zurückkommen, zunächst aber eine andere Spur verfolgen.

Dass ein Stern ausdrücklich einen Namen erhält, ist in diesem an Eigennamen armen Werk noch um einiges auffälliger als die Benennung eines Engels[106]. Hier fällt die Lösung des Rätsels weniger leicht als im Falle des Apollyon – vielleicht aber nur uns und nicht Johannes' Zeitgenossen, zum Beispiel Bewohnern der Stadt Ephesos, an deren Christenversammlung das erste der sieben Sendschreiben (Apk 2,1-7) gerichtet ist. Bewohner dieser Stadt könnten sich sofort daran erinnert haben, dass der Wermut in so enger Verbindung zu einer bestimmten Gottheit steht, dass aus deren Namen sogar eine Alternativbezeichnung zu ἄψινθος oder ἀψίνθιον hergeleitet ist, nämlich ἀρτεμισία[107]. Ephesos war

---

[106] Beklagenswerterweise verfehlen auch hier einige Interpreten die Pointe, indem sie die Namensnennung als Interpolation athetieren, so CHARLES, Commentary I, 235 und AUNE, Revelation 6-16, 521.

[107] Vgl. hierzu Plinius der Ältere, Naturalis historia 25.73, der allerdings die Ableitung des Namens von der karischen Königin Artemisia bevorzugt. Die von ihm selbst ebenfalls genannte Ableitung von Artemis Eileithyia, der Schutzgöttin der Gebärenden, ist allerdings erheblich plausibler, da Wermut nach seiner eigenen Aussage (a. O.) Frauenkrankheiten heilte. Der moderne Klassifizierungsname des Wermuts *Artemisia absinthium* kombiniert beide Elemente. Über die Bedeutung von Wermut als universell einsetzbarer Heilpflanze berichtet Plinius ausführlich in 27.45-52. Unter allen Arten ist nach seiner Aussage der vom Schwarzen Meer stammende Wermut der beste, gerade dieser aber sei besonders bitter (27.45). Die extraordinäre Bitterkeit des Wermuts ist eine immer wieder genannte Eigenschaft. So führt ihn der Philosoph und Naturwissenschaftler Theophrast (371-287) als Paradebeispiel einer bitter schmeckenden Pflanze an (Περὶ φυτῶν ἱστορίας, »Über die Erforschung der Pflanzen«, 1.12). In ähnlicher Weise wie Plinius stellt der in der zweiten Hälfte des 1. Jh. n. Chr. wirkende griechische Arzt Pedanios Dioskurides in seiner Schrift Περὶ ὕλης ἰατρικῆς (»Über Heilmittel«, 3.23) die heilsamen Wirkkräfte des Wermuts heraus.

das Zentrum der Artemis-Verehrung schlechthin, ihr dortiger Tempel, der größte, der in der Antike je gebaut wurde, zählte zu den Sieben Weltwundern. Soll also durch den Stern Apsinthos eine gedankliche Verbindung zu Artemis hergestellt werden, wobei die auffällige Namensnennung als wesentliches Interpretationssignal dienen würde? Dies erscheint umso plausibler, als es sich bei Artemis um die Zwillingsschwester Apollons handelt, dessen Name beim Auftritt des Königs des Abgrunds anlässlich des Erschallens der fünften Posaune nach unserer Interpretation sicher assoziiert werden sollte.

Wir wollen versuchen, uns in die Gedankenfolge eines antiken Lesers oder Hörers dieses Textes hineinzuversetzen, die bei der Lektüre der Verse 8,10-9,11 der Apokalypse ablaufen konnte: Beim Erschallen der dritten Posaune fällt ein Stern vom Himmel, der ungewöhnlicher Weise einen Namen trägt. Was soll dieser Name besagen? Unser antiker Rezipient kann hier schon die Gedankenfolge Ἄψινθος = Pflanzenname, Alternativname: ἀρτεμισία, also Bezug zu Artemis gekommen sein, kann aber genauso gut die Namensnennung zunächst als Rätsel begriffen haben. Beim Erschallen der fünften Posaune wiederholt sich der Vorgang gleichsam: Wieder fällt ein Stern vom Himmel, so dass es sehr leicht fällt, die beiden Ereignisse aufeinander zu beziehen. Am Ende der fünften Posaunen-Perikope wird, wiederum durch eine Namensnennung, ein Bezug zu Apollon hergestellt und spätestens hier kann unser aufmerksamer Rezipient, der aus dem Großraum Ephesos mit seinem Artemiskult stammt oder schlicht und einfach belesen ist und deshalb zu denen gehört, die »die verborgenen Namen der

Gottheiten kennen«, sich an den Stern mit dem seltsamen Namen zurückerinnert haben und nun Apollons Zwillingsschwester Artemis mit seinem Erscheinen assoziieren. Freilich tritt sie im Gegensatz zu ihrem Bruder nicht selbst auf, sondern wird in gleichsam zweimal gebrochener Form präsentiert, indem sie durch eine ihrem Umfeld angehörende Pflanze metonymisch vertreten wird, die aber ihrerseits nicht in ihrer üblichen Erscheinungsform vorkommt, sondern als Namensgeberin für einen Stern. Dieser Stern richtet ähnlich wie der Heuschreckenkönig Abaddon/Apollyon furchtbaren Schaden an, was gut mit der Doppelnatur der Artemis in Einklang zu bringen ist, die wie Apollon und die ihr geweihte Wermutpflanze in der griechischen Literatur zwei ganz verschiedene Gesichter hat[108]: Wie der Wermut eine vielseitig einsetzbare Arzneipflanze ist, kann er ein gefährliches Gift sein[109], dementsprechend ist Artemis in einer positiven Funktion die Beschützerin der Gebärenden und hilft ihnen bei der Geburt, sie ist aber auch die Göttin, die Frauen einen jähen, unvorhergesehenen Tod bringt. In dieser unheilvollen Funktion tritt sie zusammen mit ihrem Zwillingsbruder etwa im Niobe-Mythos auf, in welchem die unselige Königin Niobe, die berauscht von ihrem Mutter-

[108] Zu ihren verschiedenen Funktionen vgl. BURKERT, Griechische Religion, 231-235.

[109] Hierfür gibt es eindrucksvolle neuzeitliche Belege: Im 19. Jahrhundert war der aus Wermut gewonnene Absinth ein beliebtes Rauschmittel, dessen stark gesundheitsschädigende, oft sogar tödliche Wirkungen im frühen 20. Jahrhundert zu seinem Verbot in den USA und vielen europäischen Staaten führten. In Deutschland beispielsweise ist der Genuss von Absinth erst seit 1998 wieder erlaubt.

glück, das ihr sieben Söhne und sieben Töchter beschert hatte, Leto, die Mutter der göttlichen Zwillinge, herabsetzt und verächtlich macht, woraufhin die beiden alle 14 Kinder aus der Ferne mit ihren Pfeilen ermorden – in makabrer Arbeitsteilung Apollon die Söhne und Artemis die Töchter[110]. Zuletzt sei noch darauf hingewiesen, dass seit der hellenistischen Zeit Artemis in Analogie zu Apollons Identifikation mit dem Sonnengott Helios immer häufiger an die Stelle der Mondgöttin Selene tritt, weshalb sie in der Bildenden Kunst häufig mit einem halbmondförmigen Diadem dargestellt wird. Wir werden auf diese Beobachtung zurückkommen. Dass Artemis schließlich möglicherweise über ihre Affinität zu Skorpionen, die in auffälliger Weise dreimal kurz hintereinander zu den Heuschrecken des Abaddon/Apollyon in Beziehung gesetzt werden[111], sogar in der fünften Posaunenvision evoziert werden soll, macht SIMON DITTMANN in seinem Beitrag in diesem Band plausibel[112].

---

[110] Die ausführlichste erhaltene Darstellung dieses Mythos bietet Ovid im 6. Buch der *Metamorphosen*, V. 146-312.

[111] Apk 9,3; 9,5; 9,10.

[112] J. MALINA, Die Offenbarung des Johannes. Sternvisionen und Himmelsreisen, Stuttgart u. a. 2002, 151-160 beschäftigt sich eingehend mit der Frage der fallenden Sterne bei der dritten und fünften Posaunenvision und verweist bei der Behandlung des Sterns Apsinthos auf den Zusammenhang zwischen Sternen und Pflanzen, der in der Antike häufig hergestellt wurde (a. O. 152f.). Obwohl er aber sogar den Gattungsnamen Artemisia für Wermut nennt und im Rahmen seiner astralmythologischen Spekulationen den Wermut dem Kontrollbereich des Sternbilds Skorpion zuordnet, stellt er keine Verbindung zur Göttin Artemis her.

Damit sind wir aber mit der Reihe von Assoziationen, die sich aus der betrachteten Apokalypsen-Passage ergeben, noch nicht am Ende: Artemis wird in enger Verbindung zu ihrer Cousine Hekate gesehen, die, von Haus aus eine eigenständige, ursprünglich wohl chthonische Gottheit[113], häufig regelrecht als eine Erscheinungsform der Artemis betrachtet wird, als welche sie deren negative Aspekte verkörpert: Während Artemis bei Tag jagt, ist Hekate eine nächtliche Jägerin, die auch als Göttin der Hexen und Gespenster fungiert. Sie ist im Mythos eine Tochter von Letos Schwester Asteria[114]. Deren Schicksal besingt der hellenistische Dichter Kallimachos (ca. 320–nach 246 v. Chr.) in seinem Hymnos auf die Insel Delos (4. Hymnos, 36b-38)[115]:

> οὔνομα δ' ἦν τοι / Ἀστερίη τὸ παλαιόν, ἐπεὶ βαθὺν ἥλαο τάφρον
> οὐρανόθεν φεύγουσα Διὸς γάμον ἀστέρι ἴση.

> »Und dein Name war / Asteria in alter Zeit, da du in den tiefen Meeresgraben sprangst
> vom Himmel, auf der Flucht vor einer Verbindung mit Zeus, einem Stern gleich.«

---

[113] Zu ihren verschiedenen Funktionen vgl. BURKERT, Griechische Religion, 263f.

[114] Vgl. Hesiod, Theogonie 409-411.

[115] Vgl. auch Apollodor, Bibliotheke 1.21; nach der Version von Hygin, Fab. 53 wird sie von Zeus ins Meer gestoßen. Wir danken DOMINIC BLAUTH für den Hinweis, der uns auf die Spur der Asteria brachte; vgl. hierzu seinen Beitrag in diesem Band.

Mit dem Sternvergleich weist Kallimachos unmissverständlich auf die Etymologie ihres Namens hin: Asteria trägt in sich das griechische Wort für Stern, ἀστήρ. Um den Nachstellungen ihres entfernten Cousins Zeus, der sich in sie wie in so viele andere Göttinnen, Nymphen und Menschenfrauen verliebt hatte, zu entgehen, stürzt sie sich ins Meer und verwandelt sich dort in die Insel Delos, auf der bald danach Leto ihre Kinder Apollon und Artemis, Asterias Neffen und Nichte, zur Welt bringen wird. Auch die beiden fallenden Sterne der dritten und fünften Posaune finden also ihren Bezugspunkt im Umfeld der Zwillingsgottheiten, aber damit noch nicht genug: Auch das Geschehen, welches das Erschallen der vierten Posaune auslöst, ist aufs Engste damit verbunden: Ein Drittel der Sonne, des Mondes und der Sterne wird dadurch verdunkelt (8,12) und damit finden wir unsere drei Gottheiten direkt nebeneinander: Apollon kann, wie gesehen, die Sonne verkörpern, Artemis den Mond und Asteria die Sterne.

Bevor nun aber erwartungsgemäß die fünfte Posaune erschallt, kommt es zu einem eigenartigen Zwischenspiel (8,13): Ein Adler fliegt durch die Lüfte und verheißt den Menschen auf Erden ein dreifaches Wehe beim Erschallen der letzten drei Posaunen. In dem dichten Anspielungsgeflecht auf Gottheiten der griechischen Mythologie, in dem wir uns hier befinden, liegt es nahe, an denjenigen Gott zu denken, dessen übliches Attribut der Adler ist, den Götterkönig Zeus, der hier, aller Macht entkleidet, auf die Funktion eines Unglücksboten reduziert würde[116].

Das hier vorgestellte Geflecht von Bezügen scheint uns durch seine Dichte die Möglichkeit auszuschließen, dass es sich dabei um einen Zufall handeln kann. Johannes betreibt vielmehr mit der Darstellung des Geschehens von der dritten bis zur fünften Posaune ein geistreiches intertextuelles Spiel mit prominenten Gestalten des griechischen Mythos, ein Spiel mit den verborgenen Namen der Götter, das dadurch verkompliziert wird, dass es sich für die meisten Rezipienten erst von seinem Ende her erschließt, da der deutlichste Hinweis auf die drei Gottheiten, derjenige auf Apollon, als letzter mit dem letzten Wort der ganzen von Apk 8,10 bis 9,11 reichenden Sequenz erscheint. Leser und Hörer müssen von hier aus noch einmal zurückdenken, um das Geheimnis des fallenden Sterns mit dem seltsamen Namen und des ihm folgenden zweiten Sterns ganz zu erschließen. Das Wirken dieser drei Gestalten vollzieht sich dabei in unterschiedlicher Konkretheit: Während Apollon als Engel des Abgrunds als physische Erscheinung am Greifbarsten ist, erscheint Asteria gewissermaßen auf einer ersten Abstraktionsstufe, insofern sie zwar einen Sternennamen trägt, aber nicht selbst einer der fallenden Sterne ist, sondern diese durch ihren Fall das, was Asteria widerfuhr, erneut durchführen. Artemis schließlich zeigt sich auf einer zweiten, als metonymisch zu charakterisierenden Abstraktionsstufe, indem sie durch die Anspielung auf eine mit ihr in

---

[116] Vgl. hierzu ausführlicher den Beitrag von YANNIK SCHNITZSPAHN.

enger Verbindung stehenden Pflanze, den Wermut, und ein Tier, den Skorpion, ins Geschehen einbezogen wird.

Nunmehr ist endlich die Frage nach der Funktion dieses intertextuellen Spiels zu stellen, das ja gewiss kein Selbstzweck ist. Wie kommt Johannes dazu, die zwei so unvereinbar scheinenden Welten des jüdisch-christlichen Gottes mit seinem Sohn Christus und der Götter des griechischen Mythos miteinander in Beziehung zu setzen? Hier ist zunächst zu konstatieren, dass für die Menschen der ersten christlichen Jahrhunderte die Existenz des einen Gottes nicht so automatisch die Möglichkeit der Existenz anderer göttlicher Wesen ausschloss, wie wir das aus heutiger Perspektive für selbstverständlich halten mögen. So glaubten etwa Paulus und Augustin ganz unbefangen an die Realität der alten mythischen Götter, nur dass sie für sie selbstverständlich keine Götter, sondern böse Dämonen waren[117]. Natürlich konnten sie weder für Paulus noch für Augustin noch für Johannes richtige Götter sein – das schloss die Konzeption Gottes, wie sie normativ wirksam in den heiligen Schriften Israels dargestellt wird, aus. Als dienstbare Geister des einen Gottes konnten sie aber durchaus in Frage kommen, auch wenn sie eigentlich als widergöttliche Mächte anzusehen wären. Wen dabei befremden mag, dass etwa Apollon zu einem Engel mutiert[118], mag sich nur die Tatsache vor Augen halten, dass wir möglicherweise nur deshalb das Weihnachtsfest am 25. Dezember feiern, weil dies der Feiertag des

---

[117] S. v. a. Röm 8,38f.; 1 Kor 8,4ff.; Augustin, De civitate Dei 7.33, 9.1.

[118] Vgl. KARRER, Motive, 64: »Mehr als ein katachthonischer Engel bleibt von Apoll nicht übrig«.

römischen Sonnengottes, des Sol invictus, war, mit dem Christus dank der typisch antiken Neigung zum religiösen Synkretismus vielfach identifiziert oder zumindest in Beziehung gesetzt wurde[119]. Vor diesem Hintergrund erscheint es nicht mehr als so verwunderlich, wenn Apollon als Abaddon in die Heerscharen der Engel integriert wird, freilich als unheilvoller Engel, der Leiden über die Menschen bringt. Vielleicht ist es nicht abwegig, wenn man sich Apollons erwähnte Funktion als Pestgott vor Augen führt, an den Engel zu denken, der im 2. Buch Samuel im Auftrag Gottes die Pest über das Volk Israel bringt (2 Sam 24,16). Zusammenfassend lässt sich also konstatieren, dass Johannes auf verschiedenen Abstraktionsebenen Gottheiten der griechischen Mythologie in die Apokalypse integriert und sie dort gewissermaßen zu dienstbaren Geistern des einen Gottes macht, die in seinem Auftrag Unheil über die Menschen bringen. Oder um es mit den Worten von MARTIN KARRER zu sagen: »Den Göttern der Völker bleibt (...) der Abgrund. Sie sinken ab in den Raum des Todes, weil sie das Leben in der Welt zum Tod regieren. (...) All die Macht, die die Götter zu besitzen scheinen, trügt.«[120] Als letzte Gestalt unserer Passage reiht sich dann vielleicht sogar in diesen Reigen entgöttlichter Götter deren mythischer König Zeus ein, in Gestalt seines typi-

---

[119] Die Pro- und Contra-Argumente werden diskutiert in S. E. HIJMANS, Sol Invictus, the Winter Solstice, and the Origins of Christmas, in: Museion 47.3 (2003), 377–398 und C. P. E. NOTHAFT, The Origins of the Christmas Date. Some Recent Trends in Historical Research, in: Church History 81 (2012), 903–911.

[120] KARRER, Motive, 66f.

schen Attributes, des Adlers, der in 8,13 die drei Wehe verkündet, die mit den drei letzten Posaunen über die Menschen kommen werden[121].

Wir wollen ein letztes Mal auf Apollon zurückkommen, da das Geflecht intertextueller Dispositionen möglicherweise noch um eine weitere Facette bereichert werden kann. MARTIN KARRER erwägt in Anlehnung an ALLEN KERKESLAGER, ob »der Apollonmythos (...) die berühmteste Visionenreihe der Offb, die der apokalyptischen Reiter (Offb 6,1-8) beeinflusst.«[122] Während der zweite und dritte Reiter allgemein anerkannt als Personifikationen von Krieg und

---

[121] In diesem Reigen widergöttlicher und doch von Gott instrumentalisierter Mächte, der in der Apokalypse aufgeführt wird, könnte Zeus noch einmal implizit angesprochen werden, wenn im Sendschreiben an die Versammlung in Pergamon in diesem Ort der »Thron des Satans« (2,13) lokalisiert wird: Der Zeus-Altar, der noch heute im Pergamon-Museum in Berlin zu bewundern ist, erinnert von seiner Form her durchaus an einen riesigen Thron mit zwei Lehnen und Zeus ist als König des griechisch-römischen Pantheons wie kein anderer Gott mit Ausnahme vielleicht Apollons (vgl. hierzu BEALE, Book of Revelation, 503f. und den Beitrag von NADINE HAAS in diesem Band) geeignet, Assoziationen mit dem Satan hervorzurufen.

[122] KARRER, Motive, 65 und KERKESLAGER, Apollo; vgl. auch KARRER, Apoll, 230-232, 236-240 und 242-248, der letztlich offen lässt, ob der erste Reiter mit Apollon zu identifizieren ist oder womöglich sogar der vierte. Letzteres setzt die Anerkennung der Lesart des Codex A ἀθάνατος statt θάνατος in Apk 6,8 voraus. Auch wenn KARRER einzuräumen ist, dass dieser Vers unter Verlust der tautologischen Aussage, dass der Tod mit dem Tod tötet, dadurch eine oxymorische Pointe (vgl. KARRER a. O. 247) gewinnt, indem jetzt der Unsterbliche den Tod bringt, folgen wir dem u. E. ausschlaggebenden Gewicht der ganzen sonstigen handschriftlichen Überlieferung.

Hunger verstanden werden und die Mehrheitsmeinung im vierten Reiter eine Personifikation der Pest sieht, ist die Deutung des ersten Reiters seit Irenäus von Lyon höchst umstritten[123]. Die von Johannes durch wörtliche Übereinstimmungen in Apk 6,1-8 betonte Einheitlichkeit des Auftretens der vier Reiter lässt es als sicher erscheinen, dass auch der erste Reiter eine für die Menschen negative Wirkmacht haben muss. Wir schließen uns hier weitgehend der ingeniösen Interpretation von KERKESLAGER (a. O.) an, für den Dreh- und Angelpunkt seiner Ausführungen die Deutung des Bogens ist, den der erste Reiter trägt (Apk 6,2):

---

[123] Es kann in diesem Rahmen nicht auf die unüberschaubare Literatur zu diesem Thema eingegangen werden. Gute Überblicke über die diskutierten Thesen, die den ersten Reiter betreffen, bieten AUNE, Revelation 6-16, 393f. und BEALE, Book of Revelation, 375-377. Während im 19. und 20. Jahrhundert seine Deutung als Repräsentant einer negativen Macht überwog, mehren sich neuerdings wieder die Stimmen, die ihn positiv interpretieren; s. hierzu vor allem MICHAEL BACHMANN, Wo bleibt das Positive? Zu Offb 6,1 f. und 17,5 in Rezeptionsgeschichte und Exegese, in: MICHAEL LABAHN/MARTIN KARRER (Hg.), Die Johannesoffenbarung. Ihr Text und ihre Auslegung, Leipzig 2012, 197-221, hier: 206-213 mit weiterer Literatur. Für uns ist die von Johannes gezielt auskomponierte Parallelstellung der vier Reiter nach wie vor ein unwiderlegbares Argument für eine negative Ausdeutung; mit den Worten von TRAUGOTT HOLTZ, Die Offenbarung des Johannes, übers. u. erkl. v. T. HOLTZ, hg. v. K.-W. NIEBUHR, neubearb. Aufl., Göttingen 2008, 64: »Daß die erste Vierergruppe [sc. die vier Reiter, SA/TP] eng zusammengehört, ergibt sich aus der fundamentalen Gleichartigkeit des Geschauten (...). Deshalb verbietet sich eine grundsätzliche Einzelstellung des ersten Reiters, trotz durchaus vorhandener Unterschiede zu den folgenden, durch die freilich er nur von den anderen abgehoben, nicht fundamental geschieden wird.«

καὶ εἶδον, καὶ ἰδοὺ ἵππος λευκός, καὶ ὁ καθήμενος ἐπ' αὐτὸν ἔχων τόξον καὶ ἐδόθη αὐτῷ στέφανος καὶ ἐξῆλθεν νικῶν καὶ ἵνα νικήσῃ.

»Und ich sah, und siehe: ein Pferd, ein weißes, und der auf ihm Sitzende haltend einen Bogen; und gegeben wurde ihm ein Kranz und er ging hinaus als Sieger und um zu siegen.«

Die bisher mehrfach vorgetragene Deutung des Bogens als Anspielung auf die im Osten drohenden mit Bogen bewaffneten Partherheere[124] vermag nicht zu überzeugen, da damit die symbolische Deutungsebene, die sonst bei den vier Reitern konsequent durchgehalten ist, durch einen konkret lebensweltlichen Bezug gestört würde und der Unterschied zwischen ersten und zweitem Reiter, der den Krieg symbolisiert, nicht mehr deutlich zu fassen wäre. Plausibel ist hingegen KERKESLAGERS Deutung, hierin einen Bezug auf Apollon, dessen Waffe ja der Bogen ist, zu sehen[125]. Diese Interpretation fügt sich ausgezeichnet in unsere Beobachtun-

---

124 z. B. BOUSSET, Offenbarung, 266, CHARLES, Commentary I, 163.

125 KERKESLAGER, Apollo, 118. In diesem Zusammenhang mag von Bedeutung sein, dass ihm in Apk 6,2 ein Kranz verliehen wird, während er den Bogen als traditionelles Attribut bereits hat. KARRER, Apoll, 238f. (mit Abbildung) verweist zusätzlich darauf, dass Apollon in Kleinasien auch gelegentlich als Reiter dargestellt wird (was im griechischen Mutterland nicht üblich ist). Eine dieser Münzen stammt sogar aus Thyateira, an deren Versammlung das 4. Sendschreiben der Johannesapokalypse gerichtet ist; vgl. hierzu den Beitrag von BERTHOLD BÖHM in diesem Band.

gen ein, da Apollon in derselben Weise wie in Apk 9,11, obwohl es sich bei ihm um eine widergöttliche Macht handelt, von Gott instrumentalisiert wird[126]. Damit ergeben sich zwei Wege, den ersten Reiter zu deuten, die uns durchaus miteinander vereinbar erscheinen. Folgt man KERKESLAGERS Interpretation weiter, so steht dieser Reiter für falsche Propheten, die Irrlehren verkünden. Dies passt ausgezeichnet zu einer der prominentesten Funktionen Apollons, welcher der griechische Orakelgott schlechthin ist – und darüber hinaus in Didyma, etwa 60 km südlich von Ephesos und bei gutem Wetter in Sichtweite der Insel Patmos, auf der Johannes zum Zeitpunkt der Abfassung der Apokalypse lebte, nächst Delphi und Delos seine prominenteste Orakelstätte hatte. Mithin war er den Adressaten des Sehers in seiner Funktion als Orakelgott unmittelbar präsent. Soweit ist diese Interpretation, die vom Bogen des ersten Reiters als zentralem Interpretationssignal ausgeht, vollkommen schlüssig, aber genügt sie, um ihn als Sieger zu charakterisieren, der über dieselbe katastrophale Macht verfügt wie Krieg, Hunger und Pest? Unser zweiter Interpretationsweg, der eine Idee von keinem geringeren als MARTIN LUTHER aufgreift[127], trägt dieser Macht eher Rechnung, ohne dass sie der Plausibilität von KERKESLAGERS Ausführungen Abbruch täte: Der erste Reiter könnte demnach ein Symbol für die Tyrannis sein, die sich als durch ihn personifiziertes Ab-

[126] S. auch u. unsere Behandlung von 6,8; schon KERKESLAGER, Apollo, 121 verweist auf die Kombinierbarkeit beider Stellen.

[127] MARTIN LUTHER in seiner Vorrede zur Offenbarung in seinem Neuen Testament von 1530: WA.DB 7,410.

straktum nahtlos in die Reihe der anderen Reiter einfügen würde. Wie passt das mit Apollon zusammen? Im römischen Imperium spielte Apollon seit der besonderen Förderung seines Kultes durch Augustus (63 v.–14 n. Chr.) eine zentrale Rolle, sowohl in seiner traditionellen Funktion als auch in der bereits angesprochenen Identifikation mit dem Sonnengott, die seit dem Hellenismus gang und gäbe war[128]. Zwar ließ keiner der römischen Kaiser, die in der Zeit vor der Entstehung der Apokalypse regierten, sich explizit als Apollo - oder Sol verehren[129], doch war die Darstellung der Principes mit Strahlenkranz, durch welchen eine Gleichsetzung mit dem Sonnengott insinuiert wurde, weit verbreitet. Es sei

---

128 Manifestestes Zeugnis für die besondere Rolle des Gottes ist der Apollo-Tempel, den Augustus auf dem Palatin direkt neben seinem Palast errichten ließ. Dieser trug auf seinem Giebel die Quadriga des Sonnengottes Sol (Properz, 2.31.11). Zur Gleichsetzung Apollon und Helios s. ein Sibyllinisches Orakel zur römischen Säkularfeier, zitiert bei Zosimos, Historia Nea 2.6.16 bzw. zu derjenigen von Apollo und Sol s. Cicero, De natura deorum 2.68 und 3.51 sowie Varro, De lingua Latina 5.68. Eine Zusammenstellung der literarischen Belege für diese Synkrisis bietet A. S. Pease, M. Tulli Ciceronis de natura deorum libri III, Darmstadt 1968, 727. Vgl. hierzu auch M. Bergmann, Die Strahlen der Herrscher. Theomorphes Herrscherbild und politische Symbolik im Hellenismus und in der römischen Kaiserzeit, Mainz 1998, 123f., deren Monographie wir das Material für die folgenden Ausführungen verdanken.

129 Augustus soll immerhin, wenn man Sueton Glauben schenken darf (Augustus 70.1), bei einem »Gastmahl der zwölf Götter«, bei dem die Anwesenden in der Tracht der Olympier getafelt haben sollen, die Rolle des Apollo gespielt haben.

hier nur auf zwei besonders markante Beispiele verwiesen[130]: Auf einer um 30 v. Chr. entstandenen Karneol-Gemme ist Octavian, der spätere Augustus, auf einer steil emporsteigenden Quadriga mit Köcher, Bogen und einer Fackel dargestellt[131] (Abb. 3).

Abb. 3: Octavian auf einer Quadriga.
Zeichnung: Nadine Haas.

---

130 Weiteres reiches Material bietet BERGMANN, Strahlen der Herrscher, 99-242, insbesondere zu Nero (ebda. 133-230).

131 S. BERGMANN, Strahlen der Herrscher, 104 mit Abb. Tafel 20.6.

Hier sind mithin in besonders sinnfälliger Weise in der Gestalt des Princeps Attribute von Apollo und Sol vereinigt. Octavian knüpft hiermit an gängige Formen der Herrscherverehrung an, wie sie beginnend mit Alexander – dem so genannten Großen [reg. 336–323] – in den hellenistischen Diadochenreichen gang und gäbe war. Als ein besonders markantes Beispiel seien die Münzprägungen des makedonischen Königs Lysimachos [reg. 287-281] genannt, die Alexander mit den Hörnern des griechisch-ägyptischen Mischgottes Zeus-Ammon zeigen (Abb. 4).

Abb. 4: Alexander mit Hörnern des Zeus-Ammon.
Zeichnung: Nadine Haas.

Alexander selbst suchte bereits die ikonographische Annäherung an Zeus durch die markante Anastole, zwei symmetrische Haarwirbel an seinem lockigen Mittelscheitel, die typisch für Zeus-Darstellungen sind. Als beispielhafte Darstellung sei die im Pariser Louvre ausgestellte römische Kopie einer (nicht erhaltenen) Bronzebüste Alexanders des Lysippos genannt. Ihren monumentalsten Ausdruck fand die Vereinigung von römischem Kaiser und Sonnengott jedoch in der etwa 35 m hohen Kolossalstatue, die Nero um 65 im Atrium seines gigantomanischen Palastes, der Domus aurea aufstellen ließ: Sie stellte den Sonnengott mit Neros Gesichtszügen dar[132]. Wenn der oberste Repräsentant des Imperiums, das die gesamte Mittelmeerwelt beherrschte, also vielfach mit den Attributen Apollons, sei es in seiner ursprünglichen Funktion, sei es als Sonnengott, dargestellt wurde, ist gerade dieser Gott problemlos als Chiffre für eine weltbeherrschende, tyrannische Macht zu verstehen und kann darüber hinaus in demselben umfassenden Sinn wie die anderen Reiter für allgemeine abstrakte Phänomene stehen, als generelles Symbol für Tyrannenherrschaft gesehen werden. Da Orakel, Vogelschau und Vorzeichendeutung bestimmende Elemente im öffentlichen Leben Roms waren, kann dieser Aspekt des Gottes durchaus mit seinem Wesen als tyrannischem Repräsentanten des römischen Riesenreiches vereinbart werden. Sein weißes Pferd kann in dieser Deutung als Anspielung auf die römischen Triumphwagen verstanden werden, die von weißen Pferden gezogen wur-

---

[132] Vgl. Sueton, Nero 31.1, der auch, in Einklang mit Plinius maior, Naturalis historia 34.45, die Höhenangabe bietet. S. hierzu wiederum BERGMANN, Strahlen der Herrscher, 190-193 mit Rekonstruktionszeichnung der Kolossalstatue.

den. So wird er in doppelter Weise in der Apokalypse instrumentalisiert, zum einen als »kriegerisch-mörderischer Hochgott Roms und der Griechen«[133], zum anderen als nicht weniger mörderischer Engel des Abgrunds.

2. Hades und Thanatos

Vor diesem Hintergrund wollen wir nun das engere Umfeld der Posaunenvisionen verlassen, um eine weitere griechische Göttergestalt zu betrachten und auf ein mögliches Wirken in der Apokalypse hin zu untersuchen: den Herrn der Unterwelt Hades, auch Pluton genannt[134]. Ursprünglich nur Name des Gottes, der im griechischen Pantheon mit seinen Brüdern Zeus und Poseidon zu den drei ranghöchsten Gestalten gehört, wurde Hades metonymisch auch auf sein Reich übertragen, in welchem er Herrscher der Toten ist, die nach antik-griechischer Vorstellung dort in einem schattenhaften, freudlosen Dasein weiterexistieren. Beide Vorstellungen von Hades als Gott und als Ort müssen vor Augen

133 KARRER, Motive, 65.

134 Die beiden Namen verweisen auf unterschiedliche Aspekte dieses Gottes (vgl. Platon, Kratylos 403a3-8 und e5-7: Der Name Hades mit seinen Varianten Aïdes, Aïdas, Aïs und Aïdoneus bedeutet vermutlich der »Unsichtbare« und verweist auf den düsteren Aspekt, den er als Herrscher des unter der Erde befindlichen und damit unsichtbaren Totenreiches besitzt (wenn sich die Unsichtbarkeit nicht auf seine Tarnkappe bezieht. Diese spielt im Mythos allerdings so gut wie keine Rolle). Pluton hingegen ist etymologisch als der »Reiche« zu deuten, als solcher ist er der Gott der Bodenschätze, der den Menschen auch Reichtum schenken kann.

gehalten werden, wenn wir nun die Stellen, an denen in der Apokalypse von ihm die Rede ist, analysieren. An den Anfang sei die auffallende Beobachtung gestellt, dass Hades in diesem Werk immer im Zusammenhang mit Thanatos, dem Tod, genannt ist. Die für unseren Kontext interessanteste Stelle findet sich bereits in der Epiphanie Christi vor Johannes, in welcher der Auferstandene dem Seher verkündet (Apk 1,18):

> ἔχω τὰς κλεῖς τοῦ Θανάτου καὶ τοῦ Ἅιδου.
>
> »Ich habe die Schlüssel des Todes und des Hades.«

Von jeher wird in den Kommentaren zur Apokalypse diskutiert, ob es sich bei den Genitiven θανάτου und ᾅδου um Genitivi possessivi oder obiectivi handelt, ob also von den »Schlüsseln des Todes und des Hades« oder von den »Schlüsseln zu Tod und Hades« die Rede ist. Im ersteren Fall wären Tod und Hades als Personen gedacht, im letzteren als Orte[135]. Während nun der Begriff Hades ohne weiteres als »Unterwelt« aufgefasst werden kann, in welcher Bedeutung er bereits sehr häufig in der Septuaginta erscheint[136], erscheint

---

[135] Für die häufigere Auffassung als Genitivus obiectivus vgl. v. a. AUNE, Revelation 1-5,103, WITHERINGTON, Revelation, 82, SATAKE, Offenbarung, 146 sowie die Übersetzungen von LUTHER, JENS und STEINMANN – Als Genitivus possessivus wird die Formulierung aufgefasst v. a. von: BOUSSET, Offenbarung, 197f., KARRER, Johannesoffenbarung, 268 - Zwischen beiden Auffassungen schwanken: CHARLES, Commentary I, 32, BEALE, Book of Revelation, 214f..

[136] Z. B. Gen 37,35; Num 16,30; Jes 14,11; Ez 31,15.

dies beim Tod als problematisch, da die ganze Junktur »Schlüssel zum Tod« metaphorisch aufgefasst werden müsste und etwa als »Macht zur Auferweckung der Toten« zu verstehen wäre. Es ist aber nicht anzunehmen, dass mit den zwei analogen Formulierungen »Schlüssel zum Tod« und »Schlüssel zum Hades« einmal eine metaphorische und einmal eine wörtliche Auffassung mit dem Hades als einem Ort, den man aufschließen kann, anzunehmen wäre. Das entscheidende Argument für die Auffassung als Genitivus possessivus aber liefert MARTIN KARRER mit dem Aufweis einer hochinteressanten Parallele[137]: Während die Vorstellung von Hades als Schlüsselträger in den Schriften Israels nirgendwo belegt sei, berichtet der bereits erwähnte griechische Reiseschriftsteller Pausanias (ca. 115–ca. 180) von einer figürlichen Darstellung auf der so genannten Kypselos-Lade, einem großen Behälter »aus Zedernholz mit Elfenbein- und Goldappliken und Schnitzwerk«[138] im Hera-Tempel in Olympia (Pausanias 5.20.3):

> (...) ἔστι δὲ (...) Πλούτων (...)· ἐπὶ δὲ <τῇ> κλειδὶ – ἔχει γὰρ δὴ ὁ Πλούτων κλεῖν –, λέγουσιν ἐπ' αὐτῇ τὸν καλούμενον Ἅιδην κεκλεῖσθαί τε ὑπὸ τοῦ Πλούτωνος καὶ ὡς ἐπάνεισιν οὐδεὶς αὖθις ἐξ αὐτοῦ.
>
> »(...) Es gibt aber (...) einen Pluton (...); mit dem Schlüssel aber – es hat nämlich Pluton einen Schlüssel – mit ihm,

[137] KARRER, Johannesoffenbarung, 268 mit Anm. 85.

[138] R. NEUDECKER, s. v. *Kypselos-Lade*, in: DNP 6 (2003), Sp. 997.

sagt man, sei der so genannte Hades von Pluton verschlossen worden und dass niemand wieder aus ihm zurückkehren wird.«[139]

In dem Adressatenkreis, an den sich Johannes primär richtet, kann die Vorstellung einer Schlüssel tragenden Gottheit, welche die Unterwelt bewacht, also durchaus vertraut gewesen sein. KARRER sieht in diesem Hades an unserer Stelle jedoch nicht den Unterweltsgott selbst, sondern eine kühne Personifizierung »der Unterwelt zur Gestalt des Schließers«.[140] Aber warum sollte man nicht einen Schritt weiter-

---

[139] KARRER a. a. O. nennt weitere Parallelen, die das Motiv des Schlüssel tragenden Unterwelthüters in der griechischen und auch ägyptischen Mythologie bieten: In einem Zauberpapyrus (Papyri Graecae magicae IV 340f.) erscheint der ägyptische Unterweltsgott Anubis als Schlüsselträger, in zwei orphischen Texten (Orpheus, Fragm. 316 KERN und Orpheus, Hymnos I 7) die uns schon bekannte Hekate, in einem weiteren Zauberpapyrus (Papyri Graecae magicae IV 1459-1466) schließlich Pluton, Anubis und Hekate gemeinsam.

[140] Auf der richtigen Spur befand sich auch bereits AUNE, Revelation 1-5, 103-105, der auch schon auf die Pausanias-Stelle verweist, aber seine Entdeckung selbst mit dem Argument entwertet, dass Tod und Hades als Genitivi obiectivi aufzufassen seien, weil der Tod in antiken Texten niemals als Schlüsselbesitzer genannt werde und Hades nur selten (hierbei unterläuft ihm zweimal der Fehler, Plutos anstelle von Pluton als Alias des Hades zu nennen; Plutos, der Gott des Reichtums ist eine ganz andere Gestalt). Anstatt die genaue Parallele zwischen Apk 1,18 und Pausanias V 20.3 auszuwerten, sieht er dann die Vorstellung von Christus als Schlüsselträger durch die Gestalt der Hekate geprägt, was eigentlich wieder die Interpretation der beiden Genitive als Genitivi possessivi unterstützt. Unsere Interpretation hat gegen-

gehen und unter Verzicht auf eine Personifikation den (bisherigen) Herrscher der Unterwelt selbst am Werke sehen? An der erwähnten Pausanias-Stelle ist ohne Zweifel der Gott gemeint – der Name Pluton kann im Gegensatz zu Hades und dem lateinischen Orcus nicht für die Örtlichkeit stehen – und da auch der Tod hier wie in Apk 6,8 sehr viel einfacher als Person denn als Personifikation gedacht werden kann, spricht nichts dagegen, sich Tod und Hades als düstere Herrscher über die Toten mit Schlüsselgewalt über deren Aufenthaltsort vorzustellen, bis ihnen der auferstandene Christus ihre Schlüssel abnimmt und sie damit ihrer Macht entkleidet. Wir lesen also das Auftreten des Hades als ersten Beleg dafür, dass auch der griechische Unterweltsgott hier der höheren Macht des einen Gottes und seines Sohnes dienstbar gemacht wird.

Unsere intertextuelle Hypothese wird durch eine intratextuelle Beobachtung plausibilisiert: Noch eindeutiger erscheinen nämlich Tod und Hades als Personenpaar in Apk 6,8:

> καὶ εἶδον καὶ ἰδοὺ ἵππος χλωρός, καὶ ὁ καθήμενος ἐπάνω αὐτοῦ ὄνομα αὐτῷ ὁ Θάνατος, καὶ ὁ Ἅιδης ἠκολούθει μετ' αὐτοῦ (...).

> »Und ich sah und siehe: ein Pferd, ein fahles, und der oben auf ihm Sitzende, sein Name: Tod; und der Hades folgte mit ihm (...).«

über AUNE den Vorzug, von einfacheren Voraussetzungen ausgehen zu können.

Das von R. H. CHARLES erörterte Problem, wie sich der Hades (wenn man ihn sich denn als Person vorstellt) fortbewege, da er über kein eigenes Pferd verfüge und wahrscheinlich nicht zusammen mit dem Tod auf einem Pferd sitzen könne (dies kann er definitiv nicht, da ausdrücklich gesagt wird, dass er dem Tod folgte)[141], scheint uns in einer für diesen Text unangemessenen Weise textexterne Kriterien einer Sachlogik anzulegen, anstatt sich der philologischen Aufgabe zu widmen, die Darstellungslogik der Texte zu analysieren: Es geschehen in der Apokalypse viele Dinge, die in einem Raum-Zeit-Kontinuum nicht zu erklären sind[142]. Für uns soll genügen festzuhalten, dass der Tod in Analogie zu den drei anderen Reitern zweifelsohne als Person gedacht ist, so dass es keine Veranlassung gibt, dem ihm folgenden Hades eine vergleichbare Persönlichkeit abzusprechen[143].

---

[141] CHARLES, Commentary I, 169f.

[142] Beipielshalber sei nur die majestätische Frau in Apk 12,1 genannt, die mit der Sonne bekleidet ist. Auch diese Vorstellung lässt sich nicht mit normal menschlicher Begrifflichkeit veranschaulichen. – Vgl. zu der Raum-Zeit-Konzeption der Apokalypse ALKIER/NICKLAS, Wenn sich Welten berühren.

[143] Für unsere Argumentation an dieser Stelle spielt es keine Rolle, ob der Tod, wie ihn BOUSSET, Offenbarung, 268 sah, eine Art Zusammenfassung aller Todesgefahren darstellt, oder, wie wir ihn mit der Mehrzahl der Interpreten sehen (vgl. hierzu PAULSEN, Sprache und Stil, 18, Anm. 37 mit weiterer Literatur), speziell die Pest verkörpert. Zugegebenermaßen ist es ein gewisses Problem, dass der Begriff θάνατος nur an dieser Stelle zweimal für eine spezifische Todesart stünde, während er sonst den Tod in einem umfassenden Sinn bezeichnet. Doch mutet die Aussage, dass den Reitern die Macht gegeben wird, ἐν ῥομφαίᾳ καὶ ἐν λιμῷ καὶ ἐν θανάτῳ zu töten, gar zu seltsam an,

Sein Erscheinen zusammen mit dem vierten Reiter ist sinnvoll, da seine traditionelle Aufgabe darin besteht, die Toten aufzunehmen, in diesem Falle die Toten, die durch das Wirken aller vier Reiter vom Leben zum Tode befördert wurden[144]. Nach unserer Interpretation schließt sich somit ein Kreis, der den Auftritt der vier Reiter umgibt, indem eine griechisch-römische Gottheit am Anfang (Apollon als erster Reiter) und am Ende (Hades als Begleiter des vierten Reiters Thanatos[145]) steht. Deren Präsenz lässt erwarten, dass sich auch der zweite und dritte Reiter in der griechisch-römischen Mythologie verankern lassen[146]. Beim zweiten Reiter auf dem roten Pferd (6,4), dessen Identifikation als personifizierter Krieg angesichts seines Schwertes und der Vollmacht, den Frieden von der Erde zu nehmen, außer Frage steht, stellt sich von selbst die Assoziation zum Kriegsgott Ares ein. Die rote Farbe des Pferdes, die an Blut denken lässt,

---

wenn hier keine bestimmte Todesform gemeint sein sollte: Auch Schwert und Hunger führen zum Tod, so dass ein allgemeiner Todesbegriff nicht mit der Konjunktion »und« angefügt werden könnte. – Der Schlichtheit der johanneischen Junktur von Tod und Hades mit καί wird unnötig viel zugemutet, wenn AUNE, Revelation 6-16, 401 den Tod als Person und den Hades als sein Reich begreift.

[144] Daher ist das Pronomen αὐτοῖς in der Junktur ἐδόθη αὐτοῖς mit Sicherheit auf die vier Reiter zu beziehen und nicht auf den Hades: Seine Aufgabe ist es nicht, zu töten, sondern die Toten in sein Reich aufzunehmen; vgl. BEALE, Book of Revelation, 385 – Wiederum verfehlt CHARLES, Commentary I, 274, gefolgt von AUNE, Revelation 6-16, 401 die Pointe, wenn er das Hades-Kolon als Interpolation auffasst.

[145] Auch er ist den antiken Griechen als personifizierter Tod vertraut. Als solcher tritt er z. B. im Prolog von Euripides' Tragödie *Alkestis* auf.

[146] Zum Folgenden vgl. KARRER, Apoll, 240f.

passt schon an sich sehr gut zu dieser Gestalt, darüber hinaus kann damit auch die auffallend rötliche Farbe des Planeten Mars, der dem Kriegsgott zugeordnet ist, assoziiert werden[147]. Nicht ganz so eindeutig erschließt sich die Waage, welche der dritte Reiter auf dem schwarzen Pferd hält (6,5). Seine Deutung als Personifikation des Hungers wegen der Anspielung auf extreme Teuerungen von Grundnahrungsmitteln (6,6) ist ebenfalls unumstritten und hierzu fügt sich die Waage gut als Instrument zum Abwiegen etwa von Getreide. Da sich dieses Attribut aber ähnlich wie der Bogen des ersten Reiters nicht von selbst erschließt, könnte hier ein Interpretationssignal des Autors vorliegen, noch weiterzudenken und auch den dritten Reiter in den Kontext von Gottheiten des griechischen Mythos zu stellen. Die einzige Gottheit, der eine Waage als Attribut zugewiesen ist, ist Dike, die Göttin der Gerechtigkeit, und diese Deutung passt gut zum Geschehen, das in Apk 6,6 beschrieben ist: Die Teuerungen für die Grundnahrungsmittel Weizen und Gerste sind ein Akt von Ungerechtigkeit angesichts der Tatsache, dass die für den unmittelbaren Lebensunterhalt nicht notwendigen Güter Öl und Wein keiner Teuerung unterliegen. Die personifizierte Gerechtigkeit wird also hier gerade ausgesandt, um einen Akt der Ungerechtigkeit zu begehen. Nach unserer Interpretation werden also aus der Schar der griechischen Götter Apollon, Ares, Dike, Thanatos und Hades von dem einen allmächtigen Gott instrumentalisiert, um Unglück über einen Teil der Menschen zu bringen.

---

[147] So auch B. J. MALINA/J. J. PILCH, Social science commentary on the book of Revelation, Minneapolis 2000, 101.

Kehren wir aber noch einmal zum Paar Thanatos-Hades zurück, da noch die Interpretation der beiden kurz aufeinander folgenden Stellen aussteht, an denen Tod und Hades noch einmal zusammen erscheinen (Apk 20,13f.):

> καὶ ἔδωκεν ἡ θάλασσα τοὺς νεκροὺς τοὺς ἐν αὐτῇ καὶ ὁ Θάνατος καὶ ὁ Ἅιδης ἔδωκαν τοὺς νεκροὺς τοὺς ἐν αὐτοῖς καὶ ἐκρίθησαν ἕκαστος κατὰ τὰ ἔργα αὐτῶν. (14) καὶ ὁ Θάνατος καὶ ὁ Ἅιδης ἐβλήθησαν εἰς τὴν λίμνην τοῦ πυρός. οὗτος ὁ θάνατος ὁ δεύτερός ἐστιν, ἡ λίμνη τοῦ πυρός.

> »Und es gab das Meer die Toten, die in ihm, und der Tod und der Hades gaben die Toten, die in ihnen, und gerichtet wurden sie ein jeder gemäß ihren Werken. Und der Tod und der Hades wurden geworfen in den See des Feuers. Dieser Tod ist der zweite, der See des Feuers.«

An der zweiten Stelle sind Tod und Hades problemlos als Personen zu begreifen, die wie der Teufel (20,10), das Tier und der Lügenprophet (19,20) den zweiten Tod im Feuersee erleiden[148]. Gemeinsam haben sie immer wieder in der Apo-

[148] Die Aussage, dass der Tod den zweiten Tod (wobei Tod hier nicht die Person, sondern das Ergebnis des Sterbevorgangs bezeichnet) erleiden soll (20,14) erscheint nur auf den ersten Blick als möglicherweise widersinnig: Für den ersten Tod war noch der Tod zuständig, der zweite, endgültige wird von Gott verhängt und kann in dem einfachen Sinne, dass er chronologisch nach dem ersten Tod anzusiedeln ist, auch von Personen erlitten werden, die den ersten Tod nicht gestorben sind, wie die im Text genannten Widersacher Gottes. Mit-

kalypse agiert, gemeinsam ist ihre Rolle nun ausgespielt, nachdem sie alle, die durch sie den ersten Tod erlitten hatten, wieder herausgegeben haben. Diese erste Erwähnung der beiden in 20,13 scheint sich gedanklich aber nicht zu den drei anderen Stellen zu fügen: Der Hades erscheint in eindeutiger Parallele zum Meer, so dass der Eindruck entsteht, dass Meer und Unterwelt als Räume begriffen sind, die beim Jüngsten Gericht die in ihnen befindlichen Toten wieder herausgeben, eine Vorstellung, die durch die Präposition ἐν unterstützt wird.

Aber was soll es dann bedeuten, dass der Tod die Toten, die »in ihm« sind, wieder herausgibt? Eine Vorstellung vom Tod als Raum ist nur sehr schwer denkbar. Einen Hinweis darauf, dass das Meer auf der einen und Tod und Hades auf der anderen Seite doch nicht ganz vergleichbar sind, bietet der Satz, dass die beiden letzteren in den Feuersee geworfen werden, das erstere hingegen nicht: Von ihm wird kurz darauf in 21,1 nur lapidar konstatiert, dass es nicht mehr existiert. Wenn also das Meer als ein Raum vorgestellt wird, der als solcher nicht in einen See geworfen werden kann, unterstützt diese Beobachtung die Auffassung, dass Tod und Hades trotz der parallelen Formulierung hier doch wieder als Personen zu begreifen sind, denen ein solches Schicksal widerfahren kann.

Freilich bleibt bei dieser Annahme noch das Problem zu klären, wie dann gesagt werden kann, dass sie die »Toten in

---

hin gibt es keinen Anlass, den letzten Satz von 20,14 mit CHARLES, Commentary II,199f. und AUNE, Revelation 17-22,1103 als Interpolation zu verwerfen.

ihnen« wieder herausgeben. Antikem Denken ist die Vorstellung nicht grundsätzlich fremd, dass Personen von einer anderen Person verschlungen werden können. Dem Unterweltsgott Hades selbst ist dieses Schicksal sogar unmittelbar nach seiner Geburt durch seinen Vater Kronos widerfahren, der aus Angst vor einem späteren Sturz durch seine Nachkommenschaft seine neugeborenen Kinder zu verschlingen pflegte, die allerdings, unsterblich, wie sie als Götter waren, in seinem Bauch weiterexistierten und schließlich vom jüngsten Sohn Zeus, der mit Hilfe seiner Mutter Rheia diesem Schicksal entging, befreit wurden, indem er seinen Vater zwang, die verschlungenen Kinder wieder herauszugeben[149]. In Anlehnung an diese Vorstellung könnte auch hier Hades konkret als Totenfresser vorgestellt sein, was auch nicht im Widerspruch zu seinem Auftritt in Apk 6,8 stünde. Eine besondere Pointe bestünde dann darin, dass er, wenn wir die Vorstellung zulassen wollen, dass Johannes an den konkreten Unterweltsgott Hades dachte, hier als Täter in einer analogen Situation erscheint, die er als Opfer erlebt hatte: Hier wird er, der einst von seinem Vater verschlungen worden war, auf dieselbe Weise gezwungen wie dieser einst, seine Opfer wieder von sich zu geben. Dies macht es leichter erklärbar, sich die Verschmelzung von Hades als konkreter Person und zugleich als Personifikation eines Raumes vorzustellen, und zwar in einer Weise, die antikem Denken ganz vertraut ist. Um nur ein Beispiel zu nennen: Wenn sich

[149] Vgl. Hesiod, Theogonie 453-500, v. a. 459f., 493-497.

bei Hesiod Himmel und Erde miteinander vereinen[150], verschmilzt auch hier die konkrete Vorstellung von einem Gott, der sich mit einer Göttin zum Koitus trifft, mit derjenigen der Umschlingung der Erde als Raum vom ebenso räumlich gedachten Himmel.

Ein weiterer Aspekt, der bei Hades, der die Toten ganz konkret in sich aufnimmt, eingeflossen sein könnte, ist die ägyptische Vorstellung von der Totenfresserin Ammit, welche die Herzen der Toten verschlingt, die beim Totengericht nicht bestehen konnten – einer anderen Art von Jüngstem Gericht. Diese Interpretation hat den Vorzug, dass sie das Spannungsverhältnis zwischen Hades, der Tote in sich birgt, also in irgendeiner Weise über eine räumliche Komponente verfügen muss, und Hades als Person, der in den Feuersee geworfen wird, aufhebt. Ungewöhnlich könnte dabei nur erscheinen, dass, anders als in 6,8, wo Tod und Hades nach unserer Interpretation unterschiedliche Aufgaben erfüllen, der Tod hier eher als Verdoppelung von Hades erscheint (oder umgekehrt). Dies dürfte der Tatsache geschuldet sein, dass Tod und Hades, die zuvor schon gewissermaßen als Team agierten, hier auch dieselbe Behandlung zuteilwerden soll.

Diese Behandlung bedarf nun noch einiger Worte, um das Bild abzurunden: Es könnte irritieren, dass Tod und Hades, die doch nach der Eröffnung des vierten Siegels im Auftrag Gottes ihre Schreckenstaten vollbringen, gewissermaßen für die Erfüllung ihres Auftrags bestraft werden.

---

[150] Hesiod, Theogonie 176-178.

Dass ihnen ihre Macht von Gott gegeben ist, wird durch das in der Apokalypse häufig wiederkehrende *Passivum divinum* ἐδόθη ἐξουσία, »verliehen wurde Macht« zum Ausdruck gebracht[151]. Das ändert jedoch nichts daran, dass sie von ihrem Wesen her, wie der Teufel und das Tier, die ihre Befugnisse ebenfalls von Gott erhalten[152], gottesfeindliche Mächte sind, die, nachdem ihre Rolle ausgespielt ist, wie diese ihre Strafe erhalten. Dasselbe Schicksal dürfte, wenngleich Johannes sich dazu nicht explizit äußert, auch Apollon erwarten, der in Gottes Planung des Weltenendes ja eine zu Tod und Hades analoge Rolle spielt[153].

---

[151] Vgl. BEALE, Book of Revelation, 385: »through his death and resurrection Christ has power over ›death and Hades‹ (1:18) and now he uses them as his agents to carry out his will«.

[152] Besonders markant ist dies in Apk 13,5 u. 7, wo das *Passivum divinum* viermal kurz hintereinander, davon zweimal in der Junktur ἐδόθη ἐξουσία, für Befugnisse, die dem Tier verliehen werden, verwendet wird. Dadurch wird den Rezipienten geradezu eingehämmert, dass das Tier keine eigene Wirkmacht hat, sondern ganz und gar von Gott abhängig ist. In deutlichem Unterschied dazu verwendet Johannes für Dinge, die der Drache alias Teufel dem Tier verleiht, das Aktiv ἔδωκεν. – Die Formulierung ἐδόθη ἐξουσία erscheint ebenso in Apk 9,3, wo von der Macht der Heuschrecken, über die Abaddon herrscht, die Rede ist.

[153] Als gottesfeindliche Macht erscheint er auch bei BEALE, Book of Revelation, 216f. u. 503. Vgl. hierzu auch den Beitrag von NADINE HAAS in diesem Band mit ihrer Sicht des Apollyon, die wir nicht im Widerspruch zu unserer Deutung, sondern als Ergänzung sehen, indem hier zwei gottesfeindliche Mächte in einer Figur vereint werden: In einem Bild können mehrere Deutungsmöglichkeiten miteinander verschmelzen. – Die Ähnlichkeit von Abaddon, Tod und Hades betont schon BOUSSET, Offenbarung, 301. Hinzu kommt, dass Abad-

3. Isis, Ge und Iris

Zu den meistdiskutierten und rätselhaftesten Partien dieses an Rätseln so reichen Werkes gehört der Auftritt der schwangeren »Sonnenfrau« und ihrer Bedrohung durch den Drachen (Apk 12). Während der Drache bald (12,9) von Johannes als der Teufel selbst dechiffriert wird, ist die Deutung der rätselhaften Frau, die mit der Sonne bekleidet ist, den Mond unter ihren Füßen und einen Kranz von zwölf Sternen auf dem Haupt trägt, höchst umstritten. In diesem Rahmen kann nur auf den Aspekt eines möglichen Bezuges der »Sonnenfrau« auf pagane Gottheiten eingegangen werden, wobei wir uns hier kurz fassen können, da die in unserem Zusammenhang wesentlichen Interpretationen in der Forschung bereits vorgetragen wurden[154].

Kurz zusammengefasst geschieht in Kapitel 12 der Apokalypse Folgendes[155]: Die »Sonnenfrau«, bei der bereits die

---

don mit seinen Heuschrecken aus der Region des Hades kommt. Es ist plausibel, mit MANGINA, Revelation, 122 anzunehmen, dass der Schlüssel zum Brunnen des Abgrunds in Apk 9,1 identisch mit dem Schlüssel des Todes und des Hades ist, als dessen neuer Eigentümer Christus in Apk 1,18 erscheint.

[154] Eine umfassende Diskussion möglicher Deutungen findet sich etwa bei AUNE, Revelation 6-16, 667-676 u. 679-681 sowie BEALE, Book of Revelation, 621-632 mit weiteren Literaturverweisen.

[155] Grundlegend für die folgenden Ausführungen sind BOUSSET, Offenbarung, 352-356, u. a. mit Verweis auf Münzen aus Ephesos, die den Leto-Mythos darstellen, AUNE, Revelation 6-16, 670, M. KOCH, Drachenkampf und Sonnenfrau. Zur Funktion des Mythischen in der Johannesapokalypse am Beispiel von Apk 12, Tübingen 2004, 140-150 und H. OMERZU, Die Himmelfrau in Apk 12. Ein polemischer Reflex des römischen Kaiserkults, Tübingen 2006, 167-194.

Geburtswehen eingesetzt haben, wird von einem siebenköpfigen Drachen verfolgt, der ihr Kind verschlingen will. Auf Adlerflügeln fliegt die Frau in die Wüste, wo sie vor dem Drachen sicher ist (12,14), während das neugeborene Kind an Gottes Thron entrückt wird (12,6). Zu dieser Konstellation von schwangerer Frau und Drache, der ihr und dem ungeborenen Kind nachstellt, gibt es zwei Erzählungen, die auffallende Parallelen aufweisen, eine aus dem ägyptischen, die andere aus dem griechischen Mythos, in der uns gut bekannte Personen erneut begegnen. Die ausführlichste zusammenhängende Erzählung bietet zu letzterem der um die Zeitenwende schreibende römische Mythograph Hygin (fabula 140): Da dem Drachen Python bekannt ist, dass er einst durch einen Sohn der Göttin Leto getötet werden soll, jagt er die schwangere Göttin, die mit Hilfe von Zeus, der sie vom Windgott Boreas entführen lässt, und Poseidon seiner Verfolgung entzogen wird, so dass sie unbehelligt ihre Zwillingskinder Apollon und Artemis zur Welt bringen kann. Apollon wird später dann Python tatsächlich töten[156]. Diese Erzählung dürfte bereits mit ziemlicher Sicherheit durch den ganz ähnlichen ägyptischen Mythos von Isis und ihrem Sohn Horus, der durch ihren drachengestaltigen Schwager Seth/Typhon bedroht und verfolgt wird, beeinflusst sein. Herodot (2.156) berichtet sogar von einer Kombination beider Mythen, in der nicht Leto, sondern Isis die Mutter Apol-

[156] Bousset, Offenbarung, 353 verweist bei der Herausarbeitung von Unterschieden zwischen dem Leto-Mythos und der Darstellung in Apk 12 zu Recht darauf, dass hier nicht das Kind den Drachen bekämpft und besiegt, sondern der Erzengel Michael.

lons ist, der mit Horus identifiziert wird. Der Isis-Horus-Mythos findet sich am ausführlichsten in der Schrift *Über Isis und Osiris* (Kap. 12-21) von Johannes' Zeitgenossen Plutarch (ca. 45–ca. 120). Für unseren Kontext besonders wichtig ist die Tatsache, dass Isis üblicherweise in ganz ähnlicher Weise wie die »Sonnenfrau« mit astralen Bildelementen ausgestattet erscheint[157]. Bei Johannes heißt es (Apk 12,1):

> καὶ σημεῖον μέγα ὤφθη ἐν τῷ οὐρανῷ, γυνὴ περιβεβλημένη τὸν ἥλιον καὶ ἡ σελήνη ὑποκάτω τῶν ποδῶν αὐτῆς καὶ ἐπὶ τῆς κεφαλῆς αὐτῆς στέφανος ἀστέρων δώδεκα (...).

> »Und ein großes Zeichen wurde gesehen im Himmel, eine Frau, umkleidet mit der Sonne, und der Mond unter ihren Füßen und auf ihrem Kopf ein Kranz von zwölf Sternen (...).«

Exemplarisch für typische Attribute, mit denen Isis erscheint, sei die von HEIKE OMERZU (a. O.) analysierte Epiphanie der Göttin in dem um die Mitte des 2. Jahrhunderts entstandenen Roman *Metamorphosen* des Apuleius (11.3) erwähnt[158]. Die als Himmelskönigin bezeichnete Isis erscheint hier mit einer Mondscheibe auf dem Scheitel und einem Mantel, der dem Nachthimmel gleicht, tiefschwarz

---

[157] Vgl. OMERZU, Himmelsfrau, 180f.

[158] Vgl. auch MALINA, Sternvisionen, 168f.

mit funkelnden Sternen darauf. Dies mutet geradezu wie eine Umkehrung der »Sonnenfrau« an, die den Mond unter ihren Füßen und die Sonne gleichsam als Mantel trägt. Während wir sonst astralmythologischen Konzepten gegenüber sehr skeptisch eingestellt sind, bietet es sich hier in der Tat an, eine Entsprechung am Himmel zu sehen, da das Sternbild Jungfrau (Virgo) in der Antike häufig mit Isis identifiziert wurde[159]. Direkt unter ihr befindet sich der Schwanz der Wasserschlange (Hydra), die ohne Weiteres auch als Drache deutbar ist[160].

Ist somit an der Verbindung der »Sonnenfrau«, ihres Kindes und des Drachen mit paganen mythologischen Vorstellungen kaum zu zweifeln, so stellt sich umso mehr die Frage nach der Interpretation dieses Befundes, da wir es hier mit einem anderen Typ von intertextueller Bezugnahme zu tun haben als im Falle der griechischen Götter, die in neuen Funktionen als Helfershelfer des einen Gottes erscheinen. Denn Isis und Leto sowie ihre Söhne Horus und Apollon fungieren hier als Folie für die »Sonnenfrau« und ihren Sohn, also nicht selbst als handelnde Personen. Einen möglichen Aspekt dieser intertextuellen Disposition hat bereits

---

159 OMERZU, Himmelsfrau, 176.

160 So zuerst F. BOLL, Aus der Offenbarung Johannis. Hellenistische Studien zum Weltbild der Apokalypse, Leipzig/Berlin 1914, 109. Beide Sternbilder sind zwar, mit Ausnahme des hellsten Sternes in der Jungfrau, Spica, nicht übermäßig hell, beherrschen aber den abendlichen Frühlingshimmel, da es sich um die beiden flächenmäßig größten Sternbilder überhaupt handelt. – Weniger überzeugend identifiziert MALINA, Sternvisionen, 172f. den Drachen mit dem Sternbild Skorpion.

WILHELM BOUSSET erkannt, der die »Herübernahme von Mythen« als wirkungsvolle Propagandamaßnahme für eine neue Religion sieht, die »im Gewande der alten« dargestellt wird[161]. Dies dürfte jedoch mit Blick auf die Funktionalisierung mythischer Gestalten durch den Apokalyptiker als Erklärung nicht ausreichen, da alle anderen intertextuellen Dispositionen, die wir in diesem Rahmen beobachten konnten, darauf abzielten, die Unterlegenheit und Unterordnung der paganen Götter unter den einen Gott zu verdeutlichen. So erscheint uns die Deutung von GREGORY BEALE plausibel, dass Johannes im 12. Kapitel der Apokalypse die authentische Geschichte von der »Sonnenfrau« und ihrem Kind darbieten will, im Verhältnis zu der die anderen nur »bastardized reflections« darstellen[162].

Im selben Kontext ist noch ein kurzer Blick auf eine weitere griechische Göttin zu werfen, die wieder in der uns schon bekannten dienenden Funktion erscheint. Als der Drache mit einem Fluss, den er aus seinem Maul entströmen lässt, die »Sonnenfrau« ertränken will, erscheint eine unerwartete Hilfe (12,16):

> καὶ ἐβοήθησεν ἡ Γῆ τῇ γυναικὶ καὶ ἤνοιξεν ἡ Γῆ τὸ στόμα αὐτῆς καὶ ἔπιεν τὸν ποταμόν, ὃν ἔβαλεν ὁ δράκων ἐκ τοῦ στόματος αὐτοῦ.

---

[161] BOUSSET, Offenbarung, 353f.

[162] BEALE, Book of Revelation, 624f.

»Und es half die Erde der Frau und es öffnete die Erde ihren Mund und trank den Fluss, den geschleudert hatte der Drache aus seinem Mund.«

Es ist klar, dass die Erde hier als Person vorgestellt wird (weshalb wir sie im griechischen Text auch mit Versal geschrieben haben), die der »Sonnenfrau« zu Hilfe kommt und damit zu ihrer Rettung im Dienste des göttlichen Plans beiträgt. In einer Hinsicht ist ihre Funktion damit von derjenigen der eigentlich widergöttlichen Mächte wie Apollon und Hades, die wir zuvor am Werk sahen, verschieden: Sie dient nicht dazu, Unglück über die Menschen zu bringen, sondern dazu, einer positiven Macht im Kosmos der Apokalypse zu helfen.

Während im Gegensatz zur Erde Himmel, Sonne und Mond nicht personifiziert erscheinen und daher in unserer Untersuchung keine Berücksichtigung finden, könnte es sich bei einem anderen Himmelsphänomen anders verhalten: An zwei Stellen der Apk erscheint das griechische Wort Iris, das sowohl den Regenbogen als solchen als auch die dazugehörige Göttin bezeichnen kann. Während in 4,3 eindeutig ein »echter« Regenbogen gemeint ist, der in besonderer Pracht Gottes Thron umgibt, lässt die zweite Stelle aufhorchen (10,1):

> καὶ εἶδον ἄλλον ἄγγελον ἰσχυρὸν καταβαίνοντα ἐκ τοῦ οὐρανοῦ περιβεβλημένον νεφέλην καὶ ἡ Ἶρις ἐπὶ τῆς κεφαλῆς αὐτοῦ (...).

»Und ich sah einen anderen Engel, einen starken, herabsteigend aus dem Himmel, umkleidet mit einer Wolke und die Iris auf seinem Kopf (...).«

Zunächst fällt auf, dass im Gegensatz zu der vorigen Stelle das Wort Iris mit bestimmtem Artikel erscheint[163]. Ein Rückbezug auf den in 4,3 genannten Regenbogen scheidet hier aus, da der hier vom Himmel herabsteigende Engel diesen mit Sicherheit nicht von Gottes Thron mitnimmt. Sollte Johannes also tatsächlich aussagen wollen, dass der Engel die griechische Göttin Iris gewissermaßen als Kopfbedeckung funktionalisiert? Dies erscheint dann nicht mehr abwegig, wenn man bedenkt, dass Iris im griechischen Mythos als Götterbotin fungiert, genau wie der hier in der ureigensten Funktion, die seine Bezeichnung zum Ausdruck bringt, agierende Engel, denn das Wort ἄγγελος bezeichnet in seiner Grundbedeutung ja nichts anderes als einen Boten. Mit diesem Detail erreicht die Instrumentalisierung der mythischen Gottheiten in der Apokalypse einen Gipfelpunkt: eine Göttin wird gewissermaßen zum modischen Accessoire.

---

[163] Dies fällt im Gegensatz zur kurz danach genannten Sonne besonders auf: Hier versteht sich der bestimmte Artikel, da es nur eine Sonne gibt, während ein Regenbogen ein häufiges Himmelsphänomen darstellt, zu dessen Bezeichnung man einen unbestimmten Artikel erwartet. Freilich haben nicht alle Handschriften diesen Artikel. Da er jedoch vor allem durch die *manus prima* des Codex Sinaiticus und den Mehrheitstext gut bezeugt ist und zudem die *lectio difficilior* darstellt, gehen wir von dieser Textversion aus. – Wir folgen mit unserer Deutung einer Beobachtung von SIMON DITTMANN.

IV. Zum guten Schluss: Eine Miszelle zur rezeptionsorientierten Intertextualität der Apokalypse

Zum Abschluss wollen wir auf ein Literaturwerk der neueren Zeit hinweisen, in welchem der Autor, der belgische Schriftsteller Jean Ray (1887–1964) eine der Apokalypse verblüffend ähnliche Integration der griechischen Gottheiten in einen christlichen Kontext entwickelt: In seinem 1943 erschienenen Roman *Malpertuis* steht im Zentrum ein auch den Titel gebendes riesiges altes Herrenhaus, das von einer Vielzahl seltsamer Gestalten bewohnt wird, die sich im Laufe der Zeit als Götter der griechischen Mythologie entpuppen, die dort von dem Magier Cassave gefangen gehalten werden. Während sie die meiste Zeit in normaler menschlicher Gestalt verbringen, gewinnen sie in bestimmten Momenten für kurze Zeit ihre alte Macht zurück, was vor allem im Falle der Gorgone Euryale und der drei Erinnyen zu fatalen Folgen für ihre Umwelt führen kann. Nur ein Gott konnte der Macht des Magiers widerstehen und begleitete seine gefangenen Mitgötter aus freien Stücken: Zeus, der unter dem Namen Eisengott eine bürgerliche Existenz führt. Gegenüber dem Priester Misseron, der in diesem Teil des Romans der Ich-Erzähler ist, enthüllt er das Geheimnis der fortdauernden, aber schattenhaften Existenz der alten Götter. Als Misseron ihn fragt: »Dann bleibt Ihnen, o seltsames Wesen, also noch ein Rest Ihrer Macht?« antwortet Eisengott/Zeus: »Vielleicht ... der Rest, den mir aus Mitleid der allmächtige Gott, dem Sie dienen, Dom Misseron, noch lässt.«[164] Abgesehen davon, dass der Gott der Apokalypse nicht aus Mitleid handelt, sind die Machtverhältnisse zwischen ihm und den Gottheiten des griechischen Mythos in ähnlicher Weise beschreibbar: Die mythischen Götter sind durch den mit der Apokalypse des Johannes bezeugten Gott entmachtet.

[164] Zitiert nach: JEAN RAY, Malpertuis, übers. v. R. A. ZONDERGELD, Frankfurt 1974, 173.

Simon Dittmann

Eigennamen in der Johannesapokalypse

Die sparsame Verwendung von Eigennamen für die vergleichsweise hohe Zahl verschiedener Akteure ist ein auffallendes Merkmal der Johannesapokalypse[1]. Zur Veranschaulichung sind die verwendeten Eigennamen mit ihren zugehörigen Textstellen im Folgenden alphabetisch aufgelistet. Bei der Zusammenstellung habe ich zwischen Personennamen – darunter auch Personengruppen wie die Nikolaiten sowie mögliche göttliche Personifikationen wie Thanatos – einerseits und geographischen Namen andererseits unterschieden und für beide Namensgruppen je eine Liste erstellt. Ein Sonderfall ist der Name des Hades: Dieser findet sich in beiden Listen, da er in der griechischen Mythologie sowohl den Herrscher der Unterwelt als auch sein nach ihm benanntes Reich bezeichnet. Überdies fiel mir die Wortfolge ἡ ἶρις (Apk 10,1)[2] ins Auge, deren bestimmter Artikel nahe-

---

1 Vgl. STEFAN ALKIER/THOMAS PAULSEN, Kapitel III im vorliegenden Band.

2 Dass der Artikel in einigen Handschriften (darunter א[2]) fehlt, lässt sich als Konjektur erklären: Unter Auslassung des Artikels an einen Regenbogen zu denken mag schließlich leichter fallen als an die durch Artikel geforderte Personifikation desselben. Die *lectio difficilior* ist durch die Handschriften א* und A bestens bezeugt. Bemerkenswert ist allerdings, dass die *manus prima* des Cod. Sinaiticus hier ἡ θρίξ (das

legt, an die Göttin Iris zu denken[3]. Als Personifikation des Regenbogens tritt Iris in der *Ilias* in der Funktion einer Götterbotin auf[4].

Wenngleich alle Namen in den Listen konsequent mit Versalien geschrieben sind, sei in Bezug auf die göttlichen Personifikationen betont, dass ich keinesfalls an jeder der aufgelisteten Textstellen eine Evokation der jeweiligen Gottheit annehme. Unberücksichtigt sind auch die zum Teil sehr häufig zu lesenden Wörter οὐρανός, θάλασσα, ἡμέρα, νύξ, καιρός und χρόνος geblieben, die ebenfalls Gottheiten des griechischen Pantheons bezeichnen können. Diese Gottheiten sind zweifellos Teil der lexikalischen Semantik der betreffenden griechischen Wörter. Diesbezüglich habe ich jedoch bisher keinen Anhaltspunkt gesehen, der eine solche Auffassung nahelegt. In anderen Fällen halte ich die personifizierte Erscheinung einer Gottheit aber durchaus für möglich (z. B. Apk 10,1 für die Göttin Iris) oder sogar wahrscheinlich (z. B. Apk 12,16 für die Göttin Ge)[5]. Die Auflistung soll lediglich aufzeigen, wo und wie oft in der Johannesapokalypse Eigennamen oder Begriffe, die als solche gedeutet werden können, genannt werden.

Haar) bezeugt, was im Apparat des Nestle-Aland[28] nicht vermerkt ist. Dem NA28 zu entnehmen ist, dass bei der vorherigen artikellosen Erwähnung von ἶρις (Apk 4,3) derselbe Textzeuge sowie der Cod. Alexandrinus ἱερεῖς wiedergeben, was wohl auf einen Hörfehler zurückzuführen ist.

3 Ausführlicher zu dieser Deutung ALKIER/PAULSEN, a. a. O., Kapitel III.3.

4 So z. B. in B 786, wo sie auch als ἄγγελος (Botin) bezeichnet wird.

5 Vgl. ALKIER/PAULSEN, ebd.

Person oder Personengruppe	**Apk**
Ἀβαδδών	9,11
Ἅιδης	1,18; 6,8;20,13; 20,14
Ἀντιπᾶς	2,13
Ἀπολλύων	9,11
Ἄψινθος	8,11 (2x)
Βαλαάμ	2,14
Βαλάκ	2,14
Γῆ	1,5; 1,7; 3,10; 5,3 (2x); 5,10; 5,13 (2x); 6,4; 6,8 (2x); 6,10; 6,13; 6,15; 7,1 (3x); 7,2; 7,3; 8,5; 8,7 (2x); 8,13; 9,1; 9,3 (2x); 9,4; 10,2; 10,5; 10,6; 10,8; 11,4; 11,6; 11,10 (2x); 11,18; 12,4; 12,9; 12,12; 12,13; 12,16 (2x); 13,3; 13,8; 13,11; 13,12; 13,13; 13,14 (2x); 14,3; 14,6; 14,7; 14,15; 14,16 (2x); 14,18; 14,19 (2x); 16,1; 16,2; 16,18; 17,2 (2x); 17,5; 17,8; 17,18; 18,1; 18,3 (2x); 18,9; 18,11; 18,23; 18,24; 19,2; 19,19; 20,8; 20,9; 20,11; 21,1 (2x); 21,24
Γώγ	20,8
Δαυίδ	3,7; 5,5; 22,16
Διάβολος	2,10; 12,9; 12,12; 20,2; 20,10
Ἥλιος	1,16; 6,12; 7,2; 7,16; 8,12; 9,2; 10,1; 12,1; 16,8; 16,12; 19,17; 21,23; 22,5
Θάνατος	1,18; 2,10; 2,11; 2,23; 6,8 (2x); 9,6 (2x); 12,11; 18,8; 20,6; 20,13; 20,14 (2x); 21,4; 21,8
Ἰεζάβελ	2,20

Ἰησοῦς	1,1; 1,2; 1,5; 1,9 (2x); 12,17; 14,12; 17,6; 19,10 (2x); 20,4; 22,16; 22,20; 22,21
Ἰουδαῖοι	2,9; 3,9
Ἶρις	4,3; 10,1
Ἰσραήλ (φυλαὶ υἱῶν) - Ἰούδα, Ῥουβήν, Γάδ - Ἀσήρ, Νεφθαλίμ, Μανασσῆ - Συμεών, Λευί, Ἰσσαχάρ - Ζαβουλών, Ἰωσήφ, Βενιαμίν	2,14; 7,4; 21,12 - 7,5 - 7,6 - 7,7 - 7,8
Ἰωάννης	1,1; 1,4; 1,9; 22,8
Μαγώγ	20,8
Μιχαήλ	12,7
Νικολαΐτες	2,6; 2,15
Σατανᾶς	2,9; 2,13 (2x); 2,24; 3,9; 12,9; 20,2; 20,7
Σελήνη	6,12; 8,12; 12,1; 21,23
Χριστός	1,1; 1,2; 1,5; 11,15; 12,10; 20,4; 20,6

Geographischer Name	Apk
Ἄβυσσος	9,1; 9,2; 9,11; 11,7; 17,8; 20,1; 20,3
Ἅιδης	1,18; 6,8; 20,13; 20,14
Αἴγυπτος	11,8
Ἁρμαγεδών	16,16
Ἀσία	1,4
Βαβυλών	14,8; 16,19; 17,5; 18,2; 18,10; 18,21
Εὐφράτης	9,14; 16,12
Ἔφεσος	1,11; 2,1
Θυάτειρα	1,11; 2,18; 2,24
Ἰερουσαλήμ	3,12; 21,2; 21,10
Λαοδικεία	1,11; 3,14
Παράδεισος	2,7
Πάτμος	1,9
Περγάμον	1,11; 2,12
Σάρδεις	1,11; 3,1; 3,4
Σιών	14,1
Σμύρνη	1,11; 2,8
Σόδομα	11,8
Φιλαδελφεία	1,11; 3,7

Nadine Haas

Grammatikverstöße als intertextuelles Band

Eine sprachliche Untersuchung von Johannes und Thukydides

Grammatikverstöße, Anakoluthe, Aprosdoketa: Die Johannesapokalypse weist eine Fülle rhetorischer Mittel dieser Art auf. Diese »Sprachfehler« des Werkes machen seine Lektüre seit jeher zu einem schwierigem Unterfangen. Wir dürfen uns daher berechtigterweise fragen, warum der Autor der Apokalypse so viele Grammatikverstöße begeht. Nicht wenige antworten, dass Johannes schlichtweg kein gutes Griechisch konnte[1]. Immer wieder finden wir im Apparat Handschriften, die seine »Fehler« stillschweigend korrigieren und so den Text glätten. Doch was, wenn die Prämisse nicht stimmt und Johannes nicht nur perfekt Griechisch konnte, sondern es sogar so gut beherrschte, dass er absichtlich mit der Sprache spielt, um mit seinen Grammatikverstößen auf bestimmte Inhalte aufmerksam zu machen?[2] Im folgenden

---

1 Vgl. z.B. E. C. SELWYN, The Christian Prophets and the Prophetic Apocalypse, New York 1900, 258.

2 Eben diese These vertritt THOMAS PAULSEN in seinem Aufsatz: Zu Sprache und Stil der Johannes-Apokalypse, in: S. ALKIER/TH. HIEKE/T. NICKLAS (Hg.) in Zusammenarbeit mit M. SOMMER, Poetik und Intertextualität der Johannesapokalypse, Tübingen 2015, 3-25.

Beitrag möchte ich anhand von Apk 2,14[b] und Apk 9,11[b] aufzeigen, wie genau Johannes' Spiel mit Anakoluthen funktionieren könnte. Anschließend soll durch einen intertextuellen Vergleich die Frage beantwortet werden, ob der Autor der Apokalypse dabei ein ähnliches Vorgehen aufweist, wie wir es bei Thukydides in seinem Geschichtswerk »Der Peloponnesische Krieg« finden.

Betrachten wir hierfür zunächst Apk 9,11[b]. Dort lesen wir:

> [...] ὄνομα αὐτῷ Ἑβραϊστὶ Ἀβαδδών, καὶ ἐν τῇ Ἑλληνικῇ ὄνομα ἔχει Ἀπολλύων.

Wörtlich übersetzt steht hier demnach:

> »der Name ihm auf Hebräisch der Abaddon, und im Griechischen hat er den Namen der[3] Apollyon.«

Analysieren wir diesen Satz auf seine Grammatik hin, so stellen wir zunächst fest, dass Johannes zwei unterschiedliche Konstruktionen wählt, um den Namen des dämonischen Herrschers wiederzugeben. Bei der ersten Konstruktion handelt es sich um einen Dativus Possessivus (= der Name ihm auf Hebräisch Abaddon). Der Dativus Possessivus ist die für einen antiken Griechen gängige Konstruktion bei

---

[3] Die Artikel wurden jeweils ergänzt, um den falschen Nominativ im Deutschen nachzeichnen zu können.

einer Namensbezeichnung[4]. ὄνομα bezeichnet dann einen Nominativ im Singular. Bei der ersten Hälfte des johanneischen Halbverses haben wir es demnach mit korrektem, attischem Griechisch zu tun. Was aber passiert nun in der zweiten Hälfte? Zunächst lässt sich feststellen, dass Johannes den bisherigen Satzbau unvorhergesehen ändert. Mit ὄνομα ἔχει (= er hat den Namen) springt er in eine neue Konstruktion. Nun muss ὄνομα zwangsweise als Akkusativobjekt zu ἔχει gelesen werden. Man kann es daher nicht, wie im Halbvers davor, als Nominativ Singular auffassen. Statt den Kasus des Abgrund-Engels aber an die neue Konstruktion anzupassen, wählt Johannes mit Ἀπολλύων einen unkorrekten Nominativ. Als Resultat wird die zweite Satzhälfte grammatisch falsch. Wie der Apparat bestätigt, stören sich nicht nur einige Leser, sondern auch einige Textzeugen an dieser Stelle. So beseitigen nicht wenige Handschriften den Stolperstein, indem sie ὄνομα ἔχει und den dadurch ausgelösten Anakoluth tilgen.

Für die Analyse zeigt uns dieser Befund allerdings zwei Dinge ganz deutlich: Zunächst stellen wir fest, dass Johannes weiß, wie die im Griechischen gängige Konstruktion lautet, wählt er sie doch im ersten Teil des Halbverses. Die Konjekturen einiger Handschriften führen uns dann vor Augen, dass Johannes durch die einfache Auslassung der beiden Wörter ὄνομα ἔχει seinen Ἀπολλύων hätte stehen lassen können, ohne damit einen Grammatikverstoß zu begehen. Ich komme damit zu dem Schluss, dass Johannes ab-

4 E. Bornemann/E. Risch, Griechische Grammatik, Frankfurt am Main ^{2}1978, §187.2, Anm. 4.

sichtlich einen falschen Kasus für den Namen des Abgrundherrschers wählt.

Es schließt sich nun die Frage an, warum der Autor der Apokalypse den Grammatikverstoß provoziert. Betrachten wir den Satz inhaltlich, so wird dem Leser in 9,11 der Engel des Abgrunds vorgestellt. Er tritt als unheimlicher Herrscher eines monströsen, hybriden Heuschreckenheeres auf, das in den vorangehenden Versen die Menschen mit seinen Skorpionstacheln quält. Man braucht nicht viel Phantasie, um diesen dämonischen Engel des Abgrunds mit dem Teufel zu identifizieren[5]. Ausführlich geht Johannes in diesem Vers dann auf die hebräische, anschließend auf die griechische Bezeichnung seines Namens ein. Wie eben herausgearbeitet wurde, wählt der Autor hierbei für die hebräische Namensnennung eine griechisch korrekte, für die griechische Namensnennung hingegen eine griechisch unkorrekte Konstruktion[6]. Yannik Schnitzspahn fiel außerdem ein weiteres, interessantes Detail auf. So haben wir es bei ὄνομα in der zweiten, falschen Satzkonstruktion mit einem soge-

[5] Ich schließe mich hiermit der Deutung Beales an: »The ›Destroyer‹ in Rev. 9:11 is either the devil himself or an evil representative of the devil.« (G. K. Beale, The Book of Revelation. A Commentary on the Greek Text, Grand Rapids (MI) 1999, 503f.). Vertritt man diese These, so würde man den Teufel als Instrument Gottes veranschlagen. Problematisch ist hierbei jedoch, dass er durchaus als eigenständiger Widersacher in Stellen wie Apk 12,3-9 auftaucht. Andererseits verweist das Passivum Divinum in Apk 13,5 und 13,7 letztlich auf Gott als Quelle seiner Macht.

[6] Die gleiche Beobachtung machte bereits Tobias Gottschalk in unserem Seminar.

nannten Nominativus Pendens zu tun, einer in der hebräischen Sprache regelmäßig auftauchenden Konstruktion. Kombinieren wir diese beiden Erkenntnisse, dann finden wir als Endprodukt einen ausgefeilten Chiasmus vor: In der hebräischen Namensnennung findet sich, wenn man so will, ein Gräzismus, in der griechischen Namensnennung hingegen ein Hebraismus. Und zu wem würde dieses Chaos, dieses Durcheinander von Sprache und Grammatik inhaltlich besser passen als zum Durcheinanderwerfer, sprich zum Διάβολος selbst, der hier als Engel des Abgrunds das zentrale Thema des Verses stellt?

Schauen wir uns nun die nächste Stelle an.

In Apk 2,14[b] steht:

> [...] Βαλαάμ, ὃς ἐδίδασκεν τῷ Βαλάκ [...].

Die wörtliche Übersetzung lautet:

> »[...] Bileam, der dem Balak lehrte [...].«

Hört man es auch in der Umgangssprache leider oft falsch, so steht im Deutschen wie im Griechischen das Verb »lehren« mit doppeltem Akkusativ (= man lehrt jemanden etwas). Im vorliegenden Bibelvers stoßen wir jedoch mit τῷ Βαλάκ auf einen Dativ. Die meisten Übersetzungen lösen das Problem, indem sie aus »dem Balak« stillschweigend einen Akkusativ zaubern. Manche jedoch, die den Dativ ernst nehmen, versuchen ihn als Dativus Instrumentalis aufzufassen[7]. Wie aber liest sich der Satz, wenn der Grammatikverstoß wie in Apk 9,11[b] absichtlich begangen wurde und auch hier als rhetorisches Mittel auf einen bestimmten Sachverhalt verweist? Um diese Frage zu erörtern, müssen wir uns erneut einen kurzen inhaltlichen Überblick verschaffen.

Die Stelle richtet sich an den Engel der Gemeinde in Pergamon. Dort, so erzählt uns der Vers, gebe es Leute, die sich an die Irrlehre des Bileam halten. Bileam ist hierbei eine Gestalt des Alten Testaments. In Num 22 wird er als heidnischer Priester eingeführt. Er steht in Kontakt zu Balak, dem König von Moab. Dieser lässt den Priester holen, um die Israeliten zu verfluchen, die sich in seinem Land niedergelassen haben. In Num 22,22-35 folgt dann ein impliziter Vergleich zwischen Bileam und seinem Esel. Während der Esel den Engel des Herrn sehen kann, erkennt Bileam ihn nicht. Diese Spitze soll die Unfähigkeit des heidnischen Priesters deutlich machen. In Num 31,16 liest man außerdem, dass Bileam die Midianiterinnen, die die israelitischen Männer in Num 25 verführen, den Baals-Kult gelehrt habe.

Nach diesem kleinen Ausflug in das Alte Testament kehren wir nun zur Johannesapokalypse zurück. In Apk 2,14 weist nun eben jener Bileam den König Balak an, er solle die Israeliten zum Götzendienst und zur Hurerei verführen. Laut Numeri haben wir es hierbei mit der Irrlehre eines mä-

---

[7] So vor allem MARTIN KARRER in seinem neuen Apokalypsen-Kommentar: Johannesoffenbarung (Offb. 1,1-5,14), Ostfildern/Göttingen 2017, 309.

ßig intelligenten heidnischen Priesters zu tun. Genau diese Botschaft wird nun durch die Grammatik verstärkt. Die falsche und dumme Lehre des Bileam drückt sich durch den ebenfalls falschen und dümmlich wirkenden Dativ aus. Die unkorrekte Konstruktion zeigt: Was Bileam lehrt, ist Unsinn, und genauso falsch liegen diejenigen, die sich belehren lassen.

Diese Analyse macht deutlich, dass Johannes tatsächlich durch den Einsatz von Grammatikverstößen direkt auf den Inhalt zielt. Seine Anakoluthe und grammatischen Fehlkonstruktionen wirken nicht anders als andere rhetorische Mittel als Betonungen oder künstlerische Untermalungen des Inhalts.

In einem nächsten Schritt will ich prüfen, ob eine solche Verwendung von Grammatikverstößen in der antiken griechischen Literatur singulär ist. Als Referenz dient dabei der »Meister der Anakoluthe«[8] Thukydides.

Als erstes Beispiel wollen wir den Anakoluth in Thukydides 7,42,2 untersuchen.

Hier heißt es:

> καὶ τοῖς μὲν Συρακοσίοις καὶ ξυμμάχοις κατάπληξις ἐν τῷ αὐτίκα οὐκ ὀλίγη ἐγένετο, [...], ὁρῶντες οὔτε διὰ τὴν Δεκέλειαν τειχιζομένην οὐδὲν ἧσσον στρατὸν ἴσον καὶ παραπλήσιον τῷ προτέρῳ ἐπεληλυθότα [...].

---

[8] Vgl. hierzu E. LANGE, Thukydides in Auswahl. Hilfsheft, Leipzig 1896, 39 und J. CLASSEN/J. STEUP, Thukydides, 1. Band, Berlin [5]1919, LXXXIV.

Übersetzt steht hier:

> »Und für die Syrakuser und Verbündeten war der Schock in diesem Moment nicht gering, Sehende, dass trotz der Befestigung von Dekeleia nichtsdestoweniger ein gleiches und ähnliches Heer wie das frühere herangesegelt sei.«

Der Anakoluth findet sich im Partizip »Sehende« (= ὁρῶντες). Das Partizip bezieht sich auf die Syrakuser und die Verbündeten, die beide im Dativ stehen (= τοῖς Συρακοσίοις καὶ ξυμμάχοις). Ein korrektes Participium Coniunctum müsste nun die »Sehenden« ebenfalls im Dativ auftreten lassen. Stattdessen verwendet Thukydides aber den falschen Nominativ ὁρῶντες.

Warum begeht Thukydides diesen Grammatikverstoß? Die folgende Überlegung zeigt, dass er seine Anakoluthe möglicherweise ganz ähnlich wie Johannes einsetzt. Vergegenwärtigen wir uns hierfür zunächst wieder den Kontext.

Thukydides schildert in diesem Vers die Ankunft der attischen Strategen Demosthenes und Eurymedon sowie ihrer Verbündeten bei den syrakusischen Feinden. Dieser Moment ist für die Syrakuser ein großer Schock, hätten sie doch niemals damit gerechnet, dass das attische Heer trotz des feindlichen Stützpunktes in Dekeleia wieder so eine Streitmacht aufbringen könnte. Mit Schrecken und Angst sehen sie nun die attischen Truppen, die keinerlei Stärke eingebüßt haben. Genau in diese Situation spielt der falsche Nominativ ὁρῶντες hinein. Hierfür möchte ich zweierlei Überlegungen anführen. Zunächst erzielt der Stolpereffekt für den Leser bei einem Anakoluth wohl eine ähnliche Wirkung, wie es der Anblick der Streitmacht für die Syrakuser hatte. Man ist erstaunt und irritiert. Zum anderen rückt der Nominativ den Leser näher an die Handlung heran. Stärker als bei einem Dativ fühlt man sich direkt in die Geschichte eingebunden, der Leser sieht die attischen Truppen nicht mehr aus dem fernen Blickwinkel des syrakusischen Feindes, sondern versetzt sich durch den Nominativ momentan in ihn herein.

Schauen wir uns aber noch eine weitere Stelle bei Thukydides an.

In 1,23 lesen wir:

> [3] τά τε πρότερον ἀκοῇ μὲν λεγόμενα, [...] οὐκ ἄπιστα κατέστη, σεισμῶν τε πέρι, οἳ ἐπὶ πλεῖστον ἅμα μέρος γῆς καὶ ἰσχυρότατοι οἱ αὐτοὶ ἐπέσχον, ἡλίου τε ἐκλείψεις, αἳ πυκνότεραι παρὰ τὰ ἐκ τοῦ πρὶν χρόνου μνημονευόμενα ξυνέβησαν, [...].

Übersetzt lautet dieser Satz:

> »Was man früher durchs Hören-Sagen kannte [...], stellte sich als nicht unglaubwürdig dar, über Erdbeben, die als dieselben weite Landstriche zusammen mit äußerster Kraft heimsuchten, und die Sonnenfinsternisse, die dichter im Verhältnis zu dem aus der früheren Zeit in Erinnerung Gehabten, eintraten.«

Der Grammatikverstoß begegnet uns erneut in Form eines falschen Nominativs mit dem Begriff »Sonnenfinsternisse«

(= ἐκλείψεις ἡλίου). Hier sprengt Thukydides die bisherige Konstruktion, müssten die Sonnenfinsternisse doch eigentlich, genau wie die Erdbeben davor, im Genitiv stehen. Erneut führt uns aber die inhaltliche Analyse auf den Grund des Anakoluths.

In dieser Stelle geht es nämlich um die fürchterlichen Folgen des Krieges und all die Schrecken, die die Griechen heimsuchen. Nicht nur die feindlichen Truppen verwüsten hierbei das Land, sondern auch Naturkatastrophen brechen in nie gesehenem Ausmaß über Griechenland herein. Konkret haben wir es mit Erdbeben, Sonnenfinsternissen und der Seuche zu tun. Mitten in diese Katastrophen setzt Thukydides nun mit ἡλίου τε ἐκλείψεις seinen Anakoluth. So ungeordnet und zerstört das Land ist, so ungeordnet und zerstört finden wir nun auch die Satzkonstruktion vor. Vielleicht ist es kein Zufall, dass der Grammatikverstoß ausgerechnet nach den Erdbeben auftaucht, also nach der Stelle, nach der alles »zerrüttelt« wurde. Doch in diesem Satz erinnert uns nicht nur der Anakoluth an die Johannesapokalypse, sondern auch die Thematik. Speziell Erdbeben und Sonnenfinsternisse sind zwei Naturphänomene, die Johannes miteinander verknüpft auftauchen lässt[9]. Der Bezug beider Texte ist in diesem Fall daher gleich auf mehreren Ebenen gegeben.

Fassen wir nun die Ergebnisse unserer Analyse zusammen.

---

[9] Apk 6,12.

Wir haben zunächst nachgewiesen, dass Johannes seine Grammatikverstöße gezielt setzt. Als stilistisches Mittel macht er damit durch die grammatische Ebene auf inhaltliche Dinge aufmerksam.

Im Anschluss zeigte uns eine Analyse einiger Stellen bei Thukydides, dass auch er mit seinen Anakoluthen die Inhalte des Textes verstärkt. Sie wirken bei ihm, nicht anders als bei Johannes auch, als stilistische Mittel, die gezielte Wirkungen auf den Leser hervorrufen sollen.

Wir haben es somit zwischen beiden Texten mit einer grammatischen Intertextualität zu tun, die sowohl produktions-, als auch rezeptionsorientiert funktionieren kann. Dabei spielt es keine Rolle, ob Johannes das Werk des Thukydides kannte. Wichtig ist vielmehr, dass sowohl Autoren als auch Leser seit jeher gezielte Grammatikverstöße in Texten kennen und diese als stilistisches Mittel und nicht als bloße Fehler zu lesen verstehen.

Berthold Böhm

Visionen der Apokalypse und zeitgenössische Münzbilder

In der Apokalypse lassen sich nicht nur intertextuelle Bezüge zu den alttestamentlichen Büchern nachweisen, sondern es finden sich auch Hinweise auf die »heidnischen« Traditionen aus dem Umkreis des Verfassers und seiner Leser. Bei der Interpretation der fünften Posaunenvision in Apk 9 wurden von den Kommentatoren bereits die Beziehungen zu Apollon mit seiner unheilbringenden Potenz herausgestellt. In der Ilias I 43-52 schickt er als Apollon Smintheus, dessen Hauptkultort in Alexandria Troas liegt, mit seinen Pfeilen den Griechen die Pest. Karrer möchte noch einen Schritt weitergehen und im Bogen des ersten apokalyptischen Reiters in Apk 6,1 einen weiteren Hinweis auf Apollon sehen. »Die Pointe verstärkt sich, wenn die Adressaten mit einer besonderen Tradition Kleinasiens vertraut wären, die einen Kult für Men-Sabazios-Sozon mit Helios-Apollon verknüpfte: Dieser Kult verehrte gelegentlich Apollon als Reiter.«[1]

Dem antiken Leser waren nicht nur die Mythen vertraut, sondern er sah auch die Götter und ihre Taten in Statuen

---

[1] M. Karrer, Hellenistische und frühkaiserzeitliche Motive in der Johannesapokalypse, in: Th. Schmeller/M. Ebner/R. Hoppe (Hg.), Die Offenbarung des Johannes. Kommunikation im Konflikt, Freiburg i. B. u. a. 2013, 32-73, 65.

und Reliefs dargestellt, die er in Bezug zu einem Text – hier konkret die Johannes-Apokalypse – setzen konnte. Um die Bilderwelt der Visionen in der Apokalypse in den Horizont der den ersten Lesern vertrauten Umwelt einzuordnen, sollen hier an zwei Beispielen die zeitgenössischen Münzen herangezogen werden. Sie heranzuziehen ist gerechtfertigt, denn »Münzen gehörten zur Alltagswelt der frühen Christen und zwar nicht nur als Zahlungsmittel, sondern auch als verdichtete Zeichen, die nicht nur von sozial- und wirtschaftswissenschaftlichem Interesse sind, sondern ebenso politische, religiöse, kulturelle und ästhetische Botschaften auf engstem Raum korrelieren und verdichten.«[2] Gerade die Provinzialmünzen, die von den Städten Kleinasiens geprägt wurden, greifen in ihren Darstellungen lokale religiöse Vorstellungen und Kultbilder auf, die die Prägeverantwortlichen als für ihre Gemeinde bedeutsam herausstellen wollen. Vor allem Münzen aus dem Bereich der Städte, an die die Sendschreiben in Apk 2,1-3,19 gerichtet sind, und aus deren Umkreis, die aus der zeitlichen Nähe zur Entstehung der Apokalypse geprägt wurden, können Auskunft über die Götter und deren Kulte und die mythischen Traditionen ihrer

2 S. ALKIER, »Geld« im Neuen Testament – Der Beitrag der Numismatik zu einer Enzyklopädie des Frühen Christentums, in: S. ALKIER/J. ZANGENBERG (Hg.), Zeichen aus Text und Stein. Studien auf dem Weg zu einer Archäologie des Neuen Testaments, Tübingen/Basel 2003, 308-335, 315. Zur Mitteilungsfunktion der Münzen siehe auch U. PETER, Götter auf Reisen. Münzbilder über die Verbreitung ägyptischer Kulte, in: dies./S. J. SEIDLMAYER (Hg.), Mediengesellschaft Antike? Information und Kommunikation vom Alten Ägypten bis Byzanz, Berlin 2006, 151-183, 152-154.

Bewohner geben, mit denen also auch die Adressaten des Buches vertraut sind[3].

Ein Münzbild, das in einer Vielzahl von Prägeorten im Umkreis von Hierapolis und Thyateira verwendet wird, zeigt einen jugendlichen bekleideten Reiter, der eine Labrys trägt (Abb. 1-2).

Abb. 1: PHRYGIA, HIERAPOLIS. 176–225 AD, AE24.
ΓΕΡΟVCIA, verschleierte Büste der Gerusia mit Lorbeerkranz und Drapierung r. / ΙΕΡΑΠΟΛΕΙΤΩΝ, Apollo oder lokaler Heros hält Doppelaxt, reitet r.
BMC 79; SNG Tübingen 4030. Ex Forum Ancient Coins Sept 2010 ex wildwinds.com/coins/greece/ (abgerufen am 19.09.2017).

---

3 Einen guten Überblick über das Themenspektrum der kaiserzeitlichen Provinzialprägungen gibt P. R. Franke, Kleinasien zur Römerzeit. Griechisches Leben im Spiegel der Münzen, München 1968. Reiches Bildmaterial auf das hier generell verwiesen sei, findet sich im Internet unter: www.wildwinds.com/coins

Abb. 2: PHRYGIA, HIERAPOLIS. 176–225 AD, AE24.
Zeichnung: Nadine Haas.

In der Regel fehlt eine Benennung des Dargestellten, so dass man vermuten kann, dass es sich um eine in der prägenden Stadt bekannte göttliche Gestalt handelt[4]. In Hierapolis erscheint der Träger der Labrys auch als nackter Jugendlicher. Münzvorderseiten dieser Stadt zeigen einen jugendlichen Gott mit Strahlenkranz und der Beischrift ΛΑΙΡΒΗΝΟΣ (Abb. 3-5)[5].

4 Der Reitergott wird ausführlich besprochen in B. Cook, Zeus. A Study in Ancient Religion. Vol. II: Zeus. God of the Dark Sky (Thunder and Lightning), New York 1965 [Cambridge 1925], 561-572, mit Münzabb. in Umzeichnung.

5 Zu diesem Gott und seinem Kult siehe S. Kerschbaum, Apollon Lairbenos und seine lokalen Epiklesen auf den Bronzemünzen des phrygischen Hierapolis, in: JNG 64 (2014), 15-42, 22-28.

Abb. 3: PHRYGIA, HIERAPOLIS, pseudautonom 244-249 AD, AE24
ΛΑΙΡΒΗΝΟC, Büste des Apollon Lairbenos mir Strahlenkrone r. /
ΙΕΡΑΠΟΛΕΙΤΩΝ Κ ΚVΖΙΚΗΝΩΝ / ΝΕΩΚΟΡΩΝ ΟΜΟΝΟΙΑ, Handschlag.
BMC 185; Franke & Nollé 793-8.
Mit freundlicher Erlaubnis Numismatik Naumann Auktion 58, Lot 340.

Abb. 4: PHRYGIA, HIERAPOLIS, pseudautonom 244-249 AD, AE22 (a).
ΛΑΙΡΒΗΝΟC, drapierte Büste mit Strahlenkranz des Apollon Lairbenos r. /
BMC 179-180; SNG v. Aulock 3662; Waddington 6112; SNG Cop 467.
Zeichnung: Nadine Haas.

Abb. 5: PHRYGIA, HIERAPOLIS, pseudautonom 138 – 192 AD, AE27.
ΛΑΙΡΒΗΝΟϹ, drapierte Büste des Apollon Lairbenos r. / ΙΕΡΑΠΟΛΙΤΩΝ, Selene hält zwei Fackeln in Händen, fährt in Biga r.
BMC –; Weber 7108; RPC Online temp. no. 9991.
Mit freundlicher Erlaubnis CNG EA 408 Lot 329.

Dieser Gott ist offensichtlich eine lokale Gottheit, die mit dem griechischen Helios-Apollon gleichgesetzt wird. Diese sogen. interpretatio Graeca ist in Kleinasien häufig anzutreffen. Die Axt, die er trägt, ist Kultobjekt und Waffe zugleich. In Thyateira haben wir den Glücksfall, dass dem Reitergott ein Name beigeschrieben ist: ΤΥΡΙΜΝΟΣ (Abb. 6-7).

Abb. 6: LYDIA, THYATEIRA, pseudautonom 98 – 138 AD, AE18.
ΘΕΟΝ CYNKΛΗΤΟΝ, drapierte Büste r. / ΤΥΡΙΜΝΟC / ΘΥΑ, Apollon Tyrimnaios bekeidet mit Chlamys, Doppelaxt über der Schulter, reitet r. Mit freundlicher Erlaubnis H. D. Rauch Auktion 87, Lot 145 (Dezember 2010).

Abb. 7: LYDIA, THYATEIRA, pseudautonom 98 – 138 AD, AE18.
Zeichnung: Nadine Haas.

In einer Inschrift wird er mit Apollon gleichgesetzt als ΑΠΟΛΛΩΝ ΤΥΡΙΜΝΑΙΟΣ. Der apollinische Aspekt des Gottes wird dadurch unterstrichen, dass er stehend mit einem Lorbeerzweig in der Hand und der Labrys über der Schulter dargestellt wird (Abb. 8-9).

Abb. 8: LYDIA, THYATEIRA, DIADUMENIAN 21- 218 AD, AE21.
ΔΙΑΔΟΥΜΕΝΙΑΝΟϹ, drapierte Büste r. / ΘΥΑΤΕΙΡΗΝΩΝ, Apollon Tyrimnaios steht l., hält Lorbeerzweig und Doppelaxt.
Imhoof KM 3.
Mit freundlicher Erlaubnis Gitbud & Naumann Auktion (Juli 2015).

Abb. 9: LYDIA, THYATEIRA, DIADUMENIAN 217-218 AD, AE21 (b).
Zeichnung: Nadine Haas.

Da er auch einen eigenen Tempel hatte, ist er Teil des städtischen Pantheons. Aus den genannten Beispielen lässt sich schließen, dass der Reitergott eine einheimische Gottheit darstellt, die in den verschiedenen Städten jeweils einen Namen aus einer altanatolischen Sprache trägt. Seine Entsprechung sah man im griechischen Pantheon in Helios-Apollon. Der ungriechische Charakter dieses Apollon wird in der Labrys deutlich, die etwa auch vom karischen Zeus in Labranda getragen wird und ebenso darin, dass dieser Gott reitet, während der rein griechische Apollon nicht in dieser Form dargestellt wird[6]. Als Helios fährt er im Sonnenwagen (Abb. 10).

Abb. 10: LYDIA, THYATEIRA. ELAGABAL 218 – 222 AD, AE48.
AYT KAI M AYP ANTΩNEINOC, drapierte und gepanzerte Büste mit Lorbeerkranz r. / ΣTP KΛΩ AYP ΔIONYCIOY ΘYATEIPHNΩN Apollon Tyrimnaios hält Lorbeerzweig und Doppelaxt, fährt in Quadriga r., unter den Pferden Füllhorn.
Mit freundlicher Erlaubnis Numismatica Ars Classica Auktion 40, Lot 786 (Mai 2007).

6 E. LOHMEYER in seinem Kommentar zur Apokalypse wollte damit begründen, dass die apokalyptischen Reiter »einstige Götter« seien: Die Offenbarung des Johannes, Tübingen 1970, 59. Er betont aber mit Recht, dass Reiten »kriegerisch« sei.

Der von Karrer angeführte Men sollte nicht mit Apollon in Verbindung gebracht werden, denn er wird in allen Darstellungen durch die deutlich sichtbare Mondsichel auf seiner Schulter charakterisiert, während der Reiter mit der Labrys mit der Sonne verbunden ist, wie zeitlich spätere Münzen verdeutlichen, wo er eine Strahlenkrone trägt. Er ist vielmehr das lunare Pendant zum solaren Apollon[7]. Sabazios wird als bärtiger Gott im Allgemeinen an Dionysos oder Zeus angeglichen. Dagegen ist die Angleichung an Sozon belegt[8]. Eine weitere Reitergestalt prägt die pisidische Stadt Isinda (Abb. 11).

Abb. 11: PISIDIA, ISINDA, pseudautonom undatiert (8–9 AD).
Kopf des Zeus mit Lorbeerkranz r./ behelmter Reiter mit Lanze r., darunter Schlange.
Paris AA.GR.5070. Courtesy of the Bibliothèque Nationale de France, Paris.
Ex wildwinds. com/coins/greece/ (abgerufen am 19.09.2017).

7 So KERSCHBAUM, Apollon Lairbenos, Anm. 102 mit Belegen.

8 O. WEINREICH, s. v. *Sozon*, in: RE III.A.1 (1927), 1248-1256.

Auch hier ist unklar, ob ein Gott oder ein lokaler Heros gemeint ist. Jedenfalls ist er ikonographisch von den eben besprochenen Reitern zu trennen, da er behelmt ist und mit einer Lanze eine Schlange angreift. Aber auch er ordnet sich den übelabwehrenden Göttern zu[9].

Unter Nero wurde in Smyrna eine bereits früher geprägte Rückseitendarstellung in die städtische Münzprägung wieder eingeführt. Sie zeigt eine geflügelte Nemesis, die ihr Gewand am Halssaum zupft in dem apotropäischen Gestus des εἰς τὸν κόλπον πτύειν zur Abwehr der Hybris (Abb. 12-13).

---

[9] Eine weitere Gestalt, die sich hier zuordnen ließe, ist der sogen. »heros equitans«, dessen Bild in zahlreichen Reliefdarstellungen überliefert ist. In Ephesos wurden Reliefs als »Schutzheilige« in den Hanghäusern gefunden, s. R. A. Tybout, »Herrscher, erhalte dieses Haus«. Reiterheroen im Hauskult, in: Th. Ganschow (Hg.), Otium. Festschrift V. M. Strocka, Remshalden 2005, 391-398.

Abb. 12: IONIA, SMYRNA. NERO 54 – 68 AD mit ARIPPINA.JUNIOR, AE19. ΝΕΡΩΝΑ ΣΕΒΑΣΤΟΝ ΑΓΡΙΠΠΙΝΑΝ ΣΕΒΑΣΤΗΝ drapierte Büste der Agrippina r. und Kopf des Nero mit Lorbeerkranz l. / ΛΟΣ ΓΕΣΣΙΟΣ ΖΜΥΡΝΑΙΩΝ geflügelte Nemesis steht r., öffnet ihr Gewand am Hals, hält Heroldstab, davor Schlange.
Klose Type XXXIII; RPC I 2479.
Mit freundlicher Erlaubnis CNG EA 409, Lot 415.

Abb. 13: LYDIA THYATEIRA, JULIA SOAEMIAS 220–222 AD, AE35. ΙΟΥΛΙ CΩΑΙΜΙΔΑ CΕΒΑCΤΗΝ, drapierte Büste r. / ΕΠΙ CΤΡ Τ Κ CΤΡΑΤΟΝΕΙΚΙΟΑΝΟΥ ΘΥΑΤΕΙΡΗΝΩΝ geflügelte Nemesis steht en face, öffnet ihr Gewand am Hals, davor Greif mit Rad.
Mionnet IV, 981; Imhoof GRM 5.
Mit freundlicher Erlaubnis CNG (Mai 2009).

Mit wechselnden Attributen – Elle, Zügel, Rad – ist ihr Aufgabenfeld umrissen: Sie garantiert für das rechte Maß, die Zurückhaltung und mit dem Rad wird auf den Wandel des Schicksals verwiesen. Zugleich ist sie dadurch deutlich von den ebenfalls geflügelten Niken zu unterscheiden[10]. Hesiod kennt sie als Geliebte des Zeus. Doch wird sie erst im 5. Jh. v. Chr. zu einer selbständigen Gottheit mit einem Tempel in Rhamnus im Osten Attikas, dessen Kultbild Phidias oder Agorakritos zugeschrieben wird. Im Gründungsmythos von Smyrna erscheint sie Alexander dem Großen sogar in Doppelung. Sie hat einen eigenen Kultort auf dem Stadthügel Pagos. In der Kaiserzeit werden ihr zur Ehre Agone veranstaltet. Gründungsmythos wie Agone lassen den hohen Rang der Göttin erkennen. Außer in Smyrna wird ihr Bild neben anderen Städten auch in Thyateira und Hierapolis auf Münzen geprägt. Die Bedeutung der Nemesis für Smyrna wird durch die Tatsache unterstrichen, dass auf den Homonoia-Münzen, die als Zeichen von Städtepartnerschaften geprägt wurden, Nemesis, allerdings ungeflügelt, als Repräsentantin ihrer Stadt der Gottheit der Partnerstadt gegenüber tritt (Abb. 14).

---

[10] Eine Zusammenfassung der Nemesisprägungen von Smyrna findet man am besten in O. A. KLOSE, Die Münzprägung von Smyrna in der römischen Kaiserzeit, Berlin 1987, 20-30, Abb Taf. 3; 13, 24 für die geflügelte Nemesis. Bei KLOSE, a. a. O., 122-124 auch ein Beispiel für Wanderung der Münzen.

Abb. 14: IONIA, SMYRNA, JULIA DOMNA 193–217 AD, AE27.
ΣΕΒΑΣΤΗ ΙΟΥ ΔΟΜΝΑ drapierte Büste r. / ΕΠ ΣΤΡ Κ ΑΡΙΣΤΟΦΑΝ .
ΖΜΥΡΝΑ Nemeseis von Smyrna stehen sich gegenüber, lüften ihr Gewand, die linke hält Zügel, die rechte einen Messstab, zu Füßen Rad.
Klose 9; BMC 372; SNG Copenhagen -; Pozzi 3077.
Mit freundlicher Erlaubnis CNG EA 290, Lot 256.

Diese kurze Betrachtung der Münzbilder verdeutlicht, dass eine Reitergottheit, die eine Waffe zum Schutz und zur Strafe trägt, und eine geflügelte Göttin, die Strafgewalt besitzt, den Menschen in den Gemeinden, an die sich die Sendschreiben der Apokalypse richten, bekannt waren, und so mögen sie in den apokalyptischen Reitern in Apk 6 und in den Schalenengeln in Apk 16 die ihnen vertrauten göttlichen Gestalten wiedererkannt haben. Doch sind sie nun keine selbständigen Götter mehr mit eigener Machtvollkommenheit, denen die Verehrung der Menschen gilt und an die man sich hilfesuchend wendet, sondern sie stehen im Dienst eines Höheren und werden in seinem Auftrag geschickt, um die Menschen in Schrecken zu versetzen und sie zu schädigen.

Dominic Blauth

Der herabfallende Stern in Apk 8 und 9

Zum Asteria-Mythos bei Hesiod, Kallimachos und Apollodor

Bei genauer Betrachtung der Einleitung der dritten und fünften Posaunenvision zeigt sich, dass beide mit einem herabfallenden Stern eingeleitet werden, als einzige innerhalb des Visionenkomplexes. Sind auch andere der Posaunenvisionen ebenfalls mit dem Herabfallen eines Körpers eingeleitet, so ist dies doch der einzige sich wiederholende Fallprozess, bei dem also je der gleiche Körper zu Fall gebracht wird, der sogar einen Namen erhält:

> (Apk 8,10) καὶ ἔπεσεν ἐκ τοῦ οὐρανοῦ ἀστὴρ μέγας καιόμενος ὡς λαμπὰς καὶ ἔπεσεν ἐπὶ τὸ τρίτον τῶν ποταμῶν καὶ ἐπὶ τὰς πηγὰς τῶν ὑδάτων
>
> *Und ein großer brennender Stern fiel vom Himmel, wie eine Fackel, er fiel sowohl auf den dritten [Teil] der Flüsse als auch auf die Quelle der Wasser*
>
> (Apk 9,1) καὶ εἶδον ἀστέρα ἐκ τοῦ οὐρανοῦ πεπτωκότα εἰς τὴν γῆν
>
> *Und ich sah einen Stern aus dem Himmel auf die Erde gefallen*

Innerhalb des Textkorpus der Offenbarung des Johannes steckt eine Vielzahl intertextueller Dispositionen. So zeigen beispielsweise Alkier/Paulsen im vorliegenden Band eine solche zum Mythenkomplex der Artemis bzw. des Apollon. Vor allem hinsichtlich des sich wiederholenden Moments des herabfallenden Sterns ist dabei eine intertextuelle Disposition zum Mythos der Asteria (Ἀστερίη) nicht abwegig: Diese stürzte auf der Flucht vor Zeus vom Himmel herab ins Meer[1].

Vor dem Hintergrund dieser Informationen stellt sich daher die Frage, womit der antike Rezipient diese Worte assoziierte, die einen vom Himmel herabfallenden Stern, der zumindest in Apk 8 mit einem Sturz ins Wasser verbunden ist, in Verbindung mit dem Auftreten von Wermut und Apollyon setzen[2]. Somit eröffnet sich hierbei die Möglichkeit einer weiteren, tiefergreifenden intertextuellen Disposition: Bei Betrachtung des Geburtsmythos der Artemis und des Apollon zeigt sich, dass auch dieser einen herabfallenden Stern, die herabfallende Asteria, der Geburt voraussetzt. Ein Stern muss somit vom Himmel ins Meer fallen, um die Geburt der göttlichen Zwillinge Artemis und Apollon zu ermöglichen. Zur Darstellung der mythologischen Grundlagen werde ich im Folgenden ausgewählte griechische Quel-

---

1 Diese Information findet sich vor allem in Kallimachos' Hymnos auf Delos (37) sowie Apollodors Bibliotheke (1,4,1,1).

2 Im hellenischen Kontext wurde Artemis mit dem Wermut in Verbindung gebracht. Vgl. hinsichtlich der Namen Wermut und Apollyon ALKIER/PAULSEN im vorliegenden Band.

len hinsichtlich des Geburtsmythos der Artemis und des Apollon näher analysieren.

I. Hesiods Theogonie

Zunächst sei dabei Hesiod zu nennen. Dieser zeigt innerhalb der Theogonie, die als Textgrundlage für die folgenden Quellen angenommen werden kann, dass Leto, von der später berichtet wird, dass sie die Mutter der göttlichen Zwillinge ist, die Schwester Asterias ist. Dies macht Asteria bei Hesiod zur Tante Artemis' und Apollons:

405 κυσαμένη δὴ ἔπειτα θεὰ θεοῦ έν φιλότητι
406 Λητὼ κυανόπεπλον ἐγείνατο, μείλιχον αἰεί,
[...]
409 γείνατο δ᾽ Ἀστερίην εὐώνυμον

405 *da wurde die Göttin [Phoibe] schwanger in der Liebe des Gottes [Koios],*
406 *gebar Leto, die dunkel Gewandete, ewig milde*
[...]
409 *sie [Phoibe] gebar Asteria, die Ruhmreiche*

Weiterhin schildert Hesiod, dass Leto Apollon und Artemis in liebevoller Vereinigung mit Zeus gebar:

918 Λητὼ δ᾽ Ἀπόλλωνα καὶ Ἄρτεμιν ἰοχέαιραν,
919 ἱμερόεντα γόνον περὶ πάντων Οὐρανιώνων,
920 γείνατ᾽ ἄρ᾽ αἰγιόχοιο Διὸς φιλότητι μιγεῖσα.

918 *Leto aber gebar Apollon und Artemis, die Pfeilschützin,*
919 *die Kinder, lieblich über alle Himmelsbewohner hinaus,*
920 *mit dem ägisführenden Zeus in Liebe vereinigt.*

Obgleich Hera und Zeus sich auch in Liebe vereinigten und auf diese Art Ares zeugten[3], ist Hera dennoch eifersüchtig auf Leto, da diese dem Zeus ebenfalls einen Sohn, Apollon, in Liebe vereint, gebar. Diesen Sachverhalt reißt Hesiod jedoch nur kurz an und erwähnt im Zusammenhang mit der Geburt des Hephaistos, dass Hera, eine sehr eifersüchtige Göttin, ihrem Gatten grollte[4]. Kommt Heras Groll in Hesiods Theogonie auch nicht vollends zum Tragen, so wird dieser in Kallimachos' Hymnos auf Delos, der zeitlich auf die Theogonie folgt, umso relevanter.

II. Kallimachos' Hymnos auf Delos

Während Hesiod vor allem Aussagen hinsichtlich der familiären Verhältnisse von Apollon, Artemis und Asteria zulässt, geht Kallimachos in seinem Hymnos auf Delos weiter. So beschreibt er zunächst den Fall Asterias ins Meer:

36 οὔνομα δ᾽ ἦν σοι
37 Ἀστερίη τὸ παλαιόν, ἐπεὶ βαθὺν ἥλαο τάφρον
[...]

---

[3] Vgl. Hesiod, Theogonie 921ff.
[4] Vgl. Hesiod, Theogonie 927ff.

40 τόφρα δ᾽ ἔτ᾽ Ἀστερίη σὺ καὶ οὐδέπω ἔκλεο Δῆλος

36 *Dein Name aber war*
37 *aus alter Zeit Asteria, als du gesprungen bist in die tiefe Grube [des Meeres],*
[...]
40 *Während dieser Zeit warst du aber noch als Asteria und nicht als Delos bekannt.*

Mit diesem Sturz geht jedoch die Nebeninformation der Namensgebung der Insel einher, die eine besondere Verbindung zwischen Asteria und Apollon herstellt: Nur durch die Geburt Apollons erhält Asteria einen neuen Namen[5].

Für Kallimachos steht vor allem auch der Groll Heras, dem sich Asteria widersetzte, im Vordergrund. So lobt er Asteria wiederholt, um ihren Widerstand und ihren Mut zu betonen:

55 οὐδ᾽ Ἥρην κοτέουσαν ὑπέτρεσας·

55 *Nicht hast Du [Asteria] Heras Grollen gefürchtet.*

Der Groll Heras war derart, dass sie zwei Wachen, eine davon war ihr Sohn Ares, aufstellte, die Sorge dafür trugen, dass Le-

---

[5] Zumal Asteria im Rahmen der Zentralisation des Apollonkultes auf Delos eine besondere Legitimation erhält und somit in besonderer Verbindung zu Apollon steht.

to an keinem Fleck der Erde gebären konnte[6]. Dies führte dazu, dass andere Gottheiten sich von Heras Zorn einschüchtern ließen[7].

Die Tatsache, dass Leto die Unterkunft vielerorts verwehrt wurde, lässt Apollon seinerseits zürnen, sodass dieser prophezeit, dass er sich für die Abweisung seiner Mutter gegenüber rächen wird[8].

Apollon sprach sich bewusst dafür aus, auf Delos, zu diesem Zeitpunkt noch Asteria, geboren zu werden und entschied sich somit gegen alle übrigen, von Leto angedachten, Inseln als Geburtsstätte[9]. Dies lässt darauf schließen, dass Apollon Asteria für rein hielt[10]. Asteria, die wandelnde Insel, sah ihre Schwester, hielt an und bat Leto, auf ihrem Rücken Apollon zu gebären[11]. Das Verhältnis der Schwesternschaft

---

6 Vgl. Kallimachos, Hymnos auf Delos 59-67.

7 Vgl. Kallimachos, Hymnos auf Delos 112-132: Hier wird dem Flussgott Peneios gedroht, dass Ares diesen aus seinem Flussbett reißen und zum Austrocknen bringen werde. Dieser entschließt sich im Folgenden Ares zu trotzen, wird dann jedoch von Leto darum gebeten, sich in Sicherheit zu bringen. Später entschließt sich die von Wehen geplagte Leto dazu, ihre Suche nach einem Geburtsort auf die Inseln des Meeres auszuweiten.

8 Vgl. Kallimachos, Hymnos auf Delos 86-98.

9 Vgl. Kallimachos, Hymnos auf Delos 190-196.

10 Vgl. Kallimachos, Hymnos auf Delos 98: Hier erwähnt Apollon, dass er selbst rein ist und deshalb nur an einem reinen Ort verehrt und geboren werden kann. Auf Delos 165 lässt außerdem darauf schließen, dass andere Inseln nicht vom Schicksal mit ihm verbunden sind.

11 Vgl. Kallimachos, Hymnos auf Delos 200-204 sowie 244-248: Asteria forderte Hera heraus, wegen ihrer Hilfe zu zürnen. Asteria wurde jedoch nicht Opfer des Grolls der Hera, da diese ihr zugute hielt, dass

zwischen Leto und Asteria ist bei Kallimachos zwar nicht geklärt, kann aber entsprechend der Theogonie angenommen werden.

III. Apollodors Bibliotheke

Der erste Beleg zu Asteria findet sich bei Apollodor im Rahmen seiner Genealogie der Titanen. Auch er klärt, analog zu Hesiod, das geschwisterliche Verhältnis zwischen Asteria und Leto:

> (1,2,2) Κοίου δὲ καὶ Φοίβης Ἀστερία καὶ Λητώ,

> *Des Koios aber und der Phoibe [sind] Asteria und Leto*

Apollodor schildert ebenfalls den Fall Asterias ins Meer als Flucht vor der Zusammenkunft mit Zeus, konkretisiert diesen jedoch insofern, als Asteria in Gestalt einer Wachtel ins Meer fällt. Auch die Änderung des Namens ist ihm bekannt:

> (1,4,1,1) τῶν δὲ Κοίου θυγατέρων Ἀστερία μὲν ὁμοιωθεῖσα ὄρτυγι ἑαυτὴν εἰς θάλασσαν ἔρριψε, φεύγουσα τὴν πρὸς Δία συνουσίαν· καὶ πόλις ἀπ᾽ ἐκείνης Ἀστερία πρότερον κληθεῖσα, ὕστερον δὲ Δῆλος.

---

sie vor der Zusammenkunft mit Zeus floh und das Dasein als Insel vorzog.

(1,4,1,2) Λητὼ δὲ συνελθοῦσα Διὶ κατὰ τὴν γῆν ἅπασαν ὑφ' Ἥρας ἠλαύνετο, μέχρις εἰς Δῆλον ἐλθοῦσα γεννᾷ πρώτην Ἄρτεμιν, ὑφ' ἧς μαιωθεῖσα ὕστερον Ἀπόλλωνα ἐγέννησεν.

Von den Töchtern des Koios aber stürzte Asteria sich in Gestalt einer Wachtel ins Meer, fliehend vor dem Verkehr mit Zeus. Und die Stadt, die ihr gemäß zuvor Asteria genannt wurde, [war] später Delos.
Leto aber kam mit Zeus zusammen, wurde von Hera über die ganze Erde getrieben bis nach Delos, brachte zuerst Artemis hervor, von der bei der Entbindung unterstützt sie [Leto] anschließend Apollon gebar.

Weiterhin beschreibt Apollodor hier, dass Leto sich mit Zeus vereinigte und somit den Groll der eifersüchtigen Hera auf sich zog. Somit ergänzt Apollodor die bereits bei Kallimachos bekannte Information, dass der einzige Geburtsort auf dem Rücken der Schwester Letos liegt, um die Tatsache, dass Artemis zuvor geboren wurde und Leto bei der Geburt Apollons unterstützte.

Die Abfolge der Geburten ist insofern bemerkenswert, als diese auch die Annahme einer Intertextualität zwischen der kanonischen Apokalypse und dem Asteria-Artemis-Apollon-Mythos unterstützt. So spiegelt sich die Geburtenfolge auch im Rahmen der Posaunenvisionen wieder: Dort wird zunächst im Rahmen der dritten Posaune ein intertextueller Bezug zu Artemis hergestellt, um anschließend, im Rahmen der fünften Posaune, selbigen zu Apollon herzustellen.

IV. Fazit

Festzuhalten bleibt somit, dass Asteria in einem verwandtschaftlichen Verhältnis zu den göttlichen Zwillingen Artemis und Apollon stand. Die Verbindung wird durch die Verknüpfung der Geburt mit Asteria als Geburtsstätte noch verstärkt. Es zeigt sich also, dass Asteria zunächst fallen muss, bevor Artemis (Wermut) und Apollon (Apollyon) geboren werden können. Somit untermauert das Herabfallen des Sterns in Apk 8,10 und 9,1 die Annahme einer intertextuellen Disposition zu Artemis und Apollon.

Demnach ist durchaus anzunehmen, dass der Stern in Verbindung zu Asteria steht. Am ertragreichsten ist hierfür besonders der Vergleich mit Apollodor. Vor allem hinsichtlich dieser Information, aber auch nicht zuletzt aufgrund der Abfolge der Posaunenvisionen im Vergleich zur Textgrundlage Apollodors ist eine intertextuelle Disposition durchaus anzunehmen. Diese intertextuelle Disposition besteht dabei nicht nur im Gesagten, sondern vielmehr auch in der Anordnung des Gesagten.

Dennoch bieten auch Hesiod und Kallimachos eine intertextuelle Disposition zum fallenden Stern der Apokalypse. So wird vor allem mit Kenntnis des Delos-Hymnos des Kallimachos ein ganz neuer Sinn gestiftet: Der intertextuelle Verweis auf den Geburtsmythos des Apollon, der durch den herabfallenden Stern bestärkt wird, eröffnet die Dimension der Rache, die Apollon hinsichtlich der Verweigerung der

Zuflucht Letos schwor und die durch die Geburt auf Asteria besiegelt wird[12].

Es stellt sich demnach die Frage, ob der antike Rezipient bei Kenntnis der mythologischen Grundlage beim Hören bzw. Lesen der Worte der Apokalypse den Rückschluss auf die Prophezeiung des Apollon zog und der dritten und fünften Posaunenvision somit eine Rachedimension zukommt.

Die Art des Bedeutungszuwachses der Intertextualität stellt aktuell ein Desiderat dar, das es andernorts zu erforschen gilt.

Die Annahme einer produktionsorientieren Intertextualität setzt fundierte Kenntnisse der griechischen Mythologie beim Autor der Johannesapokalypse voraus, da zwar anzunehmen ist, dass Artemis und Apollon nach außen weithin bekannte Gottheiten sind, zählen sie doch zum olympischen Pantheon, deren Geburtsmythos jedoch erst bei weiterer Beschäftigung mit griechischer Mythologie bekannt gewesen sein dürfte.

Demnach ist auch denkbar, dass dem Autor der Johannesapokalypse sowie deren damaligen Rezipienten mythologische Grundlagen bekannt gewesen sind, um einen bestmöglichen Bedeutungszuwachs zu erwarten.

---

[12] Unter Annahme einer Synergie der drei angeführten Mythographen, wäre die Rache Apollons auf Artemis auszuweiten, da die göttlichen Zwillinge eine äußerst enge Bindung haben.

Johannes Waller

Die Apotheose des Caesar als fallender Stern

Ein Vergleich von Ovid, Metamorphoseon Libri XV, 745-870 mit Offenbarung des Johannes 9,1

1. Fragestellung/Einleitung

Dieser Beitrag will die Bedeutung des Sterns aus der Johannesoffenbarung 9,1 untersuchen, der vom Himmel auf die Erde gefallen ist. Dazu soll durch einen Vergleich mit dem 15. Buch der Metamorphosen des Ovid Verse 745-854 die Frage nach der Intertextualität der Johannesapokalypse gestellt werden. Der methodische Zugang soll produktionsorientiert sein, d.h., dass der Text des Ovid mit Blick auf seine mögliche Verwendung bei der Abfassung der Apokalypse von Johannes analysiert werden soll.

2. Motivanalyse: Verstirnung und der gefallene Stern

Die Klammer um die beiden gewählten Texte bildet das Motiv des Sternes am Himmel. Bei Ovid geht es um den Aufgang eines solchen; in der Johannesapokalypse fällt in umgekehrter Form ein Stern vom Himmel. Insofern soll hier

die Auswahl der Texte begründet werden, da ein literarisches Motiv hier nicht einfach übernommen wurde, sondern offenbar in gegensätzlicher Form auftaucht. Für philologische Arbeiten ist dies besonders reizvoll, da es Raum für die Interpretation der Autorenintention lässt, wenn ein Motiv aus der antiken Literatur in entgegengesetzter Reihenfolge erscheint.
Des weiteren ist zu erwähnen, dass hier ein Gedicht in lateinischen Hexametern mit einem griechischen Prosatext verglichen wird. Der eine Autor ist ein römischer Verehrer des Pantheons, der andere ein Mitglied einer der ersten Christengemeinden. Vor diesem Hintergrund ist die Frage nach der Umkehrung des Motives des Sternenaufgangs als Sternenfall sehr interessant.

2.1 Vergöttlichung einer Person durch Katasterismos

Die antiken Römer und Griechen hatten eine sehr anthropomorphe Vorstellung von den Göttern und Göttinnen, d. h., sie stellten sich diese als menschenähnliche Wesen mit menschlichen Eigenschaften, jedoch mit Unsterblichkeit vor. Prinzipiell gab es drei Möglichkeiten, wie man ein Gott sein konnte.

Die meisten Götter in der Mythologie waren die Kinder anderer Götter; sie waren mit zwei göttlichen Elternteilen sozusagen Vollgötter. Daneben gab es Halbgötter, die aus sexueller Beziehung von Göttern und Göttinnen mit sterblichen Menschen hervorgegangen waren. Sie lebten wie Menschen auf der Erde, übertrafen aber ihre Mitmenschen bei weitem durch ihre körperlichen und geistigen Fähigkeiten. Von einer dritten Gruppierung berichten die Verstirnungssagen der Antike. Einige sehr wenige Menschen erbrachten für ihr Volk und Land eine außergewöhnliche Leistung oder fielen den Göttern durch ein besonders tugendhaftes Leben auf. So konnte es vorkommen, dass ihre Seelen im Moment ihres Todes nicht wie üblich in die dunkle Unterwelt fielen, sondern von einer Gottheit in den Himmel gehoben wurden und dort als Stern(bild) ewig scheinen und leben durften. Diese Vergöttlichung eines Menschen in Zusammenhang mit einer Himmelfahrt wird als Apotheose oder auch als Katasterismos bezeichnet[1]. Sie ist als besondere Belohnung und auch als Ansporn für die Menschen zu sehen. Andererseits erklären Katasterismen das Phänomen, dass neue Sterne am Himmel entdeckt werden bzw. erscheinen, oder das Auftreten verschiedener Lichter am Himmel etwa als Wetterphänomene.

Insofern gab es einerseits Fixsterne, die als Gottheiten seit dem Beginn des Himmels am Firmament standen und die Sternbilder aufbauten[2]. Einige wenige Sterne galten andererseits als zum Himmel aufgestiegene Menschenseelen, also als vergöttlichte Menschen. Im folgenden wird dieser Fall der Apotheose des Gaius Iulius Caesar (100-44 v. Chr.)[3] in einer dichterischen Erzählung bei Ovid untersucht.

---

1 Vgl. JOHANNA LOEHR, s. v. *Verstirnungssage*, in: DNP 12/2 (2002), 95f.

2 Vgl. z. B. Aratos, Phainomena. Sternbilder und Wetterzeichen, gr.-dt., hg. u. übers. v. M. ERREN, Düsseldorf 2009.

3 Vgl. WOLFGANG WILL, s. v. *Caesar. I. Historisch*, in: DNP 2 (1997), 908-916.

2.2 Apotheose von Caesar in Ovid, Metamorphosen XV, vv. 745-854

Der Hintergrund dieser Passage ist der panegyrische Lobpreis auf den zur Zeit der Abfassung der *Metamorphosen* regierenden Herrscher Octavianus Augustus (63 v. Chr.-14 n. Chr.)[4]. Nach der augusteischen Selbstdarstellung wollte dieser sich als Sohn des Gaius Iulius Caesar und nicht als dessen Großneffe, der er eigentlich war, verstanden wissen[5]. Um den aktuellen Herrscher zu loben, lässt Ovid dessen Adoptivvater zu den Göttern aufsteigen.

Ab Vers 746 legt er dar, warum »Caesar in urbe sua deus est«. Bei dieser Erklärung verwickelt sich der Dichter jedoch in einen leichten Widerspruch, denn er behauptet im Folgenden, dass nicht die eigenen politischen und militärischen Erfolge[6] Caesar zu einem Gott machten, sondern seine größte Leistung, die darin besteht, der Vater von Augustus zu sein.

> »in sidus vertere novum stellamque comantem,
> quam sua progenies. neque enim de Caesaris actis
> ullum maius opus quam quod pater exstitit huius.«[7]

---

[4] Vgl. Dietmar Kienast, s. v. *Augustus*, in: DNP 2 (1997), 302-314.

[5] Vgl. ebenda, 302.

[6] Vgl. zur Wichtigkeit von militärischen und politischen Erfolgen für die Vergöttlichung: Klaus Möller, Götterattribute in ihrer Anwendung auf Augustus. Eine Studie über die indirekte Erhöhung des ersten Princeps in der Dichtung seiner Zeit, Idstein 1985, 305.

[7] Ovid, Metamorphosen XV, 749ff.

Dies steht in einer gewissen logischen und chronologischen Spannung zu den Versen 760f., die lauten:

> «Ne foret hic igitur mortali semine cretus,
> ille deus faciendus erat.«

Der Widerspruch besteht darin, dass die erste Passage eher auf Caesars eigene Leistung, der Vater von Augustus zu sein, abhebt. Die zweite Passage lässt ihn eher passiv erscheinen, denn er wird vergöttlicht. Ist nun doch die Vaterschaft des Caesar der Anlass für seine Verstirnung oder stellt sich Augustus im Nachhinein als so herausragender Herrscher heraus, dass man daher *post mortem* einen Götterkult für seinen Vater zulässt? Ist der Grund der nun folgenden Erzählung der Verstirnung des Caesar sein Handeln oder das von Augustus?

Hier offenbart Ovid überraschend direkt seine Programmatik: Weil ein solcher Herrscher wie Augustus gar nicht aus sterblichem Geschlecht stammen darf, muss es durch den Rat der Götter irgendwie zu einer Vergöttlichung des Caesar gekommen sein. Ovid muss eine Geschichte schreiben, an deren Ende Iulius Caesar ein Gott ist, denn er musste erst zum Gott gemacht werden, da er von Geburt an keiner war. Der Dichter erzählt die Verwandlungsgeschichte nicht von vorne nach hinten durch, sondern offenbart bereits ihr Ende und muss die Episode nun so formulieren, um an dieses geplante Ende zu gelangen. »Es geht hier nicht um die politische oder theologische Situation, sondern um poetische Variation [...] oder Adulation.«[8]

Streng logisch betrachtet bleibt das inkonsequent, denn Augustus war längst geboren, als Iulius Caesar im Senat ermordet wurde. Zu dem Zeitpunkt der Geburt des Augustus war Caesar also unbestritten noch ein Mensch und Augustus stammt also von diesem Menschen ab. Selbst wenn antike Leser die Logik des Ovid streng übernommen hätten, reicht diese Passage nicht aus, um Augustus in der eigenen Wahrnehmung zu vergöttlichen. Doch hier verbleibt eine dichterische Freiheit, die man Ovid damals wie heute zugestehen muss.

In jedem Falle wird hier »Caesar in urbe sua deus est« (v. 746) mit «in sidus vertere novum stellamque comantem« (v. 749) und »ille deus faciendus erat« (v. 761) in Zusammenhang gesetzt. Im Versmaß muss die Form *vertere* endbetont werden, da es sich um die Kurzform von *verterunt*, also um die 3. Person Plural Indikativ Perfekt Aktiv handelt. Die Vergöttlichung geschieht daher, indem ein Mensch in einen neuen Stern verwandelt wird, was dieser Geschichte einen Platz im Gesamtkonzept der *Metamorphosen* des Ovid als Verwandlungsgeschichte einräumt.

Es folgt ein Narrativ über Venus, die Mutter von Aeneas, die sieht, dass zur geplanten Ermordung des Caesar verschworene Waffen (*coniurata arma*)[9] bereitet werden[10]. Ob-

---

8 Franz Bömer, P. Ovidius Naso. Metamorphosen: Kommentar, Buch XIV–XV, Heidelberg 1986, 458.

9 Ovid, Metamorphosen XV, 763.

wohl sie sämtliche Götter im Himmel um Hilfe bittet, um das Attentat zu verhindern, kann sie das Erdengeschehen nicht beeinflussen. Diese Szene ist »allerdings mit weitem Spielraum, nach der Szene im I. Buch der Aeneis gestaltet [...]; bei Vergil klagt Venus vor Iuppiter [...], bei Ovid vor allen Göttern, beidemal um ihre Nachkommenschaft, bei Vergil um Aeneas, bei Ovid um Caesar [...], beidemal antwortet Iuppiter, bei Vergil mit den *inmota fata* [...], der Apotheose des Aeneas [...] und der Größe Roms [...], bei Ovid mit der Apotheose Caesars [...] und der Apotheose des Augustus«[11]. Mit Blick auf Vergil wird Caesar in familiäre Beziehung nicht nur zu Venus, sondern auch zu Aeneas gesetzt, der als »Proto-Augustus«[12] dient.

Da offenbart ihr der Göttervater Iuppiter, dass die drei Schicksalsgöttinnen Caesars Ende so vorherbestimmt haben und auch die Götter diesen Beschluss nicht mehr zu ändern vermögen. Vielmehr hat Caesar seine Erdenjahre nun vollendet und wird durch Venus' und des Augustus Hilfe bald als Gott in den Tempeln verehrt werden[13]. In dieser Rede des Iuppiter benutzt Ovid die höchste Autorität in der Vorstel-

10 Anm. Über die starke (angeblich familiäre) Anbindung Caesars an Venus vgl. das Kapitel über *Venus Genetrix* bei STEFAN WEINSTOCK, Divus Iulius, Oxford 1971, 83.

11 BÖMER, Kommentar, 459.

12 Vgl. ULRICH SCHMITZER, Ovids Carmentalia – oder: Kann man einem Dichter vertrauen?, in: ders./MARKUS JANKA/HELMUT SENG (Hg.), Ovid. Werk – Kultur – Wirkung, Darmstadt 2007, 113-144, 121.

13 Vgl. Ovid, Metamorphosen XV, 816f.

lung der Römer, nämlich den Göttervater, um die Ermordung des Caesar zu verklären.

»ut deus accedat caelo templisque colatur,
tu facies natusque suus, qui nominis heres
inpositum feret unus onus caesique parentis
nos in bella suos fortissimus ultor habebit.«[14]

Caesar wird vergöttlicht, weil sein Sohn Augustus als Erbe des Caesarentitels diesen Mord als tapferster Rächer zusammen mit Venus und Iuppiter rächen wird. Caesar musste also ermordet werden, damit auf der Grundlage dessen der Spross eine Möglichkeit haben würde, seine Tapferkeit in der *pietas* gegenüber dem Vater zu zeigen. Dahinter steht die Konvention bei den Römern, dass der Vater sakrosankt und unangreifbar war. Den Mord am Vater zu rächen galt als Pflicht eines Sohnes. »Ovid ist hier einer der frühesten Zeugen für wichtige Topoi der Prinzipats-Ideologie: (1) *unus*, (2) *onus*, (3) *ultio*.«[15]

Ovid bewirkt zweierlei: Einerseits gibt er diesem Mord, der historisch so gewesen und indiskutabel unabänderlich ist, rückblickend einen Sinn und andererseits lässt er diesen Sinn von der bedeutendsten und glaubwürdigsten Instanz, die überhaupt nur vorstellbar war, verkündigen. Da man davon ausgehen kann, dass Ovid nicht persönlich Zeuge dieses Dialoges (oder eigentlich Monologes) im Himmel war,

---

14 Ovid, Metamorphosen XV, 818ff.

15 BÖMER, Kommentar, 472.

kann hier getrost von dichterischer Freiheit gesprochen werden. Er berichtet nicht als Zeitzeuge, sondern hat diese Iuppiterrede trotz der Parallele zu Vergil frei erfunden, was Platz für Interpretationsspielraum gibt, warum gerade dieser Gott diese Verse sprechen sollte. Iuppiter referiert zwar den Inhalt der Tafeln bei den Parzenschwestern[16], die die Herrinnen über das Schicksal jedes Menschen sind, und er selbst ist als Gott gegen dieses Schicksal machtlos, doch hat diese Rede eine Funktion. Ovid betont damit, dass das Weltgeschehen und vor allem die Tatsache, dass Augustus nun Herrscher ist, sich nicht zufällig ergeben haben. Vielmehr haben die Götter dies vor Ewigkeiten festgelegt und Iuppiter erklärt diese Götterbeschlüsse nur für Venus, »ne sis etiamnum ignara futuri.«[17] Eigentlich wird hier aber der Leser darüber unterrichtet, dass die Ermordung Caesars dem Willen zumindest der Schicksalsgöttinnen entspricht und insofern einen Sinn für die Weltgeschichte macht. Dass gerade Iuppiter als Göttervater verkündet, dass Augustus seine Nachfolge antreten wird, gibt dem aktuellen Herrscher eine nach damaligem Verständnis unbestreitbare Legitimation. Denn welcher Mensch widerspricht schon den Göttern, respektive Iuppiter gerne? Die Weltgeschichte, bzw. das Zeitgeschehen von Ovid, wird hier als Walten der Götter dargestellt und somit menschlichem Zugriff vollends enthoben.

---

16 Vgl. Ovid, Metamorphosen XV, 813–815 und vgl. BÖMER, Kommentar, 471 über das Phänomen des aufgeschriebenen Schicksals (*Fata scribunda*).

17 Ovid, Metamorphosen XV, 815.

Religion dient hier als sinnstiftender Schlüssel zum Weltverständnis und als Basis der Lebensbewältigung.

Caesars Lebenssinn bestand hauptsächlich darin, Augustus als Sohn hervorzubringen, wobei er ihn in Wirklichkeit adoptiert hat[18]. Den Lesern dürfte bekannt gewesen sein, dass Augustus ein Großneffe des Gaius Iulius Caesar war, der testamentarisch zu dessen Erben eingesetzt wurde[19]. Nur als Leihvater fungierte er, um in dieser Rolle Augustus als Herrscher zu legitimieren, indem die Herrschaft als Erbe des Namens an ihn überging. »It was concrete and official for Octavian to become, as the ›adopted son‹ of the deified Caesar, and so himself now the offspring of a god, *Imperator Caesar divi filius*. ... His name was included in prayers, ... and vows. The building now known as the Pantheon was originally to have been called the Augusteum and to have his name inscribed within it.«[20]

So verheißt Iuppiter dem Augustus eine glänzende Zukunft mit der Unterwerfung von Mutina und den Siegen über Sextus Pompeius, Antonius und Kleopatra[21]. Bald wird alles Land und auch das Meer dem neuen Herrscher Untertan sein[22]. Er wird der Welt Frieden und gute Gesetze brin-

---

18 Vgl. DIETMAR KIENAST, s. v. *Augustus*, in: DNP 2 (1997), 302.

19 Vgl. zur Adoption: DIETMAR KIENAST, Augustus. Prinzeps und Monarch, Darmstadt ^{4}2009, 6.

20 BARBARA LEVICK, Augustus. Image and Substance, Harlow u. a. 2010, 289.

21 Kleopatra wird nur kurz erwähnt, da sich Ovid hier nicht in Bedrängnis bringen wollte, vgl. BÖMER, Kommentar, 475.

22 Vgl. Ovid, Metamorphosen XV, 830f.

gen, seine Nachfolge als Herrscher durch die Beauftragung seines Stiefsohnes regeln und erst im hohen Alter selbst die Verwandlung in einen Stern vollziehen, eine weitere Anbindung an den Vater[23]. Horaz besingt das *sidus Iulium* wie folgt:

»crescit occulto velut arbor aevo
fama Marcelli: micat inter omnis
Iulium sidus velut inter ignis
luna minores«[24]

Ovid interpretiert den Aufstieg des Augustus zur Alleinherrschaft, der für ihn Zeitgeschehen war, mit der Iuppiterrede als gottgewollt und damit als legitim und unhinterfragbar. Die Historie wird einem Gott als Bericht über Zukünftiges in den Mund gelegt, um sie somit als alternativlos richtig erscheinen zu lassen.

Auf Iuppiters Befehl hin steigt Venus in den Senatssaal hinab, reißt die Seele des Caesar aus dem Leib und setzt sie unter die himmlischen Sterne.

»constitit alma Venus nulli cernenda suique
Caesaris eripuit membris nec in aëra solvi
passa recentem animam caelestibus intulit astris.«[25]

---

23 Vgl. Ovid, Metamorphosen XV, 838f.

24 Horaz, Carminum Liber Primus, 12, 45ff., in: Q. Horati Flacci Opera, ed. FRIDERICUS KLINGNER, Leipzig 1959, 15.

25 Ovid, Metamorphosen XV, 844ff.

Es klingt fast so, als hätte Venus nicht gewartet, bis die Seele bei der Ermordung von selbst aus dem Körper entweicht, sondern mit *eripuit* scheint die Göttin das Geschehen stark voranzubringen. Nach der Seelenentreißung lebt der Körper eigentlich gar nicht mehr und fühlt die Schmerzen der Dolchhiebe entsprechend auch nicht. In der Darstellung des Ovid kommt Venus dem Attentat zuvor und nimmt die Seele des Caesar in den Himmel auf, bevor es zur Bluttat kommt. Ein Gegengewicht dazu bildet Vers 840 mit dem Befehl, dass die Seele »caeso de corpore« genommen werden soll. Venus scheint die Seele aus dem noch lebenden Körper herauszureißen.

Somit verklärt der Dichter den Mord am Herrscher und entschärft die Situation. Die Probleme, die im Vorfeld zu dem Misstrauen von Teilen des Senates gegenüber Caesar geführt haben, bleiben unerwähnt. Etwa sein Streben nach Alleinherrschaft, was auch Augustus evident prägte, hatte Caesar bei vielen Senatoren in Ungnade fallen lassen. Ovid unterlässt es, darüber zu dichten, weil das ein schlechtes Licht auf Caesar geworfen hätte. Die Frage, ob er eventuell ungeschickte politische Fehler gemacht haben könnte, wird nicht gestellt. Überhaupt erlebt der Leser hier einen sehr passiven Caesar. Das Heft des Handelns liegt nur in den Händen der Götter, was sich bereits im Gerundivum von »ille deus faciendus erat«[26] abzeichnete, zumal hier eine *coniugatio periphrastica passiva* mit Vergangenheitstempus vor-

[26] Ovid, Metamorphosen XV, 761.

liegt[27]. Mit ihm wird in der Vergöttlichung etwas gemacht, er erreicht sie nicht durch seine Taten selbst. Das einzige, was seiner Seele zu tun bleibt, ist, zuzugeben, dass die Taten seines Sohnes noch die eigenen übertreffen:

»stella micat natique videns bene facta fatetur
esse suis maiora et vinci gaudet ab illo.«[28]

Dass Ovid einfach das logische Zeitverhältnis überspringt, verdeutlicht nur den Eintritt Caesars in die Welt der Götter, denn wie kann der Stern zu dieser Zeit schon wissen, dass sein Sohn ihn in einigen Jahren übertreffen wird?[29] Die strahlenden Taten des Sohnes überstrahlen den Vater als Stern am Himmel, was eine weitere Andeutung des (bevorstehenden) Katasterismos bei Augustus ist. Caesars Verdienste fungieren nur als Schablone, um daran den Nachfolger zu messen. Sein Ende wird in diesem Narrativ nur instrumentalisiert, um die Würde des derzeitigen Herrschers zu betonen. Die Dichtung ordnet die logische Abfolge der Ereignisse dafür ihrer Aussageintention unter. Fast sieht es so aus, als ob Ovid Caesar im Vergleich zu Augustus herabwürdigen würde. »Kein Zweifel, daß diese Verse eine höfische Schmeichelei sind und Caesar herabsetzen, um Au-

---

27 Vgl. HANS RUBENBAUER/JOHANN BAPTIST HOFMANN, Lateinische Grammatik, Bamberg/München [12]1995, 71 unter § 77 b, 3.

28 Vgl. Ovid, Metamorphosen XV, 850f.

29 Vgl. BÖMER, Kommentar, 482.

gustus desto mehr loben zu können.«[30] Dem Herrscherlob reiht sich die untertreibende Aussage ein, dass der Sohn verbietet, dass er mehr als der Vater gelobt werde. Dabei verbreiten sich offenbar im Volk Gerüchte, die diesem Befehl nicht gehorchen und den Sohn mehr als gewünscht loben[31].

Die Stellung dieser aitiologischen Erzählung am Ende des fünfzehnten Buches der Metamorphosen ergibt sich nicht nur aus der Chronologie der Ereignisse, deren Ende eben die Zeit des Ovid ist, sondern vielmehr spielt der Aufstieg des Caesar in den Himmel zur Unsterblichkeit auf die bevorstehende Ankündigung der Vergöttlichung des Dichters selbst an. Nach einem Gebet zu den Göttern für ein langes Leben des Augustus[32] folgt der Epilog, in dem Ovid seinem Werk Ewigkeitscharakter verheißt und damit sich selbst durch die Rezeption der Metamorphosen durch das römische Volk mit

> »ore legar populi, perque omnia saecula fama,
> siquid habent veri vatum praesagia, vivam«[33]

ein ewiges Leben ankündigt. Insofern instrumentalisiert Ovid nicht nur die Geschichte um Caesars Ermordung, um Augustus religiös zu überhöhen, sondern er überhöht damit letztlich ganz ungeniert sich selbst und sein Werk. Die hel-

---

30 Hans D. Meyer, Die Aussenpolitik des Augustus und die augusteische Dichtung, Köln/Graz 1961, 87.

31 Vgl. Ovid, Metamorphosen XV, 852f. und Bömer, Kommentar, 482.

32 Vgl. Ovid, Metamorphosen XV, 861–870.

33 Ovid, Metamorphosen XV, 878f.

denhaften Verdienste von Caesar und Augustus erscheinen letztlich nur als Vorspiel zu der Abfassung der Metamorphosen, denn so wie Caesars Leben auf den aufgehenden Stern des Augustus hindeutet, so deutet die Herrschaft des Augustus darauf hin, dass unter diesem gottbegnadeten Herrscher ein göttlicher Dichter ihn besingen wird. Die Lobpreisung auf den Herrscher ist also nicht uneigennützig, sondern eigentlich lobpreist Ovid durch Caesar und Augustus sich selbst als unsterblich.

»Die zweite dieser Reisen[34] ist die Himmelfahrt eines Römers: Caesars Apotheose als Komet. Doch auch diese letzte Reise dient gewissermaßen nur als Hintergrund für die Apotheose des Dichters selbst, der ›höher als die Sterne‹ fliegen und stärker sein wird als die Zerstörungskraft des Eisens und als der Zorn jenes irdischen Jupiter, Augustus. Die Reise des Dichters durch die Weltgeschichte verwandelt sich am Ende in eine Himmelsreise. Die Reise durch die Zeit mündet in die Ewigkeit.«[35]

Da die Metamorphosen als Epos an Vergils Aeneis heranreichen sollen, sind sie teleologisch konzipiert[36]. Insofern ist es nur konsequent, im Verlauf des Werkes eine Art Klimax zu vermuten, dessen Gipfel die Herrscher Caesar, Augustus und

---

34 Im Vorfeld der zitierten Passage war von Reisen die Rede. Daher wirkt die Erwähnung einer Reise hier aus dem Zusammenhang gerissen.

35 MICHAEL VON ALBRECHT, Ovids Metamorphosen. Texte. Themen. Illustrationen, Heidelberg 2014, 102.

36 Vgl. SEBASTIAN LAMM, Die Darstellung des Augustus bei Tibull und Ovid, Berlin 2006, 50.

zuletzt Ovid selbst bilden. Den Fluchtpunkt, auf den die Verwandlungsgeschichten zusteuerten, finden sie in der Verwandlung des Ovid zu einem unsterblichen Dichtergott nach seinem Tod.

Möller vermutet sogar, dass der Epilog erst in der Verbannung dem 15. Buch beigefügt wurde und liest daraus die implizite Drohung, dass auch Augustus dieses Werk trotz der Verbannung des Autors nicht an seiner Ausbreitung wird hindern können. »Damit erhebt sich der Dichter – sicher nicht in Ironie – über den Princeps um ihm zu drohen, und beweist damit, wie fragwürdig die Ernsthaftigkeit seiner [...] Ehrungen und Erhebungen ist.«[37] Wenn der Epilog wirklich ein späterer Zusatz wäre, würde dies wirklich ein ganz anderes Licht auf diese Verse werfen.

2.3 Die Sterne in der Offenbarung des Johannes 9,1

Zunächst ist festzuhalten, dass der Sternenfall in Apk 9,1 im Kontext der Posaunenvision steht. Ab 8,7 blasen sechs Engel hintereinander in ihre Posaunen und es folgen jeweils apokalyptische Ereignisse. Als der fünfte Engel seine Posaune ertönen lässt, sieht Johannes einen Stern, der vom Himmel auf die Erde gefallen war und dem ein Schlüssel für einen Schlund zum Abgrund gegeben wurde.

---

[37] MÖLLER, Götterattribute, 307.

»Καὶ ὁ πέμπτος ἄγγελος ἐσάλπισεν· καὶ εἶδον ἀστέρα ἐκ τοῦ οὐρανοῦ πεπτωκότα εἰς τὴν γῆν, καὶ ἐδόθη αὐτῷ ἡ κλεὶς τοῦ φρέατος τῆς ἀβύσσου«[38]

Bereits in 8,10 hatte der dritte Engel seine Posaune geblasen, woraufhin ein großer Stern aus dem Himmel gefallen war und Schaden auf der Erde angerichtet hatte, indem er die Wasserquellen der Menschen bitter gemacht hatte. Sehr parallel ist nun 9,1 mit einem Stern konzipiert, der die Unterwelt öffnet. Dazwischen verdunkeln sich durch die Posaune des vierten Engels in 8,12 ein Drittel von Sonne, Mond und Sternen, sie verbleiben jedoch am Himmel.

Insofern eröffnen die Posaunenklänge kosmische Ereignisse mit katastrophalen Folgen für die Menschen. Interessant ist hierbei jedoch die zweifache Erwähnung eines fallenden Sternes kurz hintereinander, wobei dazwischen Sterne ihre Strahlkraft verlieren. Weil auf die Strahlkraft der fallenden Sterne nicht eingegangen wird, kann hier davon ausgegangen werden, dass sie zu einer prinzipiell anderen Gruppe gehören und Johannes eine andere Symbolik mit ihnen verband. Außerdem ist mit »ἐπλήγη τὸ τρίτον τοῦ ἡλίου καὶ τὸ τρίτον τῆς σελήνης καὶ τὸ τρίτον τῶν ἀστέρων«[39] das Drittel dieser Sterne sehr deutlich in den Kontext mit dem Drittel der Sonne und des Mondes gesetzt. Diese Sterne bleiben passiv, aber die beiden fallenden Sterne erwirken aktiv etwas auf der Erde. Insofern stellt sich die

---

38 Apk 9,1.

39 Apk 8,12.

Frage, was der zweifache Sternenfall so kurz hintereinander andeuten soll.

2.4 Vergleich

Da Ovid die *Metamorphosen* vor seiner Verbannng 8 n. Chr. abgeschlossen haben dürfte[40] und sie neben Homers und Vergils Werken als die in der Antike meistgelesenen Texte gelten[41], kann auch dem Autor der Johannesapokalypse zumindest eine mögliche Kenntnis der analysierten Passage unterstellt werden.

Insgesamt scheint die antike griechisch-römische Literatur nur sehr wenige Stellen zu kennen, an denen Sterne vom Himmel fallen, weswegen es schwer war, hier eine Parallele zu finden. Daher ist davon auszugehen, dass Apk 9,1 weniger auf einen Sternenfall anspielen möchte als auf das Gegenteil eines Katasterimos, der weitaus häufiger belegt ist.

Dass Iulius Caesar bei Ovid verstirnt wird und dieses Schicksal sich auch für Augustus abzeichnet, scheint sich in dem zweifachen Sternenfall bei Johannes 8,10 (»καὶ ἔπεσεν ἐκ τοῦ οὐρανοῦ ἀστὴρ μέγας καιόμενος ὡς λάμπας«) und 9,1 zu spiegeln.

Insofern könnte man fragen, ob der fallende Stern in Apk 9,1 als das *sidus Iulium* gesehen werden könnte. Am Ende der Weltgeschichte zeigt sich der Sternenfall der Apokalypse als

---

[40] Vgl. Niklas Holzberg, Einführung, in: ders. (hg. u. übers.), Publius Ovidius Naso. Metamorphosen, Berlin/Boston 2017, 7.

[41] Vgl. Edward John Kenney, s. v. *Ovidius Naso, Publius*, in: DNP 9 (2000), 117.

das Ende der Herrschaft der römischen Kaiser. Da die Abfassungszeit der Apokalypse nicht genau rekonstruiert werden kann, kann nicht erschlossen werden, welcher Kaiser zur Zeit der Niederschrift gemeint sein könnte. Der Stern steht hier sinnbildlich für die Tendenz der Römer, die Herrscher als gottähnliche Gestalten anzusehen. Das *sidus Iulium* symbolisiert das julisch-claudische Haus bzw. die Kaisermonarchie an sich. Die Kaiser stehen für die bisherige Weltordnung mit ihrer Ungerechtigkeit. Diese wird zerfallen, wenn der wahre Gott (Christus) wiederkommt. Die Apokalypse besteht in einer Erschütterung des Himmels und der Erde, in einer radikalen Neuschöpfung, einer grundsätzlichen Veränderung der bisherigen (Herrschafts-)Verhältnisse. Der Untergang dieser beiden vergöttlichten Sterne bedeutet ihre Falsifizierung als Götter vor dem Aufgang des wahren Gottes. So hatte auch der Euhemerismus, der auf Euhemeros aus Messene zurückgeht, bereits in der Antike versucht, Göttermythen ähnlich den Verstirnungssagen als reine Erfindungen von Menschen zu entlarven[42].

Weil offene Kritik am aktuell herrschenden Kaiser gefährlich war, verpackt Johannes diese Drohung in die Form einer Vision. Ovid preist Augustus überschwenglich und nennt ihn explizit in seiner Panegyrik, weil dies von einem Dichter der augusteischen Zeit erwartet wurde. Der Autor der Apokalypse aber verheißt das Ende des Römischen Imperiums in dieser versteckten Metapher des doppelten Sternenfalls, da er nicht offen schreiben kann, dass Roms Herr-

---

42 Vgl. MASSIMO FUSILLO, s. v. *Euhemeros*, in: DNP 4 (1998), 235f.

schaft über den Erdkreis endet, wenn Christus wieder kommt. Somit erklärt sich die Umkehrung des Motivs des Katasterismos.

Insofern gäbe es eine weitere Parallele zwischen den beiden Texten: Ovid relativiert möglicherweise aus dem Exil heraus die Macht des Augustus, der trotz dieser Verbannung nicht mehr den bevorstehenden Ruhm des Dichters aufhalten kann. Johannes bedroht in kryptischer Sprache mit dem umgekehrten Motiv des Sternenfalls den aktuell herrschenden Kaiser und warnt ihn, dass die Zeit seiner Herrschaft bald enden könnte, wenn der wahre Weltenherrscher erscheint. Der Stern des römischen Kaisers geht unter, wenn Christus am Himmel aufgehen wird.

3. Fazit

Aus der Analyse der beiden Texte ergibt sich die These, dass Johannes die Erzählung der Apotheose Caesars bei Ovid in seiner Apokalypse anklingen lassen bzw. sie bewusst ins Gegenteil verkehren könnte. Es ist jedoch nicht mehr nachweisbar, ob er dabei die Metamorphosen direkt als Text vorliegen hatte oder ob er auf das darin enthaltene Motiv des Katasterismos allgemein zurückgreift. Ovid selbst benutzte dieses der Antike sehr geläufige Narrativ einer Verstirnung eines Menschen bei der Abfassung seines Gedichtes. Daher ist es denkbar, dass Johannes allgemein auf die Tradition des Katasterismos anspielt, die eine starke mündliche und schriftliche Ausprägung in der Antike hatte.

Aus den gemachten Untersuchungen kann begründet werden, dass die Apokalypse des Johannes einen intertextuellen Bezug auf die Metamorphosen des Ovid nehmen könnte, wobei hier ein produktionsorientierter Ansatz angenommen wird. Dies würde bedeuten, dass der Autor des Bibeltextes bewusst die Vergöttlichung des Caesar/Augustus kritisiert, um damit sein Argument der Wiederkunft Christi am Ende der Zeiten voranzutreiben.

Simon Dittmann

Skorpione als Bild des Schreckens in der Johannesapokalypse

I. Skorpione in der Posaunenvision

Beim Klang der fünften Posaune schildert der Apokalyptiker Johannes die Ankunft entsetzlicher Heuschrecken, welche die Menschen quälen (Apk 9,1-12). Ihre Ähnlichkeit zu Pferden und Attribute wie menschliche Gesichter, Frauenhaare, Löwenzähne und Eisenpanzer zeigen, dass es sich keinesfalls um gewöhnliche Heuschrecken handelt[1]. Auffallend an ihrer Beschreibung ist zudem die dreimalige Erwähnung von Skorpionen (Apk 9,3.5.10):

9,3 καὶ ἐκ τοῦ καπνοῦ ἐξῆλθον ἀκρίδες εἰς τὴν γῆν, (b) καὶ ἐδόθη αὐταῖς ἐξουσία ὡς ἔχουσιν ἐξουσίαν οἱ σκορπίοι τῆς γῆς.

9,5 καὶ ἐδόθη αὐτοῖς ἵνα μὴ ἀποκτείνωσιν αὐτούς, ἀλλ᾽ ἵνα βασανισθήσονται μῆνας πέντε, (b) καὶ ὁ βασανισμὸς αὐτῶν ὡς βασανισμὸς σκορπίου ὅταν παίσῃ ἄνθρωπον.

---

1 Zur Veranschaulichung einer solchen Heuschrecke sei auf die nach dieser Beschreibung angefertigte Zeichnung von Nadine Haas verwiesen, die dem Beitrag von Stefan Alkier und Thomas Paulsen im vorliegenden Band beigegeben ist: dort Kapitel III.1, Abb. 1.

9,10 καὶ ἔχουσιν οὐρὰς ὁμοίας σκορπίοις καὶ κέντρα, (b) καὶ ἐν ταῖς οὐραῖς αὐτῶν ἡ ἐξουσία αὐτῶν ἀδικῆσαι τοὺς ἀνθρώπους μῆνας πέντε.

9,3 *Und aus dem Rauch kamen Heuschrecken auf die Erde heraus, (b) und ihnen wurde Vollmacht gegeben, wie die Skorpione der Erde Vollmacht haben.*

9,5 *Und [Vollmacht] wurde ihnen gegeben, damit sie sie [sc. die Menschen] nicht töten, sondern damit sie fünf Monate lang gequält werden; (b) und die Qual war wie die Qual eines Skorpions, wenn er einen Menschen schlägt.*

9,10 *Und sie haben Schwänze ähnlich Skorpionen und Stacheln, (b) und in ihren Schwänzen ihre Vollmacht, den Menschen fünf Monate lang zu schaden.*[2]

Skorpione treten in dieser Vision nicht selbst in Erscheinung, sondern dienen lediglich als anschauliches Element der Heuschrecken. Zuerst vergleicht Johannes die Vollmacht (ἐξουσία), die den Heuschrecken durch das *passivum divinum* gegeben wird (ἐδόθη), mit derjenigen von Skorpionen (Apk 9,3). Was es damit auf sich hat, erläutert er unter erneuter Verwendung des *passivum divinum*. Ihre Vollmacht beinhaltet, dass sie die Menschen nicht töten, sondern dass diese für eine Zeit von fünf Monaten gequält werden (Apk 9,5a).

---

2 Die deutsche Übersetzung entstammt meiner eigenen Feder. Selbiges gilt für alle folgenden Übersetzungen, sofern dies nicht explizit anders angegeben ist.

Der durch ἵνα μή eingeleitete Nebensatz wird in deutschen Übersetzungen vorwiegend entweder als Infinitivkonstruktion wiedergegeben[3] oder als Attributsatz auf ἐξουσία (Apk 9,3b) bezogen[4]. Die Semantik von ἵνα umfasst in der Koine neben finalem auch konsekutiven und seltener kausalen Sinn[5], während die Konjunktion in klassischer Gräzität in der Regel final aufzufassen ist. Die Ambiguität kann durch einen mit »dass« eingeleiteten Finalsatz, worin ein konsekutiver Sinn mitschwingt, zum Ausdruck gebracht werden[6]. Es macht aber einen entscheidenden Unterschied, ob die Qual der Menschen bloß eine Folge der Ermächtigung der Heuschrecken ist oder ob sie sich in der Absicht dessen begründet, der ihnen die Vollmacht verleiht. Da sämtliche Ungeheuer in der Johannesapokalypse stets Befehle eines Höheren entgegennehmen und danach handeln, ist auch im vorliegenden Vers der Urheber im *passivum divinum* zu vermuten. Um den finalen Sinn von ἵνα in Apk 9,5 unmissverständlich auszudrücken, ziehe ich in meiner Übersetzung »damit« als Nebensatzeinleitung vor.

Als anschaulichen Vergleich für die Qual der Menschen wählt Johannes abermals einen Skorpion – genauer gesagt

---

3 Vgl. Einheitsübersetzung 2016.

4 Vgl. Elberfelder Bibel 2006. Diese Übersetzung setzt voraus, dass ἐξουσία noch in Apk 9,5a als Subjekt fungiert, was durchaus möglich ist, da in Apk 9,4-5a kein neues Subjekt im Hauptsatz erscheint, während das *passivum divinum* aus Apk 9,3b durchgehend beibehalten wird.

5 Vgl. E. STAUFFER, Art. ἵνα, in: ThWNT III (1990), 324ff.

6 Vgl. Lutherbibel 2017.

die Qual eines Skorpionstiches – und bindet diesen Hinweis mit καί parataktisch an den vorhergehenden Hauptsatz an (Apk 9,5b)[7]. Ferner nennt er ein außergewöhnliches anatomisches Merkmal der Heuschrecken: Schwänze und Stacheln, die denen von Skorpionen ähnlich sind (Apk 9,10a). Zuletzt wiederholt er nochmals ihre für die Zeit von fünf Monaten geltende Vollmacht, den Menschen zu schaden, mit der ergänzenden Bemerkung, dass jene in ihren Schwänzen liegt (Apk 9,10b). Bei der dritten Erwähnung wechselt Johannes vom Imperfekt εἶχον, das er vorher in Bezug auf die Frauenhaare und Löwenzähne der Heuschrecken (Apk 9,8) sowie auf ihre Eisenpanzer und den Klang ihrer Flügel verwendete (Apk 9,9), zum historischen Präsens ἔχουσιν (Apk 9,10), womit er die Erzählung auf die Gegenwart seiner Zuhörer verlagert, die dadurch stärker in das Geschehnis eingebunden werden[8].

Neben den drei Versen Apk 9,3.5.10 gibt es keine weitere Erwähnung von Skorpionen in der Johannesapokalypse. Was den Verfasser zu dieser dreimaligen Erwähnung bewegt und wie diese auf ihre Hörer in der Antike gewirkt haben mag, lässt sich freilich nicht in toto erschließen. Durch intertextuelle Lektüre unter einer produktionsorientierten Perspek-

---

7 Parataktischer Satzbau und polysyndetische Reihungen unter einer auffallend häufigen Verwendung von καί sind bezeichnende Merkmale für den sprachlichen Stil der Johannesapokalypse; vgl. Th. Paulsen, Zu Sprache und Stil der Johannes-Apokalypse, in: S. Alkier/Th. Hieke/T. Nicklas (Hg.) in Zusammenarbeit mit M. Sommer, Poetik und Intertextualität der Johannesapokalypse, Tübingen 2015, 3-25.

8 Vgl. Paulsen, Sprache und Stil, 8f.

tive lassen sich aber Sinneffekte untersuchen, die sich aus der Verarbeitung von Text(en) im Text ergeben[9]. Derartige Sinneffekte, die im Sinne eines begrenzten Intertextualitätskonzepts im Text eingeschrieben sind, eröffnen sich dem Rezipienten erst aus der Relation zu mindestens einem weiteren Text. Für einen produktionsorientierten Ansatz sind Texte zu berücksichtigen, die dem Verfasser der Johannesapokalypse mutmaßlich bekannt oder zumindest zugänglich waren. Als möglicher Zeitraum für die Abfassung der Schrift gilt das ausgehende 1. und beginnende 2. Jahrhundert; als wahrscheinlicher Ort das westliche Anatolien, wo sich auch die sieben Gemeinden befinden, an welche die Sendschreiben in Apk 2-3 gerichtet sind. Ergo gilt es zu untersuchen, in welchen Zusammenhängen Skorpione in Texten der griechischen und unter Vorbehalt auch der römischen[10] Literatur aus der Zeit vor der Abfassung der Apokalypse erwähnt werden und welche Bedeutung ihnen darin zukommt. Im Folgenden soll kurz erläutert werden, welche Rolle dem Skorpion allgemein in der Literatur der Antike und speziell im Orionmythos zukommt, bevor ich anschließend auf die Darstellung von Skorpionen in Nikanders *Theriaka* eingehe.

---

9 Vgl. ALKIER/PAULSEN, a. a. O., Kapitel II.1. Intertextuelle Perspektiven.

10 Es ist nicht sicher, ob Johannes überhaupt der lateinischen Sprache mächtig war. Bei seinem mutmaßlich hohen Bildungsstand ist dies aber durchaus vorstellbar.

II. Skorpione als natürliche Gefahr

ὑπὸ παντὶ λίθῳ σκορπίον ὦ ἑταῖρε φυλάσσεο.
(Praxill. 750 MW)

Unter jedem Stein, mein Freund,
hüte dich vor einem Skorpion!

Mit diesen Worten warnte die Lyrikerin Praxilla von Sikyon (Mitte 5. Jh. v. Chr.) vor der steten Gefahr von Skorpionen, die sich oft unbemerkt im Schatten von Steinen oder Gewächs aufhalten. Das Gift in ihrem Stachel, das sie durch einen Stich auf ihre Feinde übertragen, ist für Menschen äußerst schmerzhaft und unter Umständen sogar tödlich. Daher verwundert es nicht, dass Skorpione zu jenen Tieren gehören, die in der Kulturgeschichte überwiegend negativ konnotiert sind. So werden sie etwa bei Platon als ein weiteres Übel neben Schlangen und Spinnen bezeichnet (Plat. Euthyd. 290a). Indes haben hochgiftige, tödliche Skorpione, wie sie etwa in Teilen Nordafrikas zu finden sind, in Europa keinen Lebensraum. In der *Naturalis Historia* beschreibt Plinius der Ältere Landskorpione als »ein verderbliches Ungeziefer, giftig wie die Schlangen, nur durch eine schlimmere Marter, denn sie bringen einen langsamen, drei Tage währenden Todeskampf«[11] (Plin. Nat. 11,86). Diese recht allgemein gefasste Aussage ist sicherlich nicht auf europäische Skorpione zu beziehen. Als Quelle für seine Abhandlung über Skorpio-

[11] Übersetzung zit. nach R. König (Hg.), C. Plinius Secundus d. Ä., Naturkunde. Buch 11, lat.-dt., München u. a. 1990.

ne verweist Plinius auf den Bericht Apollodors[12] aus Alexandria, eines Arztes und Naturforschers des 3. Jahrhunderts v. Chr., der neun Skorpionarten nach ihren Farben unterschieden haben soll (Plin. Nat. 11,87-88). Durch einen Skorpionstich zu Tode zu kommen, war an Ort und Zeit der Abfassung der Apokalypse wohl keine reale Gefahr, doch die Existenz tödlicher Skorpione war freilich bekannt.

III. Der Skorpion im Orionmythos

Der Mythos um den Tod des großen Jägers Orion ist in verschiedenen Varianten überliefert: Orion stirbt entweder durch einen Pfeil der Artemis oder durch den Stich eines Skorpions[13]. Das Tier wird in den entsprechenden Erzählungen, nachdem Orion prahlte, jedes Tier der Erde töten zu können, entweder von Gaia - der göttlichen Personifikation der Erde - oder von Artemis zur Strafe für seine Hybris geschickt[14]. Aitiologisch stimmen die verschiedenen Varianten im Katasterismos des Helden überein, der nach seinem Tod

---

[12] Dieser Apollodor ist nicht zu verwechseln mit dem mutmaßlichen Verfasser der mythographischen *Bibliotheke* bzw. dem gleichnamigen Athener aus dem 2. Jh. v. Chr., dem das aus späterer Zeit stammende Werk fälschlicherweise zugeschrieben wurde.

[13] Die Tötung des Orion durch einen Pfeil der Artemis bezeugen Hom. Od. ε 121-124; Apollod. Bib. 1,4,5; Hyg. Astr. 2,34. Zur Tötung durch den Stich eines Skorpions vgl. folgende Anm.

[14] Die Sendung des Skorpions durch Gaia bezeugen Hes. Fr. 148 MW; Ov. Fast. 5,537; Hyg. Astr. 2,26. Die Sendung durch Artemis bezeugen Arat. 636-646; Nik. Ther. 13-20.

das Sternbild des Orion bildet. Der Skorpion wird in den entsprechenden Varianten ebenfalls in den Sternenhimmel erhoben. Weil ihre Feindschaft dort weiter besteht, sind die beiden Sternbilder niemals gleichzeitig sichtbar. Gesetzt den Fall, dass die in Apk 9 erscheinenden Heuschrecken sowie der Name ihres Königs Apollyon Hinweise auf den Gott Apollon sind, liegt die Annahme nicht fern, dass auch die dreimalige Erwähnung von Skorpionen auf eine Gottheit des griechischen Pantheons hinweist[15]. Ausgehend vom Orionmythos kommen hierfür entweder Gaia oder Artemis in Frage. Eine Deutung auf Letztere scheint plausibel, weil diese in der Region besonders verehrt wurde. Zeugnis des ausgeprägten Artemiskultes an der kleinasiatischen Westküste war nicht zuletzt das Artemision in Ephesos, das als größter Tempelbau der Antike gilt. Mit ihrem Zwillingsbruder Apollon hat Artemis zudem gemein, dass ihr eine helfende wie strafende Doppelfunktion zukommt. Festzuhalten ist, dass in Apk 9 mit Heuschrecken und Skorpionen zwei Tierarten genannt werden, die in der griechischen Mythologie mit je einem der Zwillinge Apollon und Artemis in Bezug stehen.

---

[15] Paus. 1,24,8 berichtet, dass Apollon mit einer Bronzestatue auf der Akropolis in Athen als Heuschreckengott (Παρνόπιος) verehrt wurde; vgl. M. Karrer, Hellenistische und frühkaiserzeitliche Motive in der Johannesapokalypse, in: Th. Schmeller/M. Ebner/R. Hoppe (Hg.), Die Offenbarung des Johannes. Kommunikation im Konflikt, Freiburg i. B. u. a. 2013, 32-73, 63f.

IV. Skorpione in Nikanders Theriaka

Die *Theriaka* sind ein Lehrgedicht über giftige Tiere und die entsprechenden Heilmittel, das Nikander aus Kolophon, einem ionischem Dichter des 2. Jahrhundert v. Chr., zugeschrieben wird. Skorpione sind in diesem Werk nicht bloß eine unangenehme Erscheinung der Natur, sondern bösartige und kriegerische Geschöpfe[16]. Gleich zu Beginn des Werkes führt Nikander den Ursprung von Spinnen, Schlangen und anderen Kriechtieren auf das Blut der Titanen zurück (Ther. 8-20). Den Skorpion aber bezeichnet er mit Bezug auf den Orionmythos explizit als ein Geschöpf der Artemis, das hinterhältig unter einem Felsen lauert, um sein Opfer unerwartet anzugreifen (Ther. 18). Dieses Verhalten ist unnatürlich, denn normalerweise stechen Skorpione Menschen nur zur Verteidigung, wenn sie sich bedroht fühlen.

Die Heuschrecken der Apokalypse gleichen Pferden, die zum Krieg gerüstet sind (Apk 9,7), tragen Panzer wie eiserne Panzer und ihre Flügel erzeugen einen Klang wie von vielen Streitwagen, die in den Krieg stürmen (Apk 9,9). Mit Blick auf Joel 1,4-7, wo neben anderen Kleintieren auch Heuschrecken genannt werden, die als mächtiges Volk ohne Zahl heraufziehen und das Land verwüsten, können die Heuschrecken bei Johannes als Metapher für Krieg gedeutet werden[17].

---

[16] F. Overduin, Nicander of Colophon's Theriaca. A Literary Commentary, Leiden 2015, 94f. und 98f.

[17] Vgl. S. Alkier, Witness or Warrior? How the book of Revelation Can Help Christians Live Their Political Lives, in: ders./R. B. Hays (Hg.),

Die gleiche Metaphorik kann mit Blick auf die *Theriaka* für die Skorpione gelten. Ihre kriegerische Seite markiert Nikander durch eine häufige Wortwahl aus dem militärischen Bereich, die bisweilen auch sprachliche Anlehnungen an die *Ilias* enthält[18]. Einer Assoziation des Skorpions mit dem Kriegswesen wird nicht zuletzt darin Ausdruck verliehen, dass sein Name beim römischen Militär, welches in Ephesos freilich präsent war, eine Belagerungswaffe bezeichnete: Vitruv zufolge wurden Ballisten *scorpiones* genannt (Vitr. 10,10) und auch Plutarch gebraucht σκορπίοι in diesem Kontext (Plut. Marc. 15,5). Die bösartige und kriegerische Darstellung von Skorpionen in den *Theriaka* passt zu der Beschreibung der Mischwesen in Apk 9, die ausdrücklich zu dem Zweck[19] erscheinen, die Menschen zu quälen, und deren Anblick an eine Streitmacht erinnert.

In Ther. 769-804 beschreibt Nikander eine Reihe verschiedener Skorpionarten und nennt dabei stets ihre Farbe als primäres Unterscheidungsmerkmal. Auch Apollodor aus Alexandria, der ihm wahrscheinlich als Quellenautor diente, soll seine Abhandlung über Skorpionarten nach Farben sortiert haben. Als gefährlichste Art wird der honiggelbe Skorpion erwähnt, der typische Eigenschaften von Heuschrecken aufweist (Nik. Ther. 797-804):

Revelation and the Politics of Apocalyptic Interpretation, Waco (TX) 2012, 125-141, 139.

18 So z. B. Nik. Ther. 769: κέντρῳ κεκορυθμένον (*mit einem Stachel gerüstet*); vgl. OVERDUIN, Theriaca, 94f.

19 Der Zweck wird durch die betont finale Übersetzung der Konjunktion ἵνα verdeutlicht; vgl. Kapitel I.

τὸν δὲ μελίχλωρον· τοῦ μὲν προμελαίνεται ἄκρη
σφόνδυλος ἄσβεστον δὲ νέμει πολυκήριον ἄτην.
ἔχθιστος δ' ὅ γε ῥαιβὰ φέρει φλογὶ εἴκελα γυῖα
ἀνδράσι· νηπιάχοις δὲ παρασχεδὸν ἤγαγεν αἶσαν.
οἷς δὴ καὶ νώτοισι περὶ πτερὰ λευκὰ χέονται
μάστακι σιτοφάγῳ ἐναλίγκια τοί θ' ὑπὲρ ἄκρων
ἱπτάμενοι ἀθέρων λεπυρὸν στάχυν ἐκβόσκονται,
Πήδασα καὶ Κισσοῖο κατὰ πτύχας ἐμβατέουσιν.

Über den honiggelben [Skorpion]: Seine Schwanzspitze ist schwarz gefärbt,
sein Wirbel aber bewirkt eine unaufhaltbare, sehr tödliche Wunde.
Größter Feind ist er, der krumme, flammenähnliche Glieder trägt,
gegenüber Männern. Kindern aber führte er geradewegs den Tod herbei.
Und um ihre Rücken entfalten sich weiße Flügel,
der Getreide fressenden Heuschrecke ähnlich, und über die Spitzen
der Ähren fliegend fressen sie das in Hülsen enthaltene Korn heraus,
in Pedasos und entlang der Ebenen von Kissos gehen sie einher.

Dass μάσταξ (eig. Mund, Maul, Kiefer; von μασάομαι kauen) in 802 als Heuschrecke zu lesen ist, geht aus einem an dieser

Stelle überlieferten Scholion hervor[20]. Die ungewöhnliche Wortwahl, die sich bereits bei Sophokles findet (Fr. 716[21]), erklärt sich aus dem Kontext. Demgegenüber fressen die Heuschrecken in Apk 9,3 und 9,7 kein Getreide, sondern quälen Menschen. Ergo ist das Verhältnis der Mischwesen in beiden Texten gegensätzlich: In Apk treten Heuschrecken in Erscheinung, die mit ihren Stacheln wie Skorpione Menschen quälen; In den *Theriaka* werden Skorpione beschrieben, die mit ihren Flügeln wie Heuschrecken fliegen und Korn fressen.

Ferner wird dieser Skorpion an zwei Orten in Griechenland lokalisiert: in den Tälern des Kissos in Thessalien sowie bei Pedasos in der Landschaft Karien[22]. Letztere liegt an der Südwestküste Kleinasiens und grenzt im Norden an Ionien. Nikander zufolge ist also die tödlichste aller Skorpionarten

---

[20] Schol. Nik. Ther. 799-802: μάστακι σιτοφάγῳ, ἀντὶ τοῦ ἀκρίδι τῇ σιτοφάγῳ; vgl. G. Strecker/U. Schnelle/G. Seelig, Neuer Wettstein. Texte zum Neuen Testament aus Griechentum und Hellenismus, Bd. II: Texte zur Briefliteratur und zur Johannesapokalypse, Teilbd. 2, Berlin u. a. 1996, 1522.

[21] Soph. Fr. 716 (μάστακας) wird kurz erläutert bei Phot. Lex. μ 127: μάστακας· τὰς ἀκρίδας. Σοφοκλῆς. Ausführlicher dazu Eustath. Od. 1496,53: ἐν δὲ ῥητορικῷ λεξικῷ εὕρηνται καὶ μάστακες· αἱ ἀκρίδες. καὶ λέγεται κεῖσθαι τοῦτο παρὰ Σοφοκλεῖ ἐν Φινεῖ. Diese Zuschreibung ist jedoch nicht eindeutig, da sich unter den verlorenen Werken des Sophokles zwei Stücke mit dem Titel *Phineus* befinden.

[22] Overduin, Theriaca, 481 merkt an, dass der Bezug von Pedasos unklar ist, da der Name entweder eine Stadt, einen Berg oder – als Variante des Namens Pidasa (Πίδασα) – eine befestigte Siedlung bezeichnen kann. Gleichwohl liegt Pedasos in jedem dieser Fälle in der Landschaft Karien.

nur unweit von der eigenen Heimat des Dichters anzutreffen und folglich auch in der Nähe der sieben Gemeinden, an welche die Sendschreiben in der Apokalypse gerichtet sind. Allerdings bewegt sich Nikander an dieser Stelle im Bereich der Fiktion, denn derartige Skorpione existieren nicht, wenngleich sie durch die eingehende Beschreibung real erscheinen mögen[23]. Die Vorstellung von geflügelten Skorpionen war offenbar nicht nur in Ionien verbreitet. Strabon erzählt von derartigen Tieren in Indien und Libyen (Strab. 15,1,37; 17,3,11), Plinius von solchen in Afrika, die er im Gegensatz zu den tödlichen Landskorpionen als harmlos bezeichnet (Plin. Nat. 11,89), und auch Aelian behauptet, Gerüchte über geflügelte Skorpione gehört haben (Ael. Nat. 6,20)[24]. Der Grund für derartige Vorstellungen ist möglicherweise die Sichtung von Skorpionsfliegen, die äußerliche Ähnlichkeiten mit Skorpionen aufweisen[25]. Diese fressen jedoch kein Getreide und verfügen weder über einen Stachel noch über Gift. Wenn diese Vermutung zutrifft, hat Plinius sie zu Recht für ungefährlich erachtet.

Überdies findet sich in der Beschreibung dieser Skorpionart eine Parallele zu einer anderen Textstelle der Johan-

---

23 OVERDUIN, Theriaca, 103.

24 Die Schrift *De natura animalium* des Claudius Aelianus sei hier wegen der Gleichheit des Motivs erwähnt. Für eine produktionsorientierte Perspektive von Intertextualität kommt sie nicht in Frage, da der Verfasser im letzten Drittel des 2. Jahrhunderts n. Chr. geboren wurde. Von derartigen Gerüchten über geflügelte Skorpione kann Johannes freilich gehört haben.

25 OVERDUIN, Theriaca, 103.

nesapokalypse. Denn die verschiedenen Farben gleichen in auffälliger Weise den Farben der Pferde, auf denen die Reiter sitzen, die in Apk 6,1-8 im Zuge der ersten vier Siegel gerufen werden:

Nik. Ther.	Apk
797 τὸν δὲ μελίχλωρον	6,8 ἵππος χλωρός
797 προμελαίνεται ἄκρη	6,5 ἵππος μέλας
799 φλογὶ εἴκελα γυῖα	6,4 ἵππος πυρρός
801 πτερὰ λευκὰ	6,2 ἵππος λευκός

χλωρός bezeichnet eine fahle gelblich-grüne Farbe und ist auch in Apk 6,8 als solche aufzufassen, während es in Ther. 797 in Verbindung mit μελι- nur als honiggelb einen Sinn ergibt. Die Farben Schwarz (μέλας) und Weiß (λευκός) finden in beiden Texten gleichsam Erwähnung und das feuerfarbene Pferd entspricht in diesem Vergleich den Gliedern des Skorpions, die als flammenähnlich bezeichnet werden, ohne dass ihre Farbe explizit genannt wird. Folglich finden sich bei der Beschreibung der Reiter in Apk 6 die gleichen Farben, mit denen zuvor Nikander die gefährlichste aller Skorpionarten beschrieben hat, in gegensätzlicher Reihenfolge wieder. In beiden Fällen dienen sie der Veranschaulichung schrecklicher Gestalten, die den Menschen Unheil und den Tod bringen.

V. Fazit

Der Apokalyptiker Johannes gebraucht verschiedene Bilder zur Veranschaulichung der Heuschrecken, die beim Klang der fünften Posaune aus dem Abgrund hervortreten. Die dreimalige Erwähnung von Skorpionen ist in diesem Zusammenhang in mehrfacher Hinsicht hervorzuheben. Nicht nur im Alten und Neuen Testament (Dtn 8,15; Lk 10,19; 11,12), sondern auch in der griechischen Literatur außerhalb der jüdisch-christlichen Tradition sind diese bedrohlichen Tiere überwiegend negativ konnotiert. In Griechenland hatten hochgiftige Skorpione, von denen eine tödliche Gefahr für Menschen ausgeht, wohl keinen Lebensraum. Wenn Nikander die tödlichste Skorpionart in Karien lokalisiert, bewegt er sich deutlich im Bereich der Fiktion. Gelegentliche Darstellungen von Skorpionen als todbringenden Untieren wie im Orionmythos zeigen aber, dass diese Gefahr durchaus bekannt war. Da der Skorpion im genannten Mythos von Artemis herbeigerufen und in den *Theriaka* sogar ausdrücklich als Geschöpf der Artemis bezeichnet wird, ist eine Deutung der apokalyptischen Skorpione als Hinweis auf die griechische Göttin der Jagd intertextuell nachvollziehbar. Diese wird zudem extratextuell durch materielle Aspekte wie die Ruinen des Artemision gestützt, die Ephesos als ein Zentrum des Artemiskultes in der Antike kennzeichnen. Unter den intertextuellen Bezügen zu den *Theriaka* ist ferner das Motiv des Mischwesens auffallend: Erwähnt Johannes in seiner Vision Heuschrecken, die in verschiedener Hinsicht Skorpionen ähnlich sind, so entspricht dies einem Motiv, das in umgekehrter Weise bereits bei Nikander zu finden ist – nämlich in der Beschreibung einer Skorpionart mit typischen Eigenschaften von Heuschrecken. Weitere Parallelen zwischen apokalyptischen und nikandrischen Skorpionen liegen in ihrer puren Bösartigkeit und in der Beschreibung mit kriegerischen Attributen.

Insgesamt lässt sich aus den intertextuellen Bezügen festhalten, dass die Erwähnung der Skorpione in Apk 9 als Bild des Schreckens dient, das semiotisch auf vielfache Weise gedeutet werden kann. Die Mehrdeutigkeit der Zeichen, die hier am Beispiel des Skorpions dargelegt wurde, ist auf die gesamte Fülle sprachlicher Bilder in der Johannesapokalypse übertragbar. Durch intertextuelle Forschung kann und sollte die Spanne der Deutungsmöglichkeiten eingehender ergründet werden.

Tobias R. B. Gottschalk

Pferde- und Reitermotive als Kentauren und Partherheere in der 5. und 6. Posaune

Pferde und ihre Reiter stürmen in der Apk an mehreren Stellen als bedrohliche und meist sogar dämonische Macht auf die Welt ein. Dies wirft die Frage auf, was gerade Pferde, die anders als Heuschrecken oder Skorpione den Menschen nützliche Gefährten waren, als Verkörperung feindlicher Mächte qualifiziert.

Die erste Erwähnung von Pferden in der 5. Posaune erscheint in der Beschreibung der Heuschrecken (Apk 9,7):

> Καὶ τὰ ὁμοιώματα τῶν ἀκρίδων ὅμοια ἵπποις ἡτοιμασμένοις εἰς πόλεμον
>
> *Und die Ähnlichkeit der Heuschrecken ist zum Krieg gerüsteten Pferden ähnlich.*[1]

Eine parallele Beschreibung folgt in Apk 9,9:

> ὡς φωνὴ ἁρμάτων ἵππων πολλῶν τρεχόντων εἰς πόλεμον

---

[1] Hier und im Folgenden handelt es sich um eigene Übersetzungen.

> *wie ein Ton von Streitwagen von vielen Pferden, die schnell in den Krieg laufen.*

In der 6. Posaune hingegen nennt Johannes vier Engel aus der Gegend des Euphrat, die mit einem Gefolge von Reitern gegen ein Drittel der Menschen ziehen. In Apk 9,16-17 werden die Pferde folgendermaßen charakterisiert:

> καὶ ὁ ἀριθμὸς τῶν στρατευμάτων τοῦ ἱππικοῦ δισμυριάδες μυριάδων, ἤκουσα τὸν ἀριθμὸν αὐτῶν. Καὶ οὕτως εἶδον τοὺς ἵππους ἐν τῇ ὁράσει καὶ τοὺς καθημένους ἐπ' αὐτῶν

> *Und die Zahl der Heere der Pferdeartigen betrug 20 000 mal 10 000; ich hörte diese Zahl von ihnen. Und so sah ich die Pferde in der Vision und die auf ihnen Sitzenden.*

Die Pferde und die als καθήμενοι bezeichneten Reiter treten in dieser Beschreibung als Einheit auf und werden im folgenden Text als dämonische Wesen beschrieben, wobei die Verschmelzung von Pferd und Reiter für sich genommen schon die Assoziation mit einem Kentauren impliziert.

Intratextuell ergibt sich eine Parallele zum Reitermotiv mit den vier Reitern aus Apk 6,1-8, jedoch handelt es sich hierbei um die Beschreibung von vier einzelnen Gestalten, was dem Motiv einer großen, undifferenzierten Masse, wie sie uns im Kapitel 9 begegnet, entgegensteht. Allerdings erwähnt Beale auch in Bezug auf diese Gestalten eine mögliche Assoziation mit Parthern in Kleinasien, wobei er diese vier Reiter primär als Verkörperungen negativer Mächte charakterisiert[2].

Überdies erscheinen Reiter auch in Kapitel 19 einerseits auf weißen Pferden, die jedoch den himmlischen Mächten zugeschrieben werden und somit andere Funktionen erfüllen, andererseits als eine Masse unterworfener Reiter, die mit den Reitern aus Kapitel 9 identifiziert werden können. Bousset, der die Reiter aus der 6. Posaune mit Parthern identifiziert, meint jedoch, dass diese Gegner nicht mehr Partherkönige, sondern übergeschichtliche Gestalten sind[3].

Im Folgenden möchte ich nun den Ansatz der produktionsorientierten Intertextualität verfolgen und untersuchen, inwiefern Johannes die Motive der Kentauren und der Parther in seinen Text eingearbeitet hat.

Hierzu habe ich mich auf die griechischsprachige Literatur fokussiert, da diese im kleinasiatischen Raum deutlich weiter verbreitet war als die Lateinische, und möchte mich auf Texte konzentrieren, die mit größtmöglicher Wahrscheinlichkeit einem gebildeten Schriftsteller dieses Raums bekannt gewesen sein dürften.

---

2 Vgl. G. K. Beale, The Book of Revelation. A Commentary on the Greek Text, Grand Rapids (MI) 1999, 375.

3 Vgl. W. Bousset, Die Offenbarung Johannis, Göttingen 1966 [⁶1906], 433.

Das Motiv der Kentauren

Während in der bisherigen Forschung die Assoziation der Heuschrecken mit Pferden meist als ein Verweis auf Joel interpretiert worden ist, setzt Park die Beschreibung der Pferde als dämonische Wesen in Bezug zu Pind. Pyth. IV, 224-228 und Apoll. Rhod. III, 409-416, wobei sich diese Stellen entgegen der vorgebrachten Interpretation nicht auf Pferde, sondern auf Stiere beziehen[4]. Allerdings sieht Park in den beschriebenen Mischwesen eine Nähe zu Kentauren[5]. Diese beschreibt Sophokles in den Trachinierinnen wie folgt, Soph. Trach. 1095f.:

> διφυῆ τ' ἄμεικτον ἱπποβάμονα στρατὸν
> θηρῶν, ὑβριστὴν ἄνομον, ὑπέροχον βίᾳ

> *Das zwiegestaltige ungastliche Kentaurenheer*
> *an wilden Tieren, Frevler, gottlos, überragend an Wildheit.*

Die Beschreibung als ἄνομος charakterisiert sie als »gesetzlos« oder »die Gesetze nicht befolgend«.[6] Dies ist als mangelnde Scheu vor göttlichen Instanzen oder Feindlichkeit diesen Gegenüber zu werten, was die Übersetzung »gottlos« umfasst. Die mit ἱπποβάμονα beschriebenen Gestalten sind

---

[4] Vgl. D.-W. PARK, Tiere und Farben in der Offenbarung. Eine Untersuchung zur Herkunft, Funktion und theologischen Bedeutung der Tier- und Farbmotive in der Apokalypse des Johannes, Bielefeld/Seoul 1997, 174.

[5] Vgl. PARK, Tiere und Farben, 173.

[6] TGL, s. v. ἄνομος, Bd. I.II, 837.

als Kentauren zu verstehen, die in einer Liste der Taten des Herakles als zerstörerische und kulturfeindliche Macht charakterisiert sind[7].

Es ergibt sich eine Parallele zu den ebenfalls als wild und kulturfeindlich zu interpretierenden Mischwesen aus der 6. Posaune. So wie auch ἱπποβάμων, das die Grundbedeutung »going on horseback; equestrian« aufweist[8] und in Kombination mit στρατός mit Verweis auf die vorliegende Stelle Kentaur meint, ist auch die Beschreibung von Ross und Reiter als dämonischem Mischwesen in der Apk ein ebenso impliziter Verweis auf die besagte mythologische Gestalt. Auch im Gesamtkontext der Trachinierinnen erhalten Kentauren eine negative Funktion, indem ihrem Blut eine Wirkung als »tödliches Gift« zugeschrieben wird[9]. Diese Darstellung kann somit als wahrscheinliches literarisches Vorbild gedeutet werden, da die Assoziation mit Kentauren die Aussageabsicht des Texts unterstützt und verstärkt.

Auch bei Homer erscheinen Kentauren in der Rolle einer kulturfeindlichen Macht, obwohl an diesen Stellen eher einzelne Kentauren genannt werden, die pars pro toto für eine Funktion als Unheilsstifter stehen wie es beispielsweise in Hom. Od. XXI, 295 der Fall ist. Die Anspielungen verweisen auf den Kampf zwischen Kentauren und Lapithen und

---

7 Vgl. P. E. EASTERLING, Sophocles Trachiniae, Cambridge 1982, 210.

8 LSJ, s. v. ἱπποβάμων, 834.

9 Dies gilt nur für Nessos und nicht für Kentauren im Allgemeinen. Das Blut des Nessos ist vergiftet, weil Herakles ihn mit einem Pfeil getroffen hat, den er mit dem giftigen Blut der Hydra präpariert hatte; vgl. A. FREY, s. v. *Nessos*, in: DNP 8 (2000), 861; vgl. auch TH. PAULSEN, Geschichte der griechischen Literatur, Stuttgart 2004, 119.

kommen auch in der Ilias vor[10]. Im zugrundeliegenden Mythos erscheinen auch an diesen Stellen eine undifferenzierte Masse und ein gegnerisches Heer.

Solche literarischen Darstellungen von Kentauren mit einem Verweis auf die ihnen zugeschriebene Natur sind sowohl Ausdruck als auch Prägung der Vorstellung von diesen mythologischen Wesen in der Antike, was Johannes als Mittel zu ihrer Charakterisierung in der Apk gedient haben kann. Die Vorstellung von Ross und Reiter als verschmolzener Einheit beschreibt bereits Lichtenberger[11]. Giesen meint: »Die Pferde und die Reiter bilden eine untrennbare Einheit.«[12]

Das Motiv der Partherheere

Um die Rolle dieses Motivs im Lebensumfeld Kleinasiens zur Abfassungszeit der Apk zu kontextualisieren, bedarf es zunächst der Erwähnung enzyklopädischen Wissens.

Um 250 v. Chr. fielen die Parther unter Arsakes I. in das Reich der Seleukiden ein und schafften es, ihre Herrschaft zu sichern[13]. Im 2. Jh. v. Chr. konnten sie unter Mithridates II. ihre Herrschaft bis an die Grenzen des römischen Einfluss-

---

[10] I. J. F. de Jong, A Narratological Commentary on the Odyssey, Cambridge 2001, 517.

[11] Vgl. H. Lichtenberger, Die Apokalypse, Stuttgart 2014, 161.

[12] H. Giesen, Die Offenbarung des Johannes, Regensburg 1997, 225.

[13] Vgl. E. Winter/B. Dignas, Rom und das Perserreich. Zwei Weltmächte zwischen Konfrontation und Koexistenz, Berlin 2001, 25.

gebiets ausdehnen[14]. Wiesehöfer weist darauf hin, dass es sich dabei nicht um einen kontinuierlichen Prozess der Reichsbildung, sondern um schwierige Unternehmungen mit einigen Rückschlägen handelte[15]. Nachdem Rom und das Partherreich durch die Einrichtung der Provinz Syria 64 v. Chr. direkte Nachbarn geworden waren, bemühten sich die Parther um Ausgleich, während Rom auf seine Überlegenheit bestand[16]. Daher folgten weitere kriegerische Auseinandersetzungen, woraufhin Rom die Parther nach der Niederlage von Karrhai 53 v. Chr. als gleichwertige militärische Macht anerkennen musste[17]. Erst Trajan versuchte 114-117 n. Chr. erneut, das Partherreich zu erobern, scheiterte jedoch[18]. Die Parther können folglich für die Bewohner des Entstehungsraums der Apk als ständige Bedrohung betrachtet werden.

Eine Einflussnahme dieser Ereignisse auf die Apk wurde bereits von mehreren Kommentatoren angenommen. So erwägt Giesen eine Gleichsetzung von Gog und Magog mit Parthern und Medern und charakterisiert wie auch Karrer den Euphrat in der Tradition des AT »als ideale Grenze zwischen dem Land der Verheißung und dem Osten«[19]. Bousset

---

14 Vgl. WINTER/DIGNAS, Rom und das Perserreich, 26.

15 Vgl. J. WIESEHÖFER, Das frühe Persien. Geschichte eines antiken Weltreichs, München ^{5}2015, 96.

16 Vgl. WINTER/DIGNAS, Rom und das Perserreich, 26.

17 Vgl. WINTER/DIGNAS, Rom und das Perserreich, 28f.

18 Vgl. WINTER/DIGNAS, Rom und das Perserreich, 31.

19 GIESEN, Offenbarung, 224; Vgl. auch M. KARRER, Hellenistische und frühkaiserzeitliche Motive in der Johannesapokalypse, in: TH.

setzt sie in Bezug zu den vier Engeln: »In den Zeiten, in denen man fortwährend in der Erwartung des Heranbrausens der verderblichen Partherheere im Osten lebte, lag es nahe, jene vier verderblichen Engel, die einst über die Erde dahinfahren sollten, als Führer der Parther zu denken.«[20] Für Lichtenberger ist die unermesslich große Zahl der Truppen ein Hinweis auf die Parther[21]. Bousset erwägt, dass die Schlangengestalt der Pferdeschwänze auf die parthische Sitte, »die Schwanzhaare der Rosse gegen das Ende zusammenzubinden«, verweisen konnte[22].

Eine Beschreibung von Feldzügen gegen die Parther findet sich bei Polybios, der im 2. Jh. v. Chr. seine Historien, eine Universalgeschichte Roms in griechischer Sprache, verfasste[23]. Hieraus möchte ich folgende Stellen anführen:

> Plb. 10,28,6:
> ὁ δὲ βασιλεύς, ἐξαγγελθέντος αὐτῷ, πάλιν ἐξαπέστειλε τοὺς περὶ Νικομήδην μετὰ χιλίων ἱππέων, οἳ καὶ καταλαβόντες τὸν Ἀρσάκην μετὰ τῆς δυνάμεως ὑποκεχωρηκότα, τινὰς δὲ τῶν ἱππέων φθείροντας τὰ στόματα τῶν ὑπονόμων.
>
> *Der König aber, als er dies erfahren hatte, sandte wieder Nikomedes mit tausend Reitern aus, die vorfanden, dass Arsakes be-*

SCHMELLER/M. EBNER/R. HOPPE (Hg.), Die Offenbarung des Johannes. Kommunikation im Konflikt, Freiburg i. B. u. a. 2013, 32-73, 53f.

20 BOUSSET, Offenbarung, 304.

21 Vgl. LICHTENBERGER, Apokalypse, 160.

22 BOUSSET, Offenbarung, 305.

23 Vgl. PAULSEN, Literatur, 337-338.

reits mit seinen Truppen geflohen war, aber einige feindliche Reiter fanden, die die Kanalöffnungen zerstörten.

Plb. 10,31,11:
οὗ συμβάντος διατραπέντες οἱ βάρβαροι τοῖς ὅλοις, καὶ τοὺς μὲν Ἕλληνας κατασφάξαντες τοὺς ἐν τῇ πόλει, τὰ δ᾽ ἐπιφανέστατα τῶν σκευῶν διαρπάσαντες, νυκτὸς ἀπεχώρησαν.

Als dies geschehen war, waren die Barbaren komplett demoralisiert und schlachteten die in der Stadt lebenden Griechen ab, plünderten das Wertvollste ihrer beweglichen Habe und entfernten sich in der Nacht.

In 10,28,6 erscheinen Reiter als Zerstörer von Kulturgut, während in 10,31,11 Barbaren, die ebenfalls als Reiter charakterisiert werden, als Mörder und Diebe in Erscheinung treten. Vor dem Hintergrund der zeitgeschichtlichen Ereignisse scheint es höchst plausibel, dass in der Apk mit der Beschreibung feindlicher Reiterheere eine solch beängstigende Assoziation erweckt wird, obwohl hier kein direktes Zitat, sondern lediglich die Übernahme des Motivs vorliegt.

Josephus beschreibt an dieser Stelle in Buch 14 der Antiquitates Judaicae den parthischen Einfall in Syrien und Judaea

40-37 v. Chr.[24]. Er nennt sie als Angreifer auf Judaea an folgenden Stellen:

J. AJ. 14,332:
ἀλλ᾽ οἱ μὲν Πάρθοι διὰ τοῦτ᾽ ἐπὶ τὴν Ἰουδαίαν ἐστράτευσαν

vielmehr unternahmen die Parther daraufhin einen Kriegszug gegen Judaea.

J. AJ. 14.333:
ἴλην μέντοι Πάκορος ἱππέων εἰς τὴν Ἰουδαίαν ἐξέπεμψεν

Eine Schar von Reitern jedoch sandte Pakoros gegen Judaea aus.

Die Existenz eines literarischen Beleges für die Feindlichkeit gegen das Umfeld Jerusalems kann als Hinweis darauf erachtet werden, dass die Apk auf diese Vorstellung verweist, um auch auf dieser Ebene die Gegenüberstellung göttlicher und satanischer Mächte zu verdeutlichen.

Einen intermedialen Bezug stellt das Parthermonument von Ephesos dar. Dieses könnte jedoch lediglich auf rezeptionsorientierte Intermedialität hin analysiert werden, da es

[24] Vgl. U. Hackl/B. Jacobs/D. Weber (Hg.), Quellen zur Geschichte des Partherreiches. Textsammlung mit Übersetzungen und Kommentaren. Bd. 2, Göttingen 2010, 209.

in Gedenken an den Krieg Trajans gegen die Parther frühestens um 140 n. Chr. errichtet worden ist[25].

Fazit

Es hat sich gezeigt, dass das Motiv von kulturfeindlichen und rohen, zu einem Wesen verschmolzenen Einheiten in der Apk mit hoher Wahrscheinlichkeit einerseits aus der mythologischen Gestalt der Kentauren, andererseits aus der zeitgenössisch realen Bedrohung durch die Parther hervorgegangen ist. Beide Motive und ihre jeweilige Darstellung in weit verbreiteten Werken der griechischen Literatur haben sich somit als sinnvolle Bezüge für produktionsorientierte Intertextualität mit der Apk erwiesen. Sowohl die abschreckende Darstellung der Heuschrecken in der 5. Posaune als auch die der Pferde und Reiter in der 6. Posaune wird dadurch anschaulicher und zusätzlich verstärkt.

---

[25] Vgl. W. Oberleitner, Das Partherdenkmal von Ephesos. Ein Siegesmonument für Lucius Verus und Marcus Aurelius, Wien 2009, 427; Vgl. dazu SEG 59-1304.

Yannik Schnitzspahn

Der Adler zwischen den Posaunen

1. Der Adler zwischen den Posaunen (Apk 8,13)

Nach den ersten vier Posaunen, die Tod und Zerstörung über Erde, Meer und Himmel mit sich brachten, sieht Johannes einen Adler in der Mitte des Himmels fliegen, der drei weitere Wehe verkündet:

> Καὶ εἶδον, καὶ ἤκουσα ἑνὸς ἀετοῦ πετομένου ἐν μεσουρανήματι λέγοντος φωνῇ μεγάλῃ· οὐαὶ οὐαὶ οὐαὶ τοὺς κατοικοῦντας ἐπὶ τῆς γῆς ἐκ τῶν λοιπῶν φωνῶν τῆς σάλπιγγος τῶν τριῶν ἀγγέλων τῶν μελλόντων σαλπίζειν. (Apk. 8,13)

> »Und ich sah, und ich hörte, wie ein Adler mitten durch den Himmel flog und sagte mit großer Stimme: Weh, weh, weh denen, die auf Erden wohnen wegen der anderen Posaunen der drei Engel, die noch blasen sollen!«[1]

[1] Die Übersetzung folgt der Lutherbibel 1984.

1.1 Was sieht Johannes?

Handelt es sich bei dem Gesichteten um ein mit gewaltiger Stimme sprechendes Tier oder ist der Adler nur symbolisch zu verstehen? Eine These geht davon aus, der Adler sei ein Symbol für das Imperium Romanum, während andere argumentieren, dass Johannes ganz klar ein Sternbild gesehen habe, und wieder andere sprechen sich dafür aus, dass Johannes einen Geier sah[2].

In dem Adler ein Symbol für das Römische Reich zu sehen, scheint jedoch weit hergeholt, da selbst Vertreter einer auf Rom bezogenen Deutung der Johannesapokalypse sich dagegen aussprechen, den Adler mit Rom in Verbindung zu bringen[3].

Doch was hat Johannes nun gesehen? »Ich sah, und ich hörte, wie **ein** Adler mitten durch den Himmel flog.« In der deutschen Übersetzung fällt zunächst nicht auf, dass es sich bei dem »einen« (ἑνός) Adler nicht um irgendeinen Adler mit unbestimmtem Artikel handelt, sondern um »ein« (Zahlwort) einzelnes Exemplar. Das »einen« soll also die Bedeutung des Adlers hervorheben und betonen, dass er allei-

---

[2] Vgl. für das Sternbild z.B. B. J. MALINA, Die Offenbarung des Johannes. Sternvisionen und Himmelsreisen, Stuttgart u. a. 2002, 115 und für den Geier vgl. B. WITHERINGTON III, Revelation, Cambridge 2003, 149; G. B. CAIRD, A Commentary on the Revelation of Saint John the Divine, New York 1966, 117; J. ROLOFF, Die Offenbarung des Johannes, Zürich [3]2001, 100f; oder H. KRAFT, Die Offenbarung des Johannes, Tübingen 1974, 138 (auch wenn letzterer ihn nur als von Aas angezogenem Raubvogel bezeichnet, und auf Mt 24,28f verweist, ohne direkt den Begriff »Geier« zu nennen).

[3] Vgl. H. LICHTENBERGER, Die Apokalypse, Stuttgart 2014, 156.

ne in der Mitte des Himmels zu sehen ist[4]. Allein dies legt schon nahe, dass außer dem einen Adler nichts sonst am Himmel zu sehen ist, was eine astralmythologische Interpretation aufgrund der umliegenden Sternbilder unwahrscheinlich macht[5].

Johannes sieht ihn »**mitten** im Himmel« (ἐν μεσουρανήματι) fliegen, was auch der Ort ist, an dem die Sonne sich im Zenit befindet[6]. Die genaue Tageszeit, an der er den Vogel sichtet, ist nicht genannt, doch ist die Vorstellung, die schwarzen Konturen der mächtigen Flügel gegen bzw. direkt vor der Sonne zu betrachten, durchaus einprägsam. Sieht Johannes also nur einen Vogelumriss vor der Sonne fliegen? Zugegebenermaßen sieht ein vom Boden betrachteter großer Vogel, ob Geier oder ob Adler, für den Beobachter, heute wie damals, wahrscheinlich zum Verwechseln ähnlich aus. Im Text jedoch steht Adler (ἀετός) und nicht Geier (γύψ). Meinte der Text also einen Geier, stünde dort dann nicht auch Geier (γύψ)? Das Neue Testament ist da leider nicht so differenziert. Daher übersetzen die meisten deutschsprachigen Bibeln den ἀετός aus Lk 17,37 (vgl. Mt 24,28) mit Geier, weil hier von einem Aasfresser die Rede

4 Mein Dank gilt an dieser Stelle SIMON DITTMANN, der mich zuerst auf diese sprachliche Feinheit aufmerksam machte.

5 Natürlich könnte man argumentieren, dass das Sternbild des Adlers nun (allein) im Zentrum des Himmels liegt, so wie das Böcklein (Sternbild: Steinbock) im fünften Kapitel (Apk 5,6) der Mittelpunkt der himmlischen Ordnung ist (vgl. MALINA, Sternvisionen, 103, Abb. 7).

6 Vgl. W. BOUSSET, Die Offenbarung Johannis, Göttingen 1966 [[6]1906], 297; vgl. auch LSJ, μεσουρᾰνέω, 1108.

ist. Ebenso bezeugt bereits die Septuaginta das hebräische Wort נֶשֶׁר mit ἀετός (Adler), obwohl wahrscheinlich ein γύψ (Geier) gemeint war[7]. Auch wenn ich der Vorstellung eines gehässigen Aasgeiers, der über Tod und Zerstörung kreist, während er krächzend mit lauter Stimme weiteres Unheil ankündigt, einen gewissen Reiz nicht absprechen kann, überzeugt mich diese Argumentation nicht, da ich mit Blick auf die Konzeption der gesamten Apokalypse in dem Adler eben keinen unreinen Aasfresser, sondern einen Diener Gottes sehe. Letztlich macht es jedoch keinen Unterschied, ob Johannes einen Adler oder Geier sieht, da es in jedem Fall ein imposanter Herrscher der Lüfte ist, der spricht und daher die gleiche Funktion erfüllt.

1.2 Was hört Johannes?

»Ich sah, und ich **hörte**, wie ein Adler mitten durch den Himmel flog und **sagte mit großer Stimme** [...]«. Gehen wir dem Text entsprechend davon aus, dass er den Adler tatsächlich sah, so ist es unrealistisch, dass er das Flügelschlagen respektive das Fliegen hoch (mitten) im Himmel hören konnte[8]. Was der Seher gehört hat, ist die große Stimme (φωνῇ μεγάλῃ). Der Adler erfüllt mit seinen dramatischen

---

7 Vgl. Riede, s. v. *Adler*, in: WiBiLex (zuletzt besucht am 04.09.2017), der betont, dass mit נֶשֶׁר wahrscheinlich meistens ein großer und majestätischer Vogel wie der Gänsegeier (*Gyps fulvus*) und kein Adler gemeint war, selbst wenn er positiv konnotiert wie in Ex 19,4 dargestellt wird.

8 Vgl. D. E. Aune, Revelation 6-16, Dallas (TX) 1998, 523.

»Wehe« die Rolle eines Kommentators des Geschehens, der für eine kurze, szenische Unterbrechung der Posaunenvision sorgt. Er weist darauf hin, dass das Kommende noch harscher wird als die Ereignisse der bisherigen Posaunen, und kann durch diese Warnung ein Gefühl der Reue und Umkehr auslösen, was seine klagenden Weherufe hoffnungsvoll im Kontext von Tod und Zerstörung wirken lassen[9]. Doch viel mehr hat er die Funktion eines Boten (ἄγγελος) inne, der das weitere Wirken Gottes bzw. seiner posaunenblasenden Engel ankündigt[10]. Dieses »Diener-und-Bote-Gottes-Sein« des Adlers hat einige Handschriften dazu veranlasst, den Adler in einen Engel (ἀγγέλου statt ἀετοῦ) zu redigieren, zumal sich deutliche Parallelen zwischen dem Adler aus Apk 8,13 und dem Engel aus Apk 14,6 erkennen lassen[11]. Allerdings bezeugt dies nur die Andreas-Gruppe und darüber hinaus ist der Adler die schwierigere Lesart (*lectio difficilior*) und somit qualitativ und quantitativ vorzuziehen.

---

9 Vgl. J. L. MANGINA, Revelation, Grand Rapids (MI) 2010, 121 und G. K. BEALE, The Book of Revelation. A Commentary on the Greek Text, Grand Rapids (MI) 1999, 489.

10 Eine weitere Assoziation, die sich zu der Funktion des sprechenden Adlers anbietet, ist die eines Orakels und der römisch-antiken Vorstellung der Vogelschau, bei der die Zukunft durch das Beobachten von Vögeln diviniert wird. Hier ist der Adler zugleich der Augur als auch das Zeichen (der Vogel). Vgl. M. HAASE, s. v. *Vogelschau*, in: DNP 12/2 (2002), 291f.

11 Auffällig sind die szenischen Parallelen zu Apk 14,6-7. Hier fliegt ein Engel mitten durch den Himmel (ἐν μεσουρανήματι) und verkündet ebenfalls mit großer Stimme (φωνῇ μεγάλῃ).

2. Der Adler im Kontext der Apokalypse (Intratextualität)

Insgesamt wird Adler (ἀετός) drei Mal in der Apokalypse des Johannes genannt, doch gibt es noch weitere Textstellen, deren Szenerie an den in der Mitte des Himmels fliegenden Adler erinnern.

2.1 Die anderen beiden Adler

Zunächst stellt sich die Frage, inwieweit die drei Nennungen des Adlers miteinander verknüpft sind bzw. sich auf das gleiche Wesen beziehen. Handelt es sich bei allen drei womöglich um denselben »Vogel«?

2.1.1 Apk 4,7 (ἀετός)

Eines der vier Wesen aus Apk 4,7 hat die Gestalt eines fliegenden Adlers, jedoch nicht eines normal-geformten Adlers. Dies zeigt Vers 4,8, indem gesagt wird, dass ein jedes der vier Wesen sechs mit Augen besetzte Flügel hat. Ob es sich bei dem Wesen um den Adler aus Apk 8,13 handelt, ist umstritten. Dafür spricht z.B., dass das Wesen als Teil der himmlischen Gerichtsszene aus Apk 4,5 durchaus qualifiziert ist, in Apk 8,13 als Unheilsverkünder respektive »Strafgerichtsankündiger« aufzutreten[12]. Dagegen spricht, dass die sechs Flügel aus Apk 4,7 ein starkes Wiedererkennungsmerkmal darstellen und von Johannes bei seinem Blick in den Him-

[12] Vgl. BEALE, Book of Revelation, 490.

mel sicher bemerkt worden und beim Verschriftlichen seiner Vision wahrscheinlich für erwähnenswert erachtet worden wären, zumal es sich bei der Gestalt aus 4,7 um ein Wesen handelt, dessen Anblick einem fliegenden Adler gleicht (das heißt, es muss kein Adler sein – ihm nur ähnlicher sehen als einem anderen Tier). Eine Identifizierung der beiden Adler miteinander wäre also erzwungen und würde die Möglichkeit einer symbolischen Verwendung des Adlerbegriffs in Apk 4,7 missachten[13]. Eine Identifizierung des Wesens aus Apk 4,7 mit den Adlerflügeln aus Apk 12,14 ist m.E. eher zu rechtfertigen, da sowohl die Gestalt in Apk 4,7 als auch die Flügel des großen Adlers aus Apk 12,14 abstrakter sind als der konkret gesehene Adler in Apk 8,13. Beide Adler (aus Apk 4,7 und 12,14) sind gewissermaßen metamorphe Fantasie- bzw. Mischwesen, die wir so nicht in der Natur finden (eine Frau mit Vogelflügeln bzw. ein sechsflügeliges Adlerwesen).

2.1.2 Apk 12,14 (ἀετός)

> καὶ ἐδόθησαν τῇ γυναικὶ αἱ δύο πτέρυγες τοῦ ἀετοῦ τοῦ μεγάλου, ἵνα πέτηται εἰς τὴν ἔρημον εἰς τὸν τόπον αὐτῆς, [...]. (Apk 12,14)

[13] Vgl. CAIRDs Ansicht, die besagt, dass der Adler aus Apk 8,13 definitiv nicht die Adlergestalt aus 4,7 sein kann, so wie der »sinister rider of vi. 2« nicht mit der »heavenly figure of xix. 11« identifiziert werden darf; CAIRD, Revelation, 117.

»Und es wurden der Frau gegeben die zwei Flügel des großen Adlers, dass sie in die Wüste flöge an ihren Ort, [...].«

Die Wortwahl mit der »großen Stimme« (φωνὴν μεγάλην), die in Apk. 12,10 ertönt, und das in Apk 12,12 genannte »Wehe« (οὐαί) könnten durchaus darauf hinweisen, dass das dritte Wehe nicht ausschließlich die Ereignisse der siebten Posaune meint, sondern auch den Drachen aus Apk 12 und die Zeit, in der er auf der Erde wüten wird[14]. Die große Stimme, welche dieses verkündet, wäre passenderweise der Adler aus Apk 8,13, welcher dann aufgrund seiner Präsenz in Apk 12,10 und 12,12 den bestimmten Artikel in Apk 12,14 erhält (τοῦ ἀετοῦ τοῦ μεγάλου), der viele Leser so irritiert hat und die Theologie rätseln lässt, wer der Adler, der Große, ist[15].

---

14 Gestützt wird dieses Argument auch davon, dass das erste Wehe (οὐαί) in Apk. 9,12 als abgeschlossen gekennzeichnet wird und das zweite in 11,14, während das dritte Wehe nicht mehr explizit als solches genannt wird, sondern sich entweder in der siebten Posaune oder m.E. eher in dem einfachen οὐαί aus Apk. 12,12 wiederfindet. Vgl. auch BOUSSET, Offenbarung, 297: »Und da endlich die siebente Posaune kein eignes Wehe bringt, so wird das dritte Wehe überhaupt nicht erwähnt. Doch mag man es immerhin [bei] 12,12 finden.«

15 Vgl. z.B. BEALE, Revelation, 669, der sich verhalten für die Lesarten ausspricht, welche den Adler in 12,14 mit unbestimmtem Artikel lesen; vgl. Nestle-Aland zu Apk 12,14. Ferner sieht BEALE in den Adlerflügeln eine Erinnerung an Ex 19,4; vgl. zunächst auch AUNE, Revelation 6-16, 704f und BOUSSET, Offenbarung, 344, die sich später für die Theorie aussprechen, den Adler entsprechend dem Leto-Apollon-Python- bzw. Isis-Horus-Seth(Typhon)-Mythos als die Frau forttra-

2.1.3 Zwischenergebnis

Da ich also den Adler aus Apk 8,13 mit dem aus Apk 12,14 identifizieren möchte und zugestanden habe, dass die Adlergestalt aus Apk 4,7 aufgrund ihrer Abstraktheit besser mit den Adlerflügeln aus Apk 12,14 gleichgesetzt werden kann als mit dem Adler aus Apk 8,13, entsteht jetzt wiederum die Frage, ob es sich nicht doch bei allen drei Nennungen des ἀετός um ein und denselben handelt? Es gibt durchaus Befürworter dieser Theorie, doch halte ich es nach wie vor für plausibler das Wesen aus Apk 4,7 von dem Adler aus Apk 8,13 zu trennen. Deshalb kann die Gestalt aus Apk 4,7 auch nicht als Flügelspender für die Frau aus Apk 12,14 verstanden werden, weil die Flügel des großen Adlers (Apk 12,14) eher dem Adler aus Apk 8,13 zuzuordnen sind[16].

---

genden Nordwind (Βορέας bzw. lat. *Aquilo*) zu interpretieren. Dass *Aquilo* rein phonetisch schon Assoziationen zu *Aquila* (Adler) hervorruft, bekräftigt diese These; vgl. M. KARRER, Hellenistische und frühkaiserzeitliche Motive in der Johannesapokalypse, in: TH. SCHMELLER/M. EBNER/R. HOPPE (Hg.), Die Offenbarung des Johannes. Kommunikation im Konflikt, Freiburg i. B. u. a. 2013, 32-73, 69.

16 Als Befürworter spricht sich z.B. MALINA aus, der die gesamte Apokalypse astralmythologisch betrachtet und in den vier Wesen aus Apk 4,7 Figuren aus dem Zodiak sieht, die einander gegenüberstehend die vier Himmelsrichtungen vertreten. Diese These stellte bereits BOUSSET auf, doch wies er daraufhin, dass es zwar einen Stier, Löwen und »Skorpionmensch« in den Tierkreiszeichen gibt, aber keinen Adler. MALINA löst dieses Problem, indem er den dem Löwen gegenüberliegenden Wassermann mit dem babylonischen Sternbild des »Donnervogels« gleichsetzt (römisch Pegasus, griechisch Πήγασος; er meint nicht das Sternbild des Adlers – *Aquila* – auf das BOUSSET anspielt). Dieser donnernde Vogel bzw. dieses geflügelte Pferd sieht

2.2 Der mittlere Himmel

2.2.1 Apk 14,6

Ein anderer Bote Gottes spricht genauso wie der Adler in Apk 8,13. Auffällig sind die szenischen Parallelen zwischen Apk 8,13 und Apk 14,6-7. Der »andere Bote« (ἄλλον ἄγγελον) bzw. Engel fliegt hier ebenfalls mitten durch den Himmel (ἐν μεσουρανήματι) und redet auch mit großer Stimme (φωνῇ μεγάλῃ).

2.2.2 Apk 19,17

Ein (ἕνα) Engel in der Sonne ruft alle Vögel im mittleren Himmel (ἐν μεσουρανήματι) zusammen, dass sie die Reste der Feinde (des Tieres und des falschen Propheten) verzehren. Aune hält es für möglich, dass der Adler aus Apk 8,13, dessen Platz auch der mittlere Himmel ist, zu diesen Vögeln gehört[17]. Bei den Vögeln aus Apk 19,17 ist allerdings definitiv von Aasfressern die Rede und deshalb zählt der Adler aus Apk 8,13 vermutlich nicht unter sie. Es könnte sich jedoch bei dem Engel, der die Vögel mit großer Stimme ruft, um den Adler aus Apk 8,13 handeln, da der Ort (im Zenit) und die Funktion (laut rufen) des Engels zu dem Adler passen. Aufgrund der übereinstimmenden Beschreibungen könnte

einem Adler also ähnlich und kann somit als solcher ausfindig gemacht werden. So erscheint eben jener »Wassermann-Donnervogel-Adler« aus der Szene in Apk 4,7 nach MALINA wieder von neuem in Apk 8,13 und 12,14, um sich in das Geschehen einzumischen. Vgl. hierfür MALINA, Sternvisionen, 114f und BOUSSET, Offenbarung, 251f.

17 Vgl. AUNE, Revelation 6-16, 513.

es sich aber ebenso um den »anderen Engel« aus Apk 14,6 oder sogar einen neuen Engel handeln.

3. Der Adler des Zeus

Unter Berücksichtigung der evozierten Assoziationen zur dritten und fünften Posaune, die sich mit Artemis und Apollon in Verbindung bringen lassen[18], entsteht im unmittelbaren Umfeld des Adlers von Apk 8,13 ein direkter Bezug zur antiken griechischen Götterwelt. Deshalb kann der Adler durchaus für einen weiteren Vertreter des griechischen Pantheons gehalten werden, welcher von Gott als »Aufseher« des Geschehens eingesetzt wird. Er überschaut die Ereignisse von oben, vielleicht überwacht er sie sogar – zentral von der Mitte des Himmels aus. Er kommentiert das Gesehene aus der Luft und möglicherweise ist er die Stimme, die in Apk. 9,12, 11,14 und 12,10-12 zu Johannes spricht, bis der »andere Bote« aus Apk 14,6 den Adler ablöst[19].

In der griechischen Literatur erscheint der Adler häufig als Tier und Bote (ἀγγελίην πὰρ Ζηνός) des Zeus[20]. »Als einziger göttlicher und mantischer Vogel ist er [der Adler] Sieg-

[18] Vgl. STEFAN ALKIER/THOMAS PAULSEN, Kapitel III.1 sowie DOMINIC BLAUTH und SIMON DITTMANN im vorliegenden Band.

[19] Wahrscheinlich ist es auch die Stimme des Adlers, die zu Johannes in Apk 10,4 und 10,8 spricht. Eventuell ist es auch der Adler in Apk 10,11, wobei ich hier den Büchlein übergebenden Engel für den wahrscheinlicheren Redner halte.

[20] Vgl. Anth. Graec. 9.223.1-2.

verkünder, Bote und Helfer des Zeus […].«[21] Er trägt seine Blitze und trotzt dabei Donner und Sturm[22]. Bereits bei Homer (Ilias und Odyssee) tritt der Adler als von Zeus gesendetes Omen oder Bote auf[23]. Besonders eindrücklich wird dies im 24. Gesang der Ilias:

»›Zeus, Vater!
[…]
Und sende mir einen Vogel, den schnellen Boten, der dir selbst
Der liebste ist von den Vögeln und dessen Kraft die größte ist,
Zur Rechten, daß, wenn ich selbst ihn mit Augen wahrgenommen,
Ich darauf vertrauend zu den Schiffen gehe der roßschnellen Danaer!‹
So sprach er und betete, und ihn hörte der ratsinnende Zeus.
Und sogleich schickte er einen Adler, den gültigsten unter den Vögeln,
Den dunklen Jäger, den sie auch den Gefleckten nennen.«[24]

---

[21] C. HÜNEMÖRDER, s. v. *Adler*, in: DNP 1 (1996), 115f.

[22] Vgl. ebd.

[23] Vgl. Hom. Il. 8,247-252; 12,201.219; 13,822 und 24,310-321 sowie Hom. Od. 2,148f.; 15,160 und 20,242.

[24] Hom. Il. 24,308-316 (Übers. W. SCHADEWALDT, Homer. Die Odyssee, Berlin [4]2012).

Dass der Adler (ἀετός) insbesondere mit Zeus assoziiert wurde, bezeugt neben der zitierten Ilias-Stelle auch ein Epigramm des Antipater von Sidon, in dem der Adler als Vogel des Zeus (ὄρνις Διός) als Götterbote (διάκτορος; synonym für Hermes) etwas verkündet (ἀγγέλλω; dt. »ich verkünde«)[25]. Allgemein ist es nicht ungewöhnlich, dass Vögel als Boten der Götter betrachtet werden, so erscheint ebenfalls bei Homer ein Falke als schneller Gesandter Apollons (δεξιὸς ὄρνις, κίρκος, Ἀπόλλωνος ταχὺς ἄγγελος) oder in Sophokles' Elektra ein geängstigter Vogel als Bote des Zeus (ὄρνις ἀτυζομένα Διὸς ἄγγελος)[26]. Den antiken Lesern war also die Vorstellung geläufig, Vögel als göttliche Boten zu sehen. Daher ist der ausrufende Adler für den griechisch-antiken Rezipienten nichts Außergewöhnliches, auch wenn der moderne Leser vielleicht zunächst über einen Adler irritiert ist, der eine Funktion ausübt, die in der Johannesapokalypse sonst ein Engel innehat.

In der Apokalypse kann der Adler als Siegverkünder für das Böcklein respektive Gott interpretiert werden, insbesondere, falls man den Adler aus Apk 8,13 mit dem Engel aus Apk 19,17 gleichsetzt. Doch wie kann ein gottgesandter Adler noch anders verstanden werden? Der Adler bedeutet nicht immer Sieg. So schickt Zeus in der Odyssee z.B. zwei Adler als unheilkündendes Omen nach Ithaka[27]. Auch diese Vorstellung findet sich in der Apokalypse des Johannes wie-

---

25 Vgl. Anth. Graec. 7.161.

26 Hom. Od. 15,525f. und Soph. Elec. 149.

27 Vgl. Hom. Od. 2,148f.

der. Die Katastrophen und Schrecken, welche durch die Posaunen ausgelöst werden, zeugen schon von großem Unheil und der wachende, kommentierende Adler in Apk 8,13 bedarf keiner Deutung als unheilkündendes Omen, da er selbst weiteres Unheil ganz unvermittelt ankündigt (die drei »Wehe«).

Es stellt sich nun die Frage, ob der Adler mehr als nur einen ausgeliehenen Diener des Olympiers verkörpert. Steht er womöglich für Zeus selbst und stellt somit einen weiteren griechischen Gott dar, der in die Apokalypse integriert wurde?[28] Es ist nicht unüblich, dass Zeus als Adler auftritt, so raubt er z.B. in manchen Varianten des Ganymed-Mythos eben jenen in Gestalt eines Adlers[29]. Deshalb spiegelt sich

---

[28] Was ein weiterer Beleg dafür wäre, dass es sich bei der Apokalypse um eine weltoffene Schrift handelt, die entsprechend der Lebenswelt der damaligen Bewohner Kleinasiens, jüdisch-christliche Kultur/Mythologie mit anderen (z.B griechischen) Kulturen zusammendenkt. So ist der »weiße Aar« (Adler) z.B. ein höheres »Engelwesen« für die Mandäer; vgl. hierfür E. LOHMEYER, Die Offenbarung des Johannes, Tübingen 1970, 77. Vgl. auch die Anmerkungen 16 und 17 mit potentiellen Bezügen der Johannesoffenbarung zu babylonischer und ägyptischer Mythologie.

[29] So schreibt Ovid beispielsweise, dass Jupiter sich in den Vogel verwandelt, der seine Blitze trägt. Wenn auch im lateinischen Original nicht explizit *Aquila* erwähnt wird, so ist naheliegend, dass ebendieser, als Blitze tragender bekannter Vogel gemeint ist. Deshalb schreiben einige Übersetzungen wie die von Suchier oder Fink auch Adlergestalt bzw. Adlerflügel an dieser Stelle; vgl. Ov. Met. X, 155-161; vgl. auch VI, 108. Eine jüngere Version des Ganymed-Mythos von Lukian beschreibt jedoch recht unmissverständlich, wie Zeus – verwandelt in Gestalt eines Adlers (ἀετός) – Ganymed raubt; vgl. Lukian Dial. Deor. IV. Auch wenn der Text Lukians nach der Apokalypse entstanden ist,

vor allem das bedrohliche Element, welches in dem hochfliegenden Greifvogel der Apokalypse gesehen werden kann, in der Anschauung wider, Zeus selbst in dem Adler zu erkennen. Dennoch sprechen sowohl die geschilderte Boten- als auch die mögliche Vorzeichenfunktion des Adlers dafür, ihn eher als Diener des Zeus zu verstehen[30].

Dass der Adler des Zeus oder sogar Zeus selbst als Diener Gottes auftritt, deckt sich mit der Vorstellung, dass Gott bzw. der Widder aus Apk 5 über allen anderen Geschöpfen steht (vgl. die himmlischen Szenen aus Apk 4-5). Dies spricht ferner dafür, dass der Adler aus dem »mittleren Himmel« (τὸ μεσουράνημα) zu Johannes spricht, der als Ort der Engel und Götter angesehen werden kann, die alle von dem einen Gott, der war, ist und kommen wird, dominiert werden. Abgesehen davon, dass diese Hierarchie mit der himmli-

---

so ist es dennoch naheliegend, dass die Vorstellung des Zeus als Adler bereits lange vorher bekannt war (so z.B. bei Ovid). Die Johannesapokalypse wurde wahrscheinlich Ende des 1. bzw. Anfang des 2. Jahrhunderts n. Chr. zur Regierungszeit der röm. Kaiser Domitian oder Trajan verfasst; vgl. hierfür M. KARRER, Johannesoffenbarung (Offb. 1,1-5,14), Ostfildern/Göttingen 2017, 63-65 und J. FREY, Das Corpus Johanneum und die Apokalypse des Johannes. Die Johanneslegende, die Probleme der johanneischen Verfasserschaft und die Frage der Pseudonymität der Apokalypse, in: S. ALKIER/TH. HIEKE/T. NICKLAS (Hg.) in Zusammenarbeit mit M. SOMMER, Poetik und Intertextualität der Johannesapokalypse, Tübingen 2015, 71-133, 121.

30 An dieser Stelle sei kurz bemerkt, dass es auch Überlieferungen gibt, in denen sich Zeus in einen Geier verwandelt. Von daher bleibt es irrelevant, ob es sich bei ἀετός um einen Adler oder einen Geier handelt; vgl. z.B. den Palikoi-Mythos und C. HÜNEMÖRDER, s. v. *Geier*, in: DNP 4 (1998), 864f.

schen Ordnung übereinstimmt, die Johannes in der Apokalypse schildert, gibt es ein antikes Amulett, welches ebendiesen »mittleren Himmel« als Ort der untergeordneten Götter auszeichnet: »Der eine Gott in den Himmeln, der existiert und präexistiert, der größer ist als alle, der die Wesen der mittleren Himmel [μεσουρανῶν] beherrscht, die sichtbaren und unsichtbaren.«[31]

So betrachtet gliedert sich Zeus in die Reihe der Engel- und Götterwesen ein, die dem einen Gott, der am Ende alles neu macht (Apk 21,5), unterstehen. Diese weltoffene Form des Monolatrismus respektive inklusiven Monotheismus der mythologischen Konzeption der Johannesapokalypse steht im Gegensatz zu dem seit dem Mittelalter vorherrschenden, christlich-monotheistischen »Volksglauben«, der alle anderen Götter zu »Phantastereien der Heiden« abwertet[32]. Durch die Referenzen zur antiken griechischen Religion regt die Johannesapokalypse zur Reflektion des eigenen Glaubens an und veranschaulicht, dass eine christliche Weltanschauung nicht als selbstverständlich erachtet werden sollte. Mythologische »Rücksichtsnahme« wie Johannes sie betreibt, war damals wichtig und ist es heute noch – auch im Hinblick auf die verschiedenen, monotheistischen Religionen. Denn eine Auseinandersetzung mit der anderen (in Johannes' Fall der vorherrschenden, griechisch-römischen) Mythologie bzw. Religion, beugt abwertenden

---

31 Vgl. A. DELATTE/PH. DERCHAIN, Les Intailles magiques gréco-égyptiennes, Paris 1964, 266 no. 381 und AUNE, Revelation 6-16, 523.

32 Vgl. BAUKS, s. v. *Monotheismus*, in: WiBiLex (zuletzt besucht am 06.09.2017).

(Vor)-Urteilen vor und kann dabei helfen, den eigenen Standpunkt zu festigen und dialogfähig zu bleiben.

Katrin Pellini

Mischwesen in der 5. Posaunenvision und der Kirke-Geschichte

Intertextuelle Analyse der Beschreibung der Mischwesen in Apk 9 und Hom. Od. 10,210ff.

Die Apk weist durch ihre Vielschichtigkeit nicht nur die Bezugnahme zu den Heiligen Schriften Israels auf, sondern auch zu griechischsprachigen Texten und deren Umfeld und steht somit auch im »Gespräch mit griechisch-römischer Kultur«[1]. Dies verdeutlicht die intertextuelle Analyse der Beschreibungen der Mischwesen in der 5. Posaunenvision (Apk 9) und der Kirke-Geschichte der Odyssee des Homer (Hom. Od. 10,210ff.) in produktionsorientierter Hinsicht.

Auf der Mikroebene von Apk 9,7-9 und Hom. Od. 10,239 lassen sich auffällige Gemeinsamkeiten erkennen. Die besondere Parallelität liegt darin, dass in beiden Beschreibungen der Mischwesen die drei Kriterien κεφαλή (Kopf), τρίχες (Haare) und φωνή (Stimme) genannt werden. Diese Kriterien verweisen auf die weitere Gemeinsamkeit der Menschenähnlichkeit der Mischwesen. Unter Hinzunahme von

1 M. Karrer, Johannesoffenbarung (Offb. 1,1-5,14), Ostfildern/Göttingen 2017, 160.

Hom. Od. 10,240 wird deutlich, dass die Mischwesen als Tiere maskierte Menschen darstellen. Sie verweisen auf Dämonisches und signalisieren Gefahr und Unheil.

Unter Hinzunahme weiterer Angaben auf der Makroebene von Apk 9,5-6; 9,10 und Hom. Od. 10,210-219; 10,241; 10,243 lassen sich dagegen markante Unterschiede feststellen. Denn in Apk 9,7-10 sind die Mischwesen Raubtieren ähnlich, die kriegerischen Charakter haben. Dagegen sind die in Tiere verwandelten Menschen in Hom. Od. 10,211-219 der Kirke-Geschichte friedfertig, von ihnen geht keine erkennbare direkte Gefahr aus. Sie werden wie Haustiere in Gefangenschaft gehalten und sind aber aufgrund ihres hybriden Charakters dennoch furchteinflössend.

Darüber hinaus wird in Hom. Od. 10,231; 10,275ff. ein weiterer sich unterscheidender Aspekt deutlich: das Entstehen von Mischwesen. In der Kirke-Geschichte trägt zur Verwandlung der Menschen in Tiere hauptsächlich ein sog. Pharmakon bzw. Kraut bei. Die dämonischen Mischwesen dagegen werden in Apk 9,2-3 als schon immer in der Unterwelt vorhanden beschrieben und treten mit dem Rauch auf die Erde hinauf. Eine weitere Besonderheit liegt in der Kirke-Geschichte darin, dass von einer Rückverwandlung der Mischwesen in Hom. Od. 10,388-396 berichtet wird. Das Dämonische löst sich auf und verschwindet. Die mischwesenartigen Untiere werden wieder zu Menschen. Dagegen ist die Darstellung der Mischwesen in Apk 9,7-10 nur eine Komponente in der Reihe der Plagen, die sich in steigender Dramatik entwickeln und in unaufhaltsamer Dynamik fast alles zerstören.

Der intertextuelle Vergleich von Apk 9,7-9 mit Hom. Od. 10,239 verweist auf dieser Mikroebene auf eine auffällige Parallele bei der Beschreibung der Mischwesen. Anhand der Kriterien κεφαλή (Kopf), φωνή (Stimme) und τρίχες (Haare) werden in beiden Textausschnitten die Mischwesen beschrieben. Es sind dem griechischen Wortlaut nach die absolut identischen Begriffe, allerdings nicht in der genau gleichen Reihenfolge, sondern in abweichender Reihenfolge. In der Apk liegt die vertauschte Anordnung der zwei letztgenannten Kriterien vor, also 1. Kopf, 2. Haare und 3. Stimme. In Hom. Od. 10,239 stehen die drei entscheidenden Merkmale innerhalb eines Verses und werden als knappe Aufzählung ohne weitere Erklärungen genannt: οἱ δὲ συῶν μὲν ἔχον κεφαλὰς φωνήν τε τρίχας τε (*Sie aber hatten Köpfe, Stimme und auch Haare von Schweinen*)[2]. Anhand dieser drei identischen Kriterien erfolgt auch die Beschreibung der Mischwesen in der Apk, aber sie erstreckt sich auf die drei Verse 9,7-9. In je einem Vers wird ein Kriterium durch einen Vergleich näher bestimmt. In Apk 9,7 wird ergänzend zu den heuschreckenartigen Wesen erläutert: ἐπὶ τὰς κεφαλὰς αὐτῶν ὡς στέφανοι ὅμοιοι χρυσῷ (*was sie auf dem Kopf trugen, sah aus wie eine golden schimmernde Krone*)[3], in Apk 9,8 ist nur ein kurzer Vergleich hinzugefügt: εἶχον τρίχας ὡς τρίχας γυναικῶν (*Haare hatten sie wie Frauenhaar*) und in Apk 9,9 sind die Ergänzungen am ausführlichsten: ἡ φωνὴ τῶν

---

2 Im Folgenden wird als deutsche Übersetzung der Wortlaut nach W. SCHADEWALDT, Homer. Die Odyssee, Berlin ^{4}2012 zitiert.

3 Im Folgenden wird als deutsche Übersetzung der Wortlaut der Zürcher Bibel (2007) zitiert.

πτερύγων αὐτῶν ὡς φωνὴ ἁρμάτων ἵππων πολλῶν (*die Stimme*[4] *ihrer Flügel war wie die Stimme*[5] *von Streitwagen mit vielen Pferden*).

Die intertextuelle Verbindung von Apk 9,7-9 zu Hom. Od. 10,239 in produktionsorientierter Hinsicht besteht durch die absolut identischen Bezeichnungen der drei Kriterien zur Beschreibung der Mischwesen im griechischen Wortlaut und ist damit die entscheidende Gemeinsamkeit beider Textpassagen. Die Bezugnahme des Verfassers der Apk auf Hom. Od. ist damit durchaus vorstellbar.

Die besondere Bewandtnis dieser drei Merkmale ist:

1. κεφαλή (Kopf) ist »nicht nur das Oberste, Höchste [...], sondern auch das Hervorragende, Überlegene und Bestimmende. Als Haupt des Menschen [...] ist die κεφαλή nicht nur ein Glied unter den anderen [...], sondern auch das erste und vornehmste der Glieder, das die anderen bestimmt.«[6] Auch ist es »Bezeichnung des ganzen Menschen der Person. In der κεφαλή ist der Mensch anzutreffen«[7]. Der Kopf ver-

---

4 Abweichend von der Zürcher Bibel ist φωνή hier mit »Stimme« übersetzt, um die Parallelität zu Hom. Od. 10,239 hervorzuheben.

5 Abweichend von der Zürcher Bibel ist auch hier φωνή mit »Stimme« übersetzt.

6 Xenoph Cyrop VIII 8, 3 zitiert nach: H. SCHLIER: Art. κεφαλή, in: ThWNT III (1967), 673.

7 SCHLIER, ebd.

birgt in sich »geheimnisvolle Kräfte«[8], »bereits bei Homer steht der Ausdruck K. für den einzelnen Menschen«[9].

2. τρίχες (Haare) sind nach Giesen ein Zeichen von Wildheit, aber auch von Vitalität. »Durch das lange Haar [...] soll offenkundig die besondere Wildheit der Heuschrecken zum Ausdruck kommen, wie es sich die Phantasie bei Dämonen ausmalt. Es weckt zugleich die Vorstellung fliegender Haare der dahin eilenden Ungeheuer.«[10]

3. φωνή (Stimme) wird in Apk 9,9 nach der Zürcher Bibel im übertragenen Sinne übersetzt und dem Geräusch von Flügeln bzw. Streitwagen angepasst. In diesem Sinne wird φωνή in Verbindung mit den Flügeln als »Schlagen« und in Verbindung mit Streitwagen als »Dröhnen« übersetzt. Als der Schrei von Tieren unterscheidet sich φωνή generell »von der menschlichen Stimme durch die Einförmigkeit«[11], denn der Mensch dagegen »verkehrt durch die artikulierte φωνή«[12].

In der Apk handelt es sich um eine Beschreibung von Mischwesen, die Elemente mehrerer Tiere haben und überdimensional groß sind. Die heuschreckenartigen Wesen sahen aus wie Pferde, ihre Zähne waren wie die von Löwen und sie haben Schwänze gleich denen von Skorpionen und Stacheln: τὰ ὁμοιώματα τῶν ἀκρίδων ὅμοια ἵπποις

---

8 W. Speyer, s. v. *Kopf*, in: RAC 21 (2006), 510.

9 Ebd., 515.

10 H. Giesen, Die Offenbarung des Johannes, Regensburg 1997, 219.

11 O. Betz, Art. φωνή, in: ThWNT IX (1973), 272.

12 Aristot Hist An IV 9 p 535a 26ff zitiert nach: Betz, ebd.

(Apk 9,7); οἱ ὀδόντες αὐτῶν ὡς λεόντων ἦσαν (Apk 9,8); οὐρὰς ὁμοίας σκορπίοις καὶ κέντρα (Apk 9,10). Es ist nach Giesen eine »für den modernen Leser seltsame Beschreibung der Heuschrecken«[13]. Die Seltsamkeit dieser Mischwesen besteht in der Apk darin, dass sie zu ihrer Heuschreckenartigkeit mit zusätzlichen, nicht arttypischen Merkmalen versehen sind. Es bündeln sich in ihrer Gestalt Komponenten unterschiedlicher Tiere, die nicht artgerecht sind und nicht zusammenpassen. Es sind hybride Kreaturen. Außerdem sind sie eine Mischung aus Tier und Mensch, weil sie Merkmale von Tieren und Menschen haben. Die Menschenähnlichkeit wird in der Apk nicht nur durch das τρίχας γυναικῶν (Apk 9,8) (Frauenhaar) betont, sondern auch durch die Beschreibung, dass ihre Gesichter wie Menschengesichter waren: τὰ πρόσωπα αὐτῶν ὡς πρόσωπα ἀνθρώπων (Apk 9,7).

In Hom. Od. dagegen wird die hybride Struktur der Mischwesen durch Verkleidung bzw. Maskierung dargestellt. Menschen werden als Tiere dargestellt. Das Mischwesen »als Ausdruck des Dämonisch-Göttlichen [...] ist [...] der Maske verwandt«[14]. Menschen tragen die Masken von Tieren. Nach Speyer ist die Maske »Mittel der Tarnung u. der Verstellung«[15]. Sie verhüllt und verheimlicht die Wirklichkeit. Hinter der Maske versteckt sich ein anderes Wesen. Die Maske ist ein Deckmantel, der einen trügerischen Schein vermittelt, um abzulenken.

---

13 GIESEN, Offenbarung, 216.

14 W. SPEYER, s. v. *Mischwesen*, in: RAC 24 (2012), 886.

15 W. SPEYER, s. v. *Maske*, in: RAC 24 (2012) 326.

In Hom. Od. 10,240 sind Menschen in Schweine verwandelt und haben die Hüllen von Schweinen. Der äußeren Form nach sehen sie aus wie Tiere, aber dem inneren Unsichtbaren nach sind sie menschliche Wesen. In 10,239-240 wird beschrieben: οἱ δὲ συῶν [...] ἔχον [...] δέμας, αὐτὰρ νοῦς ἦν ἔμπεδος ὡς τὸ πάρος περ (*Sie aber hatten [...] von Schweinen [...] die Gestalt, doch ihr Verstand war beständig so wie früher*).

In Hom. Od. 10,210-213 wird über den Vorgang berichtet, wie die Inselbesucher auf der Insel Aia von der Göttin Kirke in Mischwesen verwandelt werden. Bei ihrer Ankunft erhalten sie ein Mahl mit Wein, in das ein sog. Pharmakon bzw. Kraut gemischt ist. Die Weggefährten des Odysseus erspähen die in Tiere verwandelten Menschen dort, wo sich ἐν βήσσῃσι τετυγμένα δώματα Κίρκης (10,210) (*in den Tälern die Häuser der Kirke*) befinden, περισκέπτῳ ἐνὶ χώρῳ (10,211) (*auf einem umschauenden Platze*) und λύκοι ἦσαν ὀρέστεροι ἠδὲ λέοντες, τοὺς αὐτὴ κατέθελξεν, ἐπεὶ κακὰ φάρμακ' ἔδωκεν (10,212-213) (*um sie waren Bergwölfe und Löwen, welche sie selbst verzaubert hatte, nachdem sie ihnen böse Kräuter gegeben*). Damit tritt deutlich hervor, dass es sich bei der Beschreibung der ungeheuerlichen Mischwesen eindeutig um Menschen handelt.

Es sind furchteinflössende Gestalten. Sie werden in Hom. Od. 10,219 als αἰνὰ πέλωρα (schreckliche Untiere) bezeichnet, vor denen sich die Weggefährten des Odysseus bei ihrem Anblick erschrecken, weil sie unheimlich wie Ungeheuer waren: τοὶ δ' ἔδεισαν, ἐπεὶ ἴδον αἰνὰ πέλωρα (*Sie aber fürchteten sich, als sie die schrecklichen Untiere sahen*). Es wird von ihnen auch berichtet, dass sie als Bergwölfe und

Löwen in Gefangenschaft gehalten werden, aber scheinbar friedfertig sind und eine konkrete Gefahr von ihnen nicht ausgeht. Sie beißen, stechen oder quälen nicht und fügen auch niemandem einen Schaden zu. Ihrem Verhalten nach ähneln sie vielmehr anschmiegsamen Haustieren. Denn in Hom. Od. 10,214-218 wird berichtet:

> οὐδ' οἵ γ' ὁρμήθησαν ἐπ' ἀνδράσιν, ἀλλ' ἄρα τοί γε
> οὐρῇσιν μακρῇσι περισσαίνοντες ἀνέσταν.
> ὡς δ' ὅτ' ἂν ἀμφὶ ἄνακτα κύνες δαίτηθεν ἰόντα
> σαίνωσ' αἰεὶ γάρ τε φέρει μειλίγματα θυμοῦ·
> ὣς τοὺς ἀμφὶ λύκοι κρατερώνυχες ἠδὲ λέοντες.

> *Doch die drangen nicht auf die Männer ein, sondern*
> *standen auf und umwedelten sie mit den langen Schwänzen.*
> *Und wie wenn um den Herrn die Hunde wedeln, wenn er vom Mahl*
> *kommt, denn immer bringt er Labsale des Herzens:*
> *so umwedelten diese die starkkralligen Wölfe und die Löwen.*

Daraufhin werden auch die Weggefährten des Odysseus von der Göttin Kirke durch ein Pharmakon bzw. Kraut in Schweine verwandelt. Sie werden wie Haustiere gehalten, leben in Gefangenschaft und sind weinend eingesperrt: κλαίοντες ἐέρχατο (10,241). Sie bekommen von der Göttin Kirke verabreicht, οἷα σύες χαμαιευνάδες αἰὲν ἔδουσιν (10, 243) (*dergleichen Schweine, sich am Boden sielende, immer essen*).

Diese Beschreibung kontrastiert mit der Beschreibung der hybriden heuschreckenartigen Wesen mit kriegerischem

Charakter, ἡτοιμασμένοις εἰς πόλεμον (Apk 9,7) (*die zum Krieg gerüstet sind*), εἶχον θώρακας ὡς θώρακας σιδηροῦς (Apk 9,9) (*einen Brustkorb hatten sie wie mit Eisen gepanzert*) und τρεχόντων εἰς πόλεμον (Apk 9,9) (*die sich in die Schlacht stürzen*).

In der 5. Posaunenvision wird von der Plage berichtet, dass die hybriden Mischwesen Unheil und Qualen auf die Erde bringen, die sich im Gegensatz zu den ersten vier Posaunenvisionen nicht über Naturkatastrophen, sondern direkt gegen die Menschen richten, um die gottlosen Menschen weltweit zu peinigen[16]. Es sind keine unabwendbaren kosmologischen Mächte, sondern direkte Attacken, die sich gegen die Menschheit richten. Im Grunde wird damit meiner Meinung nach ausgedrückt, dass es der Mensch ist, in der Form eines Untieres, der sich durch Krieg gegen den Menschen rüstet und bewaffnet. Aber Krieg ist keine kosmologische Gewalt, sondern fatale Errungenschaft des Menschen. Menschen werden im kriegerischen Kampf in Apk 9,7-9 als tierähnliche hybride Ungeheuer dargestellt, »deren Züge [...] ins Dämonische gesteigert«[17] sind. Sie sind in diesem Sinne Ausdruck von Unheil und Chaosmächten. Zwar haben sie in der Apk keine Gewehre, Panzer und Kampfflugzeuge, aber ἔχουσιν οὐρὰς ὁμοίας σκορπίοις καὶ κέντρα (Apk 9,10) (*haben Schwänze gleich denen von Skorpionen und Stacheln*). Die hybriden Mischwesen sind gegen die Menschen gerichtet, sie zu peinigen fünf Monate lang: ἵνα

16 Vgl. GIESEN, Offenbarung, 216.

17 E. LOHSE, Die Offenbarung des Johannes, Göttingen/Zürich [15]1993, 59.

βασανισθήσονται μῆνας πέντε (Apk 9,5). Sie quälen schlimmer, als es der Tod sein kann, und deshalb werden die Menschen den Tod suchen, doch sie werden ihn nicht finden: ζητήσουσιν οἱ ἄνθρωποι τὸν θάνατον καὶ οὐ μὴ εὑρήσουσιν αὐτόν (Apk 9,6).

Aber nicht nur durch die Verabreichung des Pharmakons, das die Göttin Kirke mit dem Wein unter das Mahl rührte, sind die hybriden Mischwesen entstanden, sondern die Weggefährten des Odysseus sind auch vom Rauch und dem Gesang der Göttin Kirke angelockt[18]. Hinzu kommt: οἱ δ' ἅμα πάντες ἀϊδρείῃσιν ἕποντο (Hom. Od. 10,231) (*und sie folgten alle im Unverstand*). Eine Reihe unglücklicher Umstände führt damit zur verhängnisvollen Verwandlung des Menschen in ein Tier.

Nun wird in Hom. Od. nicht nur berichtet, wie es zur Verwandlung bzw. zum Entstehen der Ungeheuer kommt, sondern in 10,275ff. wird auch berichtet, wie ihre Rückverwandlung erfolgt und wie es möglich ist, dass die ungeheuerlichen Mischwesen wieder verschwinden. Auf dem Weg zu den Häusern der Göttin Kirke, um seine Wegbegleiter zu befreien, die in Schweine verwandelt wurden, begegnet Odysseus dem Götterboten Hermes. Dieser gibt Odysseus ein Pharmakon bzw. Kraut, μῶλυ δέ μιν καλέουσι θεοί (10,305) (*und Moly nennen es die Götter*), das dazu beiträgt, das bevorstehende Unheil abzuwenden. Da Hermes die Gefahrenlagen sehr genau durchschaut, und ihm ὀλοφώϊα δήνεα Κίρκης (10,289) (*die trüglichen Listen der Kirke*) erzählt,

---

18 Vgl. SCHADEWALDT, Odyssee, 171f.

erhält Odysseus detaillierte und hilfreiche Handlungsanweisungen. Damit scheitert das Vorhaben der Göttin Kirke, ihre Zauberkräfte werden außer Gefecht gesetzt und Odysseus wird nicht auch in ein Tier verwandelt, wie es seinen Weggefährten ergangen ist.

Durch die sich daran anschließende überzeugende Argumentation, dass er nicht genüsslich speisen könne, solange seine Weggefährten noch in Tiere verwandelt sind[19], kann Odysseus die Göttin Kirke veranlassen, die Verwandlung seiner Weggefährten in Schweine wieder rückgängig zu machen. Damit hat die Wegstation des Odysseus auf der Insel Aia ein glückliches Ende. Der vorherige Zustand wird nicht nur wieder hergestellt, sondern es tritt sogar noch eine Verbesserung gegenüber der ursprünglichen Situation ein, ἄνδρες δ' ἄψ ἐγένοντο νεώτεροι ἢ πάρος ἦσαν καὶ πολὺ καλλίονες καὶ μείζονες εἰσοράασθαι (10,395-396) (*und sie wurden wieder Männer, jünger als sie zuvor gewesen und viel schöner und größer anzusehen*). Die dämonischen Mischwesen sind verschwunden und aufgelöst.

Dagegen werden die dämonischen Mischwesen in Apk 9,3 dargestellt, als ob es sie immer schon gegeben hätte, »die Unterwelt öffnet sich«[20], und ἐκ τοῦ καπνοῦ ἐξῆλθον ἀκρίδες εἰς τὴν γῆν (Apk 9,3) (*aus dem Rauch kamen Heuschrecken herab auf die Erde*). Die Beschreibung der kriegsführenden Mischwesen ist dabei nur eine Komponente in dem sich nicht mehr aufhalten lassenden Verlauf der immer

---

19 Vgl. ebd., 179.

20 J. ROLOFF, Die Offenbarung des Johannes, Zürich ³2001, 94.

stärker und gewaltig werdenden Plagen, die Schaden und Unheil entstehen lassen, bis fast alles zerstört ist.

Diese Plagen der Posaunenvisionen widerfahren nach Apk 9,4 aber nur den Menschen, die das Siegel Gottes nicht auf der Stirn tragen: τοὺς ἀνθρώπους οἵτινες οὐκ ἔχουσιν τὴν σφραγῖδα τοῦ θεοῦ ἐπὶ τῶν μετώπων. Doch wer hat das Siegel Gottes auf seiner Stirn? Können es auch hybride Mischwesen haben, die in den Krieg ziehen? Können es Menschen haben, die sich wie Raubtiere oder Haustiere verhalten? In Hom. Od. 9,112.114-115 lautet eine Definition der mischwesenartigen Kyklopen τοῖσιν δ' οὔτ' ἀγοραὶ βουληφόροι οὔτε θέμιστες [...] θεμιστεύει δὲ ἕκαστος παίδων ἠδ' ἀλόχων, οὐδ' ἀλλήλων ἀλέγουσι (*Und sie haben weder ratspflegende Versammlungen noch auch Gesetze [...] und ein jeder setzt die Satzungen fest für seine Kinder und seine Weiber, und sie kümmern sich nicht umeinander*).

Haben die heuschreckenartigen Mischwesen wirklich »ihre Vollmacht und ihren Auftrag von Gott erhalten«[21] und stehen »im Dienste Gottes«?[22] Können etwa die sogenannten gottfeindlichen Menschen mit kämpferisch dämonischen Mischwesen und Gewalt besiegt werden? Wäre dies nicht ein von Menschen gemachter nie aufhörender Kreislauf, der nur durch Gott unterbrochen werden kann, der mächtiger ist als die begrenzten dämonischen Kräfte, durch die Hoffnung auf Frieden und dass die Gnade des Herrn Jesus sei mit allen: χάρις τοῦ κυρίου Ἰησοῦ μετὰ πάντων (Apk 22,21)?

---

21 GIESEN, Offenbarung, 217.

22 Ebd.

Denn τὸ ἀρνίον τὸ ἀνὰ μέσον τοῦ θρόνου ποιμανεῖ αὐτοὺς καὶ ὁδηγήσει αὐτοὺς ἐπὶ ζωῆς πηγὰς ὑδάτων, καὶ ἐξαλείψει ὁ θεὸς πᾶν δάκρυον ἐκ τῶν ὀφθαλμῶν αὐτῶν (Apk 7,17) (*das Lamm mitten auf dem Thron wird sie weiden und leiten zu den Quellen des lebendigen Wassers, und Gott wird abwischen alle Tränen von ihren Augen*).

Literaturverzeichnis

Das Literaturverzeichnis dient zwei Zwecken: einerseits der Auflistung der in diesem Band verwendeten Literatur und andererseits als Bibliographie zur Johannesapokalypse. Während die Kategorien 2-6 lediglich ersteren Zweck erfüllen, gehen die in Kategorie 1 (Literatur zur Johannesapokalypse) aufgelisteten Titel über die verwendete Literatur hinaus. Um mehrfache Nennungen zu vermeiden, finden sich in Kategorie 4 (Theologische Literatur) nur Titel, die nicht bereits in Kategorie 1 aufgelistet sind. Der Aufbau des Literaturverzeichnisses ist wie folgt:

1. Literatur zur Johannesapokalypse
1.1 Kommentare
1.2 Lexikonartikel
1.3 Monographien
1.4 Sammelwerke
1.5 Aufsätze
1.6 Weiterführende Literatur

2. Antike Schriften
2.1 Neues Testament
2.2 Griechische Schriften
2.3 Römische Schriften

1. Literatur zur Johannesapokalypse

1.1 Kommentare

ABLE, J., Apocalypse Secrets. Baha'i Interpretation of the Book of Revelation, Forewords by ROBERT STOCKMANN, SUZANNE CARTER, ROBERT RIGGS and DAVID AUNE, McLean 2011.

ANDREAS VON CAESAREA, Commentary on the Apocalypse, übers. von E. S. CONSTANTINOU, The fathers of the church Volume 123, Washington 2011.

ARETHAS VON CAESAREA, Kommentar zur Offenbarung des Johannes, deutsche Erstübersetzung von ALBRECHT VON BLUMENTHAL, Berlin 2015.

AUNE, D. E., Revelation 1-5, WBC 52A, Waco (TX) 1997.

Ders., Revelation 6-16, WBC 52B, Dallas (TX) 1998.

Ders., Revelation 17-22, WBC 52C, Dallas (TX) 1998.

BARR, D. L., Tales of the end. A narrative commentary on the book of Revelation, Salem (OR) 2012.

BEALE, G. K., John's Use of the Old Testament in Revelation, Library of the NTS 166, Sheffield 1998.

Ders., The Book of Revelation. A Commentary on the Greek Text, Grand Rapids (MI) 1999.

BEDA VENERABILIS, Bede. Commentary on Revelation, Übersetzung mit Einleitung und Bemerkungen von F. WALLIS, TTH 58, Liverpool 2013.

BERGER, K., Die Apokalypse des Johannes, zwei Teilbände, Freiburg i. B. 2017.

BLOUNT, B. K., Revelation. A Commentary in the New Testament Library Series, Louisville 2009.

BÖCHER, O., Die Johannesapokalypse, 4. durchges. und mit einem neuen Nachtr. vers. Aufl., Darmstadt 1998.

BOLL, F., Aus der Offenbarung Johannis. Hellenistische Studien zum Weltbild der Apokalypse, Leipzig/Berlin 1914.

BOUSSET, W., Die Offenbarung Johannis, KEK 16, Neudr. d. neubearb. Aufl. ^{6}1906, Göttingen 1966.

BUCHANAN, G. E., The Book of Revelation. Its Introduction and Prophecy, Eugene 2005.

Ders., New Testament Eschatology. Historical and cultural background, Lewiston 1993.

CAIRD, G. B., A Commentary on the Revelation of Saint John the Divine, BNTC, New York 1966.

CHARLES, R. H., A Critical and Exegetical Commentary on the Revelation of St. John, zwei Bände, ICC, Nachdr. d. Ausg. 1920, Edinburgh 1975.

CORY, C. A., The Book of Revelation, New Collegeville Bible Commentary Vol. 12, Collegeville 2006.

DAMERAU, R., Die Offenbarung des Johannes. Nach einem Kommentar des Reformtheologen Johannes Hagen (de Indagine). Ein Beitrag zur Burisfelder Reformtheologie und der Mönchstheologie Luthers, drei Bände, SGR 19-21, Marburg 1984.

FEE, G. D., Revelation. A New Covenant Commentary, Havertown 2013.

FORCK, B. H., Die Offenbarung des Johannes, BhG 13, Kassel 1964.

GIESEN, H., Johannes-Apokalypse, SKK.NT 18, Stuttgart 1986.

Ders., Die Offenbarung des Johannes, RNT, Regensburg 1997.

GLABACH, W. E., Reclaiming the Book of Revelation. A Suggestion of New Readings in the Local Church, New York 2007.

HADORN, W., Die Offenbarung des Johannes, ThHK 18, Leipzig 1928.

HOLTZ, T., Die Offenbarung des Johannes, übers. und erkl. von T. HOLTZ, hg. von K.-W. NIEBUHR, neubearb. Aufl., Göttingen 2008.

KARRER, M., Johannesoffenbarung (Offb. 1,1-5,14), EKK XXIV/1, Ostfildern/Göttingen 2017.

KOESTER, C. R., Revelation. A new translation with introduction and commentary, AYB 38A, New Haven u. a. 2014.

KOVACS, J. L./ROWLAND, C., Revelation. The Apocalypse of Jesus Christ, Blackwell Bible Commentaries, Malden 2004.

KRAFT, H., Die Offenbarung des Johannes, HNT 16a, Tübingen 1974.

LARKIN, C., The Book of Revelation, Neudr. der Originalausg. von 1919, New York 2007.

LICHTENBERGER, H., Die Apokalypse, ThHK 23, Stuttgart 2014.

LOHMEYER, E., Die Offenbarung des Johannes, HNT 16, 3. unveränd. Aufl., Tübingen 1970.

LOHSE, E., Die Offenbarung des Johannes, NTD 11, Göttingen/Zürich ^{15}1993.

LUPIERI, E. F., A Commentary on the Apocalypse of John, Orig. L'Apocalisse di Giovanni (1999), aus d. Ital. von M. P. JOHNSON/A. KAMESAR, Cambridge 2006.

MAIER, G., Die Offenbarung des Johannes. Kapitel 1-11, HTA.NT 5, Witten und Gießen 2009.

Ders., Die Offenbarung des Johannes. Kapitel 12-22, HTA.NT 6, Witten 20012.

MALINA, B. J., Die Offenbarung des Johannes. Sternvisionen und Himmelsreisen, Stuttgart u. a. 2002.

Ders./PILCH, J. J., Social science commentary on the book of Revelation, Minneapolis 2000.

MANGINA, J. L., Revelation, BTCB, Grand Rapids (MI) 2010.

MELDAU, V., Die Wende aller Zeiten. Eine Auslegung der Offenbarung des Johannes aus katholisch-apostolischer Sicht, Marburg 2006.

MORRIS, L., The Book of Revelation. An Introduction and Commentary in The Tyndale New Testament Commentaries, Neudr. d. Aufl. Leicester ²1987, Nottingham 2007.

MÜLLER, U. B., Die Offenbarung des Johannes. GTBS 510, Gütersloh 1984.

PARK, D.-W., Tiere und Farben in der Offenbarung. Eine Untersuchung zur Herkunft, Funktion und theologischen Bedeutung der Tier- und Farbmotive in der Apokalypse des Johannes, Bielefeld/Seoul 1997.

VICTORINUS VON POETOVIO (u. a.), Latin commentaries on Revelation, hrsg. und übers. mit Einleitung und Bemerkungen von W. C. WEINRICH, Downers Grove 2011.

POHL, A., Die Offenbarung des Johannes. 1. Teil. Kapitel 1-8, WStB Neues Testament 20, Wuppertal ⁶1982.

Ders., Die Offenbarung des Johannes. 2. Teil. Kapitel 8-22, WStB Neues Testament 21, Wuppertal ⁶1982.

PRIGENT, P., Commentary on the Apocalypse of St. John, Tübingen 2004.

RITT, H., Offenbarung des Johannes, NEB.NT, Würzburg 1986.

ROLOFF, J., Die Offenbarung des Johannes, ZBK, Zürich ³2001.

SATAKE, A., Die Offenbarung des Johannes, KEK 16, Göttingen 2008.

SCHLATTER, A., Die Briefe und die Offenbarung des Johannes. Ausgelegt für Bibelleser, EzNT 10, Stuttgart 1965.

SELWYN, E. C., The Christian Prophets and the Prophetic Apocalypse, New York 1900.

STEFANOVIĆ, R., Revelation of Jesus Christ. Commentary on the Book of Revelation, Michigan 2002.

TOMS, L., The Book of Revelation, Bloomington 2004.

TYCONIUS, A., Commentaire de l'Apocalypse, übers. mit Einleitung und Bemerkungen von R. GRYSON, CCT 10/CCSL 107A, Turnhout 2011.

VÖGTLE, A., Das Buch mit den sieben Siegeln. Die Offenbarung des Johannes in Auswahl gedeutet, 2. durchges. Aufl., Freiburg i. B. u. a. 1985.

WENGST, K., »Wie lange noch?« Schreien nach Recht und Gerechtigkeit. Eine Deutung der Apokalypse des Johannes, Stuttgart 2010.

WIKENHAUSER, A., Die Offenbarung des Johannes, RNT 9, Regensburg ³1959.

WITHERINGTON III, B., Revelation, NCBC, Cambridge 2003.

von Zahn, T., Die Offenbarung des Johannes, Nachdr. d. 1.-3. Aufl. von Bd. 18 d. »Kommentars zum Neuen Testament«, Leipzig/Erlangen/Deichert 1924-1926, Wuppertal 1986.

1.2 Lexikonartikel

Arnulf, A., Art. Johannes-Apokalypse/Johannesoffenbarung II. Kunstgeschichtlich, in: RGG⁴ 4 (2001), 547-549.

Aune, D. E., Art. Johannes-Apokalypse/Johannesoffenbarung I. Exegetisch, in: RGG⁴ 4 (2001), 540-547.

Bockmuehl, M., Art. Offenbarung IV. Neues Testament, in: RGG⁴ 6 (2003), 470-473.

Böcher, O., Art. Chiliasmus I. Judentum und Neues Testament, in: TRE 7 (1981), 723-729.

Ders., Art. Johannesapokalypse, in: RAC 19 (2001), 595-646.

Collins, A. Y., Art. Book of Revelation, in: ABD V (1992), 694-708.

Dinzelbacher P., Art. Offenbarungsliteratur, in: RGG⁴ 6 (2003), 485-486.

Figl, J., Art. Offenbarung I. Religionswissenschaftlich, in: RGG⁴ 6 (2003), 461-463.

Hayoun, M.-R., Art. Offenbarung VI. Judentum 2. Mittelalter und Neuzeit, in: RGG⁴ 6 (2003), 482-483.

KAISER, O., Art. Offenbarung III. Altes Testament, in: RGG⁴ 6 (2003), 467-470.

KONRAD, R., Art. Apokaplytik/Apokalypsen VI. Mittelalter, in: TRE 3 (1978), 275-280.

KUHN, P., Art. Offenbarung VI. Judentum 1. Antike, in: RGG⁴ 6 (2003), 481-482.

LANCZKOWSKI, G., Art. Apokaplytik/Apokalypsen I. Religionsgeschichtlich, in: TRE 3 (1978), 189-191.

LEBRAM, J., Art. Apokaplytik/Apokalypsen II. Altes Testament, in: TRE 3 (1978), 191-202.

MICHL, J., Art. Apokalypse od. Offenbarung des Johannes, in: LThK2 (1957), 690-696.

MÜLLER, K., Art. Apokaplytik/Apokalypsen III. Die jüdische Apokalyptik. Anfänge und Merkmale, in: TRE 3 (1978), 202-251.

NAGEL, T., Art. Offenbarung VII. Islam, in: RGG⁴ 6 (2003), 483-485.

NEUHÄUSLER, E., Art. Apokalypse des Johannes, in: SM 1 (1967), 209-214.

RITT, H., Art. Offenbarung des Johannes, in: LThK3 7 (1998), 995-998.

SCHWARTE, K.-H., Art. Apokaplytik/Apokalypsen V. Alte Kirche, in: TRE 3 (1978), 257-275.

SCHWÖBEL, C., Art. Offenbarung II. Religionsphilosophisch, in: RGG⁴ 6 (2003), 463-467.

Ders., Art. Offenbarung V. Christentum 1. Fundamentaltheologisch, in: RGG⁴ 6 (2003), 473-477.

Ders., Art. Offenbarung V. Christentum 2. Dogmatisch b) Evangelisches Verständnis, in: RGG[4] 6 (2003), 479-481.

SEEBASS, G., Art. Apokaplytik/Apokalypsen VII. Reformation und Neuzeit, in: TRE 3 (1978), 280-289.

SICKENBERGER, J., Art. Apokalyptik, in: RAC 1 (1950), 504-510.

STROBEL, A., Art. Apokalypse des Johannes, in: TRE 3 (1978), 174-189.

Ders., Art. Apokaplytik/Apokalypsen IV. Neues Testament, in: TRE 3 (1978), 251-257.

VISCHER, E., Art. Offenbarung des Johannes, in: RGG 4 (1913), 922-937.

WERBECK, W., Art. Johannesapokalpse, in: RGG[3] 3 (1959), 822-836.

WERBICK, J., Art. Offenbarung V. Christentum 2. Dogmatisch a) Katholisches Verständnis, in: RGG[4] 6 (2003), 477-479.

WINDISCH, H., Art. Johannesapokalypse, in: RGG[2] 3 (1929), 330-346.

1.3 Monographien

ALLEN, G. V./PAUL, I./WOODMAN, S. P., The Book of Revelation. Currents in British Research on the Apocalypse, WUNT II 411, Tübingen 2015.

BANDY, A. S., The Prophetic Lawsuit in the Book of Revelation, NTM 29, Sheffield 2010.

BARR, D. L., Reading the book of Revelation. A resource for students, SBL Resources for biblical study 44, Atlanta 2003.

BAUCKHAM, R., The Climax of Prophecy. Studies on the Book of Revelation, Edinburgh 1993.

Ders., The Theology of the Book of Revelation, New Testament Theology, Cambridge u. a. [19]2010.

BAUER, T. J., Das tausendjährige Messiasreich der Johannesoffenbarung. Eine literarkritische Studie zu Offb 19,11-21,8, BZNW 148, Berlin u. a. 2007.

BEHRENDS, R., Biblia Pauperum – Apocalypsis. Die Weimarer Handschrift, Leipzig 2007.

BEILE, R., Zwischenruf aus Patmos. Eine neue Gesamteinschätzung der Apokalypse des Johannes von Ephesus, Göttingen [2]2005.

BÖCHER, O., Kirche in Zeit und Endzeit. Aufsätze zur Offenbarung des Johannes, Neukirchen-Vluyn 1983.

Ders., Die Johannesapokalypse, EdF 41, 4. durchges. und mit einem neuen Nachtr. vers. Aufl., Darmstadt 1998.

Ders., Johannesoffenbarung und Kirchenbau. Das Gotteshaus als Himmelsstadt, Neukirchen-Vluyn 2010.

BROER, I., Die Briefliteratur, die Offenbarung des Johannes und die Bildung des Kanons, Würzburg 2001.

BOUSSET, W., Der Antichrist in der Überlieferung des Judentums, des Neuen Testaments und der alten Kirche. Ein Beitrag zur Auslegung der Apokalypse, Nachdr. d. Orig. von 1895, Hildesheim 1983.

BUSCH, P., Der gefallene Drache. Mythenexegese am Beispiel von Apokalypse 12, TANZ 19, Tübingen/Basel 1996.

CHAN, C. L. P., Die Metapher des Lamms in der Johannesapokalypse. Eine sprach- und sozialgeschichtliche Analyse, NTOA 99, Göttingen 2016.

COLLINS, A. Y., The Combat Myth in the Book of Revelation, HDR 9, Missoula 1976.

Ders., Crisis and Catharsis. The Power of the Apocalypse, Philadelphia 1984.

CREMER, O., Das sagt der Sohn Gottes. Die Christologie der Sendschreiben der Johannesoffenbarung, WMANT 141, Neukirchen-Vluyn 2014.

DE SILVA, D. A., Seeing Things John's Way. The Rhetoric of the Book of Revelation, Louisville (KY) 2009.

DOCHHORN, J., Schriftgelehrte Prophetie. Der eschatologische Teufelsfall in Apc Joh 12 und seine Bedeutung für das Verständnis der Johannesoffenbarung, WUNT 268, Tübingen 2010.

DUFF, P. B., Who Rides the Beast? Prophetic Rivalry and the Rhetoric of Crisis in the Churches of the Apocalypse, Oxford/New York 2011.

ELLUL, J., Apokalypse. Die Offenbarung des Johannes - Enthüllung der Wirklichkeit, Neukirchen-Vluyn 1981.

FORD, J. M., Revelation, AncB 38, Garden City 1985.

Dies., Revelation. Introduction, Translation, and Commentary, New York 1975.

FREY, J., Ein Buch mit sieben Siegeln? Zu Sinn und Bedeutung der Johannesapokalypse, ThS 8, Zürich 2016.

FRIESEN, S. J., Imperial Cults and the Apocalypse of John. Reading Revelation in the Ruins, Oxford u. a. 2001.

Ders., Imperial Cults and the Apocalypse of John. Reading Revelation in the Ruins. Oxford Scholarship Online, Oxford 2004.

FRILINGOS, C. A., Spectacles of Empire. Monsters, Martyrs, and the Book of Revelation, Philadelphia 2004.

FÜSSEL, K., Im Zeichen des Monstrums. Zur Staatskritik der Johannesapokalypse, Theologie aktuell Bd. 5, Luzern 1986.

GÄRTNER, U. C., Apokalypse. Kat. der Darstellung zur Offenbarung des Johannes im 20. Jh. unter bes. Berücksichtigung der Apokalypse-Folgen, Erlangen/Nürnberg 1984.

GILBERTSON, M., God and History in the Book of Revelation. New Testament Studies in Dialogue with Pannenberg and Moltmann, MSSNTS 124, Cambridge 2003.

GLONNER, G., Zur Bildersprache des Johannes von Patmos. Untersuchung der Johannesapokalypse anhand einer um Elemente der Bildinterpretation erweiterten historisch-kritischen Methode, NTA.NF 34, Münster 1999.

GOLLINGER, H., Kirche in der Bewährung. Eine Einführung in die Offenbarung des Johannes, CiW 6. Ser., Das Buch der Bücher 13, Aschaffenburg 1973.

GRADL, H.-G., Buch und Offenbarung. Medien und Medialität der Johannesapokalypse, HBS 75, Freiburg i. B. 2014.

GRÜNBERG, K., Die kirchenslavische Überlieferung der Johannes-Apokalypse, Heidelberger Publikationen zur Slavistik 9, Frankfurt am Main u. a. 1996.

GRUNDY, J., Apokalypse. Die Offenbarung an Johannes, Frankfurt a. M. 1993.

HAMILTON, J. M., Revelation. The Spirit speaks to the Churches, Wheaton (IL) 2012.

HEINZE, A., Johannesapokalypse und johanneische Schriften. Forschungs- und traditionsgeschichtliche Untersuchungen, BWANT 142, Stuttgart 1998.

HEMER, C. J., The Letters to the Seven Churches of Asia in Their Local Setting, JSNTS 11, Sheffield 1986.

HEO, K., Christus vincit. Das Christus-Krieger-Motiv in der Johannes-Offenbarung, München 2012.

HERGHELEGIU, M.-E., Siehe, er kommt mit den Wolken! Studien zur Christologie der Johannesoffenbarung, EHS.T 785, Frankfurt a. M. u. a. 2004.

HERMS, R., An Apocalypse for the Church and for the World. The narrative function of universal language in the book of Revelation, BZNW 143, Berlin 2006.

HERNÁNDEZ, J., Scribal habits and theological influences in the Apocalypse. The singular readings of Sinaiticus, Alexandrinus, and Ephraemi, WUNT II/218, Tübingen 2006.

HIEKE, TH./NICKLAS, T., »Die Worte der Prophetie dieses Buches«. Offenbarung 22,6-21 als Schlussstein der christlichen Bibel Alten und Neuen Testaments gelesen, BThS 62, Neukirchen-Vluyn 2003.

HIRSCHBERG, P., Das eschatologische Israel. Untersuchungen zum Gottesvolkverständnis der Johannesoffenbarung, WMANT 84, Neukirchen-Vluyn 1999.

Ders., Sehend werden. Wie die Johannesoffenbarung die Wirklichkeit erschließt, Leipzig 2013.

HUBER, K., Einer gleich einem Menschensohn. Die Christusvisionen in Offb 1,9-20 und Offb 14,14-20 und die Christologie der Johannesoffenbarung, NTA NF 51, Münster (Westfalen) 2007.

HUBER, L. R., Like a bride adorned. Reading metaphor in John's Apocalypse, New York 2007.

JENS, W., Das A und das O. Die Offenbarung des Johannes, Stuttgart [3]1988.

JOHNS, L. L., The lamb christology of the Apocalypse of John. An investigation into its origins and rhetorical force, WUNT 167, Tübingen 2003.

JOCHUM-BORTFELD, C., Die zwölf Stämme in der Offenbarung des Johannes. Zum Verhältnis von Ekklesiologie und Ethik, Münchner theologische Beiträge 6, München 2000.

KARRER, M., Die Johannesoffenbarung als Brief. Studien zu ihrem literarischen, historischen und theologischen Ort, FRLANT 140, Göttingen 1986.

KERNER, J., Die Ethik der Johannes-Apokalypse im Vergleich mit der des 4. Esra. Ein Beitrag zum Verhältnis von Apokalyptik und Ethik, BZNW 94, Berlin 1998.

KIRBY, D. J., Repetition in the Book of Revelation, dissertation submitted to the Faculty of the Biblical Studies Program School of Theology and Religious Studies of The Catholic University of America, Washington D. C. 2009.

KOCH, M., Drachenkampf und Sonnenfrau. Zur Funktion des Mythischen in der Johannesapokalypse am Beispiel von Apk 12, WUNT II.184, Tübingen 2004.

KRAFT, H., Die Bilder der Offenbarung des Johannes, Frankfurt a. M. u. a. 1994.

KRAYBILL, N., Imperial Cult and Commerce in John's Apocalypse, JSNTSup 132, Sheffield 1996.

KRETSCHMAR, G., Die Offenbarung des Johannes. Die Geschichte ihrer Auslegung im 1. Jahrtausend, CThM 9, Stuttgart 1985.

KÜTTNER, G., Was jetzt vom Himmel her auf Erden geschieht. Auslegung der Offenbarung, Holzgerlingen 1998.

LOHSE, E., Synagoge des Satans und Gemeinde Gottes. Zum Verhältnis von Juden und Christen nach der Offenbarung des Johannes, FDV 1, Münster 1992.

MACGINN, S. E./GALE, A. M., The Book of Revelation, Bibliographies for biblical research 21, Lewiston u. a. 1997.

MACH, R., The elusive macrostructure of the Apocalypse of John. The complex literary arrangement of an open text, mit einem Vorwort von STEPHEN WRIGHT I., Friedensauer Schriftenreihe Reihe A Bd. 13, Wien 2015.

MAIER, G., Die Johannesoffenbarung und die Kirche, WUNT 25, Tübingen 1981

MANN, D., Mit dem Neuen Testament im Gespräch. Teil 2. Die Briefe und die Offenbarung des Johannes, AHK 2, Konstanz 1986.

MANUNZA, C., L'Apocalisse come »actio liturgica« christiana. Studio esegetico-teologico di Ap 1,9-16; 3,14-22; 13,9-10; 19,1-8, AnBibl 199, Rom 2012.

MARSHALL, J. W., Parables of War. Reading John's Jewish Apocalypse, SCJud 10, Waterloo 2001.

MAZZAFERRI, F. D., The genre of the Book of Revelation from a source-critical perspective, Berlin 1989.

MOT, L. F., Angels and Beasts. The Relationship between the Four Living Creatures and the Four Riders in Revelation 6:1-8, Eugene (OR) 2017.

MOUNCE, R. H., The Book of Revelation, NIC, Neudr. d. durchges. Aufl. 1997, Grand Rapids (MI) u. a. 2012.

MOYISE, S., The Old Testament in the Book of Revelation, JSNT Sup. 115, Sheffield 1995.

MUCHA, R., Der apokalyptische Kaiser. Die Wahrnehmung Domitians in der apokalyptischen Literatur des Frühjudentums und Urchristentums, Frankfurt a. M. 2015.

MÜLLER, E., Der Erste und der Letzte. Studien zum Buch der Offenbarung, Adventistica 11, Frankfurt a. M. u. a. 2011.

MÜLLER, U. B., Messias und Menschensohn in jüdischen Apokalypsen und in der Offenbarung des Johannes, StNT 6, Gütersloh 1972.

MURILLO SOBERANIS, K., Die Christusvisionen der Johannesoffenbarung. Ein rezeptionsästhetischer Zugang unter Berücksichtigung von Apokalypsedarstellungen, SBB 67, Stuttgart 2011.

NEUENHAUSEN, U., Die Offenbarung – Das Buch das glücklich macht. Eine Lese- und Glaubenshilfe zum letzten Buch der Bibel, 2. überarb. und erw. Aufl., Frankenthal 2014.

NEUMANN, N., Hören und Sehen. Die Rhetorik der Anschaulichkeit in den Gottesthron-Szenen der Johannesoffenbarung, ABG 49, Leipzig 2015.

NEWPORT, K. G. C., Apocalypse and millennium. Studies in biblical eisegesis, Cambridge 2008.

PAGELS, E., Apokalypse. Das letzte Buch der Bibel wird entschlüsselt, München 2013.

PATTEMORE, S., The People of God in the Apocalypse. Discourse, structure and exegesis, MSSNTS 128, Cambridge 2004.

PENLEY, P. T., The common tradition behind synoptic sayings of judgment and John's Apocalypse. An oral interpretive tradition of OT prophetic material, LNTS 424, London 2010.

PERRY, P. S., The rhetoric of digressions. Revelation 7:1-17 and 10:1-11:13 and ancient communication, WUNT II/268, Tübingen 2009.

PETER, K., Apokalyptische Schrifttexte. Gewalt schürend oder transformierend? Ein Beitrag zu einer dramatisch-kritischen Lesart der Offenbarung des Johannes, Beiträge zur mimetischen Theorie 29, Wien u. a. 2011.

PEZZOLI-OLGIATI, D., Täuschung und Klarheit. Zur Wechselwirkung zwischen Vision und Geschichte in der Johannesoffenbarung, FRLANT 175, Göttingen 1997.

PIPPIN, T., Death and Desire. The Rethoric of Gender in the Apocalypse of John, Louisville 1992.

REDZICH, C., Apocalypsis Joannis tot habet sacramenta quot verba. Studien zur Sprache, Überlieferung und Rezeption hochdeutscher Apokalypseübersetzungen des späten Mittelalters, MTU 137, Berlin u. a. 2010.

REEVES, J. C., Trajectories in Near Eastern Apocalyptic. A Postrabbinic Jewish Apocalypse Reader, Atlanta 2005.

RESSEGUIE, J., Revelation Unsealed. A Narrative Critical Approach to John's Apocalypse, Leiden 1998.

RIEMER, U., Das Tier auf dem Kaiserthron? Eine Untersuchung zur Offenbarung des Johannes als historischer Quelle, BzA 114, Stuttgart u. a. 1998.

RISSI, M., Zeit und Geschichte in der Offenbarung des Johannes, Zürich 1952.

Ders., Was ist und was geschehen soll danach. Die Zeit- und Geschichtsauffassung der Offenbarung des Johannes, AThANT 46, 2. stark veränd. Aufl., Zürich 1965.

ROOSE, H., »Das Zeugnis Jesu«. Seine Bedeutung für die Christologie, Eschatologie und Prophetie in der Offenbarung des Johannes, TANZ 32, Tübingen u. a. 2000.

RUIZ, J.-P., Ezekiel in the Apocalypse. The Transformation of Prophetic Language in Revelation 16,17-19,10, EHS.T 376, Frankfurt a. M. u. a. 1989.

SCHEDTLER, J. J., A heavenly chorus. The dramatic function of Revelation's hymns, WUNT II 381, Tübingen 2014.

SCHERRER, S. J., Revelation 13 as an Historical Source for the Imperial Cult under Domitian, Cambridge 1979.

SIGISMUND, M., Studien zum Text der Apokalypse, ANTF 47, Berlin 2015.

SCHMIED, W., Von der Schöpfung zur Apokalypse. Bilder zum Alten Testament und zur Offenbarung, Stuttgart 2007.

SCHNEPEL, E., Die Offenbarung des Johannes. 1. Teil. Die Pläne Gottes mit der Welt und seiner Gemeinde, Stuttgart 1952.

Ders., Die Offenbarung des Johannes. 2. Teil. Die letzte Etappe der Weltgeschichte und die Vollendung der Gemeinde Jesu, Stuttgart 1955.

SCHÜSSLER FIORENZA, E., Priester für Gott. Studien zum Herrschafts- und Priestermotiv in der Apokalypse, NTA.NF 7, Münster 1972.

Dies., Revelation. Vision of a Just World, Minneapolis 1991.

Dies., Das Buch der Offenbarung. Vision einer gerechten Welt, Stuttgart u. a. 1994.

Dies., The Book of Revelation. Justice and Judgement, Minneapolis ²1998.

SCHÜTZ, R., Die Offenbarung des Johannes und Kaiser Domitian, FRLANT 50, Göttingen 1933.

SELF, W., Revelation, Edinburgh 1999.

SICKENBERGER, J., Erklärung der Johannesapokalypse, Bonn ²1942.

SIEGEL, G., Die Offenbarung des Johannes, CHe, Stuttgart 1958.

SÖDING, T., Heiliger Krieg? Politik und Religion in der Offenbarung des Johannes. Dem Gedenken Paul Mikats; 503. Sitzung vom 17. September 2008 in Düsseldorf, Vorträge Nordrhein-Westfälische Akademie der Wissenschaften und der Künste 435, Paderborn u. a. 2011.

SOMMER, M., Der Tag der Plagen. Studien zur Verbindung der Rezeption von Ex 7-11 in den Posaunen- und Schalenvisionen der Johannesoffenbarung und der Tag-des-Herrn-Tradition, WUNT II 387, Tübingen 2015.

SÖNKSEN, S. H., Perspektiven und Fragen zum Neuen Testament. Zukunftsschau in der Offenbarung des Johannes; die Tempelreinigung; Jakobus, der Bruder Jesu; drei Abhandlungen zu Themen des Neuen Testaments, Frankfurt a. M. 2008.

STEBER, A./VON BALTHASAR, H. U., Die Bilder der Bamberger Apokalypse. Teilfaks, Lünen 1986.

STEIN, H. J., Frühchristliche Mahlfeiern. Ihre Gestalt und Bedeutung nach der neutestamentlichen Briefliteratur und der Johannesoffenbarung, WUNT II 255, Tübingen 2008.

STEPHENS, M. B., Annihilation or renewal? The meaning and function of new creation in the Book of Revelation, WUNT II/307, Tübingen 2011.

STUCKENBRUCK, L. T., Angel veneration and Christology. A study in early Judaism and the Christology of the Apocalypse of John, WUNT 70, Tübingen 1995.

TAEGER, J.-W., Johannesapokalypse und johanneischer Kreis. Versuch einer traditionsgeschichtlichen Ortsbestimmung am Paradigma der Lebenswasser-Thematik, Berlin 1989.

Ders., Johanneische Perspektiven. Aufsätze zur Johannesapokalypse und zum johanneischen Kreis 1984-2003, Göttingen 2006.

THOMPSON, L. L., The Book of Revelation. Apocalypse and Empire, New York 1990.

THOMPSON, S., The Apocalypse and Semitic Syntax, MSSNTS 52, 1985.

TÓTH, F., Das Tier, sein Bild und der falsche Prophet. Untersuchungen zum zeitgeschichtlichen Hintergrund von Johannesoffenbarung13 unter Einbeziehung des antiken Orakelwesens, BThSt 126, Neukirchen-Vluyn 2012.

TUMMUSEIT, K., Gesamtsatzstrukturen, ihre Aufbauprinzipien und Textfunktionen in der Offenbarung des Johannes von anno 1522 bis anno 1545 in den Übersetzungen von Luther, Emser, Zwingli, Dietenberger und Eck, Berliner sprachwissenschaftliche Studien 16, Berlin 2009.

ULLAND, H., Die Vision als Radikalisierung der Wirklichkeit in der Apokalypse des Johannes. Das Verhältnis der sieben Sendschreiben zu Apokalypse 12-13, TANZ 21, Tübingen u. a. 1997.

DE WAAL, K. B., An Aural-Performance Analysis of Revelation 1 and 11, Studies in Biblical Literature Volume 163, New York 2015.

WHITAKER, R. J., Ekphrasis, Vision and Persuasion in the Book of Revelation, WUNT II 410, Tübingen 2015.

WITETSCHEK, S., Ephesische Enthüllungen. 1. Frühe Christen in einer antiken Großstadt. Zugleich ein Beitrag zur Frage nach den Kontexten der Johannesapokalypse, BToS 6, Leuven 2008.

WITULSKI, TH., Die Johannesoffenbarung und Kaiser Hadrian. Studien zur Datierung der neutestamentlichen Apokalypse, FRLANT 221, Göttingen 2007.

Ders., Apk 11 und der Bar-Kokhba-Aufstand. Eine zeitgeschichtliche Interpretation, Tübingen 2012.

Ders., Die vier »apokalyptischen Reiter« Apk 6,1-8. Ein Versuch ihrer zeitgeschichtlichen (Neu-)Interpretation, BThSt 154, Neukirchen-Vluyn 2015.

WRIGHT, N. T., Offenbarung für heute, Gießen 2014.

ZELLER, D., Die Zeit in der Offenbarung des HL. Johannes unter besonderer Berücksichtigung der stilistischen Verwendung der Tempora, unveröff. MS, Collegium Germanicum 1963.

1.4 Sammelwerke

ALKIER, S./HAYS, R. B. (Hg.), Revelation and the Politics of Apocalyptic Interpretation, Waco (TX) 2012.

ALKIER, S./HIEKE, TH./NICKLAS, T. (Hg.) in Zusammenarbeit mit M. SOMMER, Poetik und Intertextualität der Johannesapokalypse, WUNT 346, Tübingen 2015.

BACHMANN, M. (Hg.), Von Paulus zur Apokalypse – und weiter. Exegetische und rezeptionsgeschichtliche Studien zum Neuen Testament, NTOA 91, Göttingen 2011.

BACKHAUS, K. (Hg.), Theologie als Vision. Studien zur Johannes-Offenbarung, SBS, Stuttgart 2001.

BARR, D. L. (Hg.), The Reality of Apocalypse. Rhetoric and politics in the book of Revelation, SBL Symposium Series 39, Leiden/Boston 2006.

Ders. (Hg.), Reading the book of Revelation. A resource for students. SBL Resources for biblical study 44, Atlanta 2003.

BECKER, M./ÖHLER, M. (Hg.), Apokalyptik als Herausforderung neutestamentlicher Theologie, WUNT II 214, Tübingen 2006.

EBNER, M. (Hg.), Kaiserkult, Wirtschaft und spectacula. Zum politischen und gesellschaftlichen Umfeld der Offenbarung, NTOA 72, Göttingen 2011.

ELSCHENBROICH J./DE VRIES, J. (Hg.), Worte der Weissagung. Studien zu Septuaginta und Johannesoffenbarung. FS Martin Karrer zum 60. Geburtstag, ABG 47, Leipzig 2014.

ELTROP, B. (Hg.), Bilder-Macht. Die Johannesapokalypse, BiKi 67.2, Stuttgart 2012.

FREY, J./KELHOFFER, J. A./TÓTH, F. (Hg.), Die Johannesapokalypse. Kontexte - Konzepte - Wirkungen, WUNT 287, Tübingen 2012.

GIESEN, H. (Hg.), Studien zur Johannesapokalypse, SBAB 29, Stuttgart 2000.

GRADL, H.-G. (Hg.), Am Ende der Tage. Apokalyptische Bilder in Bibel, Kunst, Musik und Literatur, Regensburg 2011.

GUNDRY, S. N./PATE, C. M. (Hg.), Four Views on the Book of Revelation, Zondervan 2010.

HAINZ, J. (Hg.), Neues Testament und Kirche. Gesammelte Aufsätze, Regensburg 2006, ebd. Teil VI Apokalypse, 309-327.

HEININGER, B. (Hg.), Mächtige Bilder. Zeit- und Wirkungsgeschichte der Johannesoffenbarung, SBS 225, Würzburg 2011.

HELLHOLM, D. (Hg.), Apocalypticism in the Mediterranean world and the Near East. Proceedings from the International Colloquium on Apocalypticism (Uppsala, August 12-17, 1979), Tübingen 1983.

HORN, F. W. (Hg.), Studien zur Johannesoffenbarung und ihrer Auslegung. FS Otto Böcher zum 70. Geburtstag, Neukirchen-Vluyn 2005.

HUBER, K./REPSCHINSKI, B. (Hg.), Im Geist und in der Wahrheit. Studien zum Johannesevangelium und zur Offenbarung des Johannes sowie andere Beiträge, NTA N.F. 52, Münster 2008.

Ders. u. a. (Hg.), Tot sacramenta quot verba. Zur Kommentierung der Apokalypse des Johannes von den Anfängen bis ins 12. Jahrhundert, Münster 2014.

KARRER, M./KREUZER, S./SIGISMUND, M. (Hg.), Von der Septuaginta zum Neuen Testament. Textgeschichtliche Erörterungen, ANTF 43, Berlin/Boston 2010, ebd. Kapitel V. Die Apokalypse des Johannes – textgeschichtliche Probleme und Schriftrezeption, 317-423.

KRAUS, TH. J./SOMMER, M. (Hg.), Book of Seven Seals. The Peculiarity of Revelation, its Manuscripts, Attestation, and Transmission, WUNT 363, Tübingen 2016.

LABAHN, M./KARRER, M. (Hg.), Die Johannesoffenbarung. Ihr Text und ihre Auslegung, ABIG 38, Leipzig 2012.

Ders. (Hg.), Imagery in the Book of Revelation, CBET 60, Leuven 2011.

LAMBRECHT, J. (Hg.), L'Apocalypse johannique et l'Apocalyptique dans le Nouveau Testament, Gembloux 1980.

Ders., Collected Studies on Pauline Literature and on The Book of Revelation, AnBib 147, Rom 2001.

MOYISE, S. (Hg.), Studies in the book of Revelation, Edinburgh u. a. 2001.

SÄNGER, D. (Hg.), Das Ezechielbuch in der Johannesoffenbarung. FS Hans Hübner zum 75. Geburtstag, Neukirchen-Vluyn 2004.

SCHMELLER, TH./EBNER, M./HOPPE, R. (Hg.), Die Offenbarung des Johannes. Kommunikation im Konflikt, QD 253, Freiburg i. B. u. a. 2013.

STELZMANN, V. (Hg.), Die Offenbarung des Johannes. Druck der Sisyphos-Presse, Leipzig 2002.

STOWASSER, M. (Hg.), Das Gottesbild in der Offenbarung des Johannes, WUNT II 397, Tübingen 2015.

STRECKER, G./SCHNELLE, U./SEELIG, G. (Hg.), Neuer Wettstein. Texte zum Neuen Testament aus Griechentum und Hellenismus, Bd. II. Texte zur Briefliteratur und zur Johannesapokalypse, Teilbd. 2, Berlin u. a. 1996.

Themenheft Apokalypse, ZNT 22 (2008).

Themenheft Apokalypse. Die Offenbarung an Johannes, WUB 2/2009.

1.5 Aufsätze

ALKIER, S., Leben in qualifizierter Zeit. Die präsentische Eschatologie des augusteischen Imperium Romanum und die apokalyptische Eschatologie des Evangeliums vom auferweckten Gekreuzigten, in: ZNT 22 (2008), 20-34.

Ders., Die Johannesapokalypse als »ein zusammenhängendes und vollständiges Ganzes«, in: M. LABAHN/M. KARRER (Hg.), Die Johannesoffenbarung. Ihr Text und ihre Auslegung, Leipzig 2012, 147-171.

Ders., Hoffnung hören und sehen! Beobachtungen zur Dialogizität des Hebräerbriefes und der Johannesapokalypse, in: ZNT 15 (29/2012), 14-24.

Ders., Witness or Warrior? How the book of Revelation Can Help Christians Live Their Political Lives, in: ders./R. B. HAYS (Hg.), Revelation and the Politics of Apocalyptic Interpretation, Waco (TX) 2012, 125-141.

Ders., Schwerwiegende Differenzen - Vernachlässigte Antagonismen in der Johannesapokalypse, in: ders./M. SCHNEIDER/C. WIESE (Hg.), Diversität - Differenz - Dialogizität, Berlin/Boston 2017, 247-289.

Ders./NICKLAS, T., Wenn sich Welten berühren. Beobachtungen zu zeitlichen und räumlichen Strukturen in der Apokalypse des Johannes, in: S. ALKIER/TH. HIEKE/T. NICKLAS (Hg.) in Zusammenarbeit mit M. SOMMER, Poetik und Intertextualität der Johannesapokalypse, WUNT 346, Tübingen 2015, 205-226.

Ders./PAULSEN, TH., Der kommende Gott. Philologische, literaturwissenschaftliche und theologische Beobachtungen zur Komposition der Johannesapokalypse, ThLZ 142 (2017), 453-472.

ALLEN, G. V., Scriptural Allusions in the Book of Revelation and the Contours of Textual Research 1900-2014. Retrospect and Prospects, in: CBR 14 (3/2016), 319-339.

AUNE, D. E., The Influence of Roman Imperial Court Ceremonial on the Apocalypse of John, in: Papers of the Chicago Society of Biblical Research 28 (1983), 5-26.

BACHMANN, M., Wo bleibt das Positive? Zu Offb 6,1 f. und 17,5 in Rezeptionsgeschichte und Exegese, in: M. LABAHN/M. KARRER (Hg.), Die Johannesoffenbarung. Ihr Text und ihre Auslegung, Leipzig 2012, 197-221.

BACKHAUS, K., Apokalyptische Bilder? Die Vernunft der Vision in der Johannes-Offenbarung, in: EvTh 64 (2004), 421-437.

BALCH, D. L., »A Woman Clothed with the Sun« and the »Great Red Dragon« Seeking to »Devour Her Child« (Rev 12:1, 4) in Roman Domestic Art, in: J. FOTOPOULOS (Hg.), The New Testament and Early Christian Literature in Greco-Roman Context, NT.S 122, Leiden 2006, 287-314.

BARNHILL, G. M., Seeing Christ through Hearing the Apocalypse. An Exploration of John's Use of *Ekphrasis* in Revelation 1 and 19, in: JSNT 39 (3/2017), 235-257.

BARR, D. L., Using Plot to Discern Structure in John's Apocalypse, in: Proceedings of the Eastern Great Lakes and Mid-West Biblical Societies 15 (1995), 23-33.

BAUCKHAM, R., The Economic Critique of Rome in Revelation 18, in: A. LOVEDAY (Hg.), Images of Empire, JSOTS 122, Sheffield 1991, 47-90.

Ders., Structure and Composition, in: ders. (Hg.), The Climax of Prophecy. Studies on the Book of Revelation, Edinburgh 1993, 1-37.

Ders., The Eschatological Earthquake, in: ders. (Hg.), The Climax of Prophecy. Studies on the Book of Revelation, Edinburgh 1993, 199-209.

BAUER, D., Die großen Tiere und der kleine Mann. Zur Schreckensvision in Offenbarung 13, in: BiHe 131 (1997), 86-87.

BAUER, T. J., »Seht, ich mache alles neu…« (Offb 21,5). Die neutestamentliche Apokalypse als Abgesang auf Welt und Geschichte, in: M. MEYER-BLANCK (Hg.), Geschichte und Gott. XV. Europäischer Kongress für Theologie (14.-18. September 2014 in Berlin), VWGTh 44, Leipzig 2016, 412-434.

BEALE, G. K., The Danielic Background for Revelation 13:18 and17:9, in: TynB 31 (1980), 163-170.

Ders., Solecisms in the Apocalypse as Signals for the Presence of Old Testament Allusions. A Selective Analysis of Revelation 1-22, in: C. A. EVANS/J. A. SANDERS (Hg.), Early Christian Interpretation of the Scriptures of Israel. Investigations and Proposals, JSNT.SS 148, Sheffield 1997, 421-446.

Ders., The Hearing Formula and the Visions of John in Revelation, in: M. BOCKMUEHL/M. B. THOMPSON (Hg.), A Vision for the Church. Studies in Early Christian Ecclesiology, Edinburgh 1997, 167-180.

BECKER, E.-M., Jews and Christians in Conflict? Polemical and Satirical Elements in Revelation 2-3, in: A.-CH. JACOBSEN u. a. (Hg.), Critique and Apologetics. Jews, Christians and Pagans in Antiquity, ECCA 4, Frankfurt a. M. 2009, 111-136.

BEHM, J., Johannesapokalypse und Geschichtsphilosophie, in: ZSTh 2 (1925), 323-344.

BELL, A. A., The Date of John's Apocalypse. The Evidence of Some Roman Historians Reconsidered, in: NTS 25 (1978), 93-102.

BERGMEIER, R., Die Erzhure und das Tier. Apk 12,18-13,18 und 17ff. Eine quellen- und redaktionskritische Analyse, in: ANRW II.25.5 (1988), 3899-3916.

BIGUZZI, G., Ephesus, its Artemission, its Temple to the Flavian Emperors, and Idolatry in Revelation, in: NovTest 40 (1998), 276-290.

BÖCHER, O., Das Verhältnis der Apokalypse des Johannes zum Evangelium des Johannes, in: J. LAMBRECHT (Hg.), L'Apocalypse johannique et l'Apocalyptique dans le Nouveau Testament, Gembloux 1980, 289-301.

Ders., Johanneisches in der Apokalypse des Johannes, in: NTS 27 (1981), 310-321.

Ders., Israel und die Kirche in der Johannesapokalypse, in: ders., Kirche in Zeit und Endzeit. Aufsätze zur Offenbarung des Johannes, Neukirchen-Vluyn 1983, 28-57.

Ders., Das tausendjährige Reich, in: ders., Kirche in Zeit und Endzeit. Aufsätze zur Offenbarung des Johannes, Neukirchen-Vluyn 1983, 133-143.

Ders., Die Offenbarung des Johannes – Grundzüge ihrer Auslegung, in: G. M. MARTIN (Hg.), Das letzte Buch der Bibel, Arnoldshain 1983, 21-30.

Ders., Glaube und Werke in der Johannesapokalypse, in: L. SCHOTTROFF (Hg.), Die Auslegung Gottes durch Jesus. Festgabe für Herbert Braun, Mainz 1983, 57-71.

Ders., Lasterkataloge in der Apokalypse des Johannes, in: B. BUSCHBECK/F. LEMKE (Hg.), Leben lernen im Horizont des Glaubens. FS Siegfried Wibbing, Landau 1986, 75-84.

Ders., Die Johannes-Apokalypse in der neueren Forschung, in: ANRW II.25.5 (1988), 3850-3893.

Ders., Die Johannes-Apokalypse und die Texte von Qumran, in: ANRW II.25.5 (1988), 3894-3898.

Ders., Mythos und Rationalität in der Apokalypse des Johannes, in: H. H. SCHMID (Hg.), Mythos und Rationalität, VWGTh 5, Gütersloh 1988, 163-171.

Ders., Das himmlische Jerusalem. Die Aussagen der Offenbarung des Johannes über Gegenwart und Zukunft der Kirche, in: M. C. FRHR. VON HEYL ZU HERRNSHEIM (Hg.), Königsteiner christliche Beiträge. Dokumentation II, Königstein (Taunus) 1990, 60-63.

Ders., Naherwartung und Geschichtsbild in der Apokalypse des Johannes, in: H. WISSMANN (Hg.), Zur Erschließung von Zukunft in den Religionen. Zukunftserwartung und Gegenwartsbewältigung in der Religionsgeschichte, Würzburg 1991, 103-112.

Ders., Christliche Endzeiterwartung – seit fast 2000 Jahren. Die Apokalypse des Johannes und die Geschichte ihrer Auslegung, in: H. KESSLER (Hg.), Gefahren und Chancen des Wertewandels, Mannheim 1993, 241-258.

Ders., Johannes-Apokalypse und Hebräerbrief, in: C. MAYER/K. MÜLLER/G. SCHMALENBERG (Hg.), Nach den Anfängen fragen. FS Gerhard Dautzenberg, Gießen 1994, 107-115.

Ders., Hellenistisches in der Apokalypse des Johannes, in: H. LICHTENBERGER (Hg.), Geschichte – Tradition – Reflexion. FS Martin Hengel, Bd. 3, Tübingen 1996, 473-492.

Ders., Die Bildwelt der Apokalypse des Johannes, in: JBTh 13 (1998), 77-105.

Ders., Die Johannes-Offenbarung, in: A. LASER (Hg.), Uwe Appold. Apokalypse. 39 Bilder zur Offenbarung 1995-99, Düsseldorf/Breklum 1999, 19-30.

Ders., Die Johannes-Apokalypse im Spiegel politischer Endzeit-Metaphorik des 19. Jahrhunderts, in: R. BRAUN/W.-F. SCHÄUFELE (Hg.), Frömmigkeit unter den Bedingungen der Neuzeit. FS G. A. Benrath, QSHK 6, Darmstadt u. a. 2001, 267-279.

Ders., Die Apokalypse des Johannes – jüdisch oder christlich?, in: F. SIEGERT (Hg.), Grenzgänge. Menschen und Schicksale zwischen jüdischer, christlicher und deutscher Identität. FS D. Aschoff, Münsteraner judaistische Studien 11, Münster u. a. 2002, 89-97.

Ders., Aspekte einer Hermeneutik der Johannes-Offenbarung, in: W. PRATSCHER/M. ÖHLER (Hg.), Theologie in der Spätzeit des Neuen Testaments. Vorträge auf dem Symposium zum 75. Geburtstag von Kurt Niederwimmer, Wien 2005, 23-33.

BRUN, L., Die römischen Kaiser in der Apokalypse, in: ZNW 26 (1927), 128-151.

CALLAHAN, A. D., Babylon Boycott. The Book of Revelation, in: Interp. 63 (2009), 48-54.

CHARLESWORTH, J. H., Prolegomenous Reflections on Orphidian Iconography, Symbology, and New Testament Theology, in: J. FOTOPOULOS (Hg.), The New Testament and Early Christian Literature in Greco-Roman Context, NT.S 122, Leiden 2006, 315-331.

CHRISTOPHERSEN, A., Ein neuer Nachlaß Friedrich Lückes in Göttingen. Mit einem Brief B. Jacobis über seine Studienzeit in Berlin und einem Brief C. A. Auberlens zur Kritik an einer »zeitgeschichtlichen« Auslegung der Johannesoffenbarung, in: ZNThG 9 (1/2002), 26-41.

COLLINS, A. Y., The Political Perspective of the Revelation of John, in: JBL 96 (1977), 241-256.

Ders., Portraits of Rulers in the Book of Revelation, in: R. DEINES/J. HERZER/K.-W. NIEBUHR (Hg.), Neues Testament und hellenistisch-jüdische Alltagskultur. Wechselseitige Wahrnehmungen, WUNT 274, Tübingen 2012, 275-299.

COLLINS, J. J., Pseudonymity, Historical Reviews and the Genre of the Revelation of John, in: CBQ 39 (1977), 329-343.

CONSTANTINOU, E. S., Banned from the Lectionary. Excluding the Apocalypse of John from the Orthodox New Testament Canon, in: V. S. HOVHANESSIAN (Hg.), The Canon of the Bible and the Apocrypha in the Churches of the East, New York 2012, 51-62.

CUKROWSKI, K., The Influence of the Emperor Cult on the Book of Revelation, in: RestQ 45 (2003), 51-64.

FRANKFURTER, D., Jews or not? Reconstructing the ‚Other' in Rev 2:9 and 3:9, in: HTR 94 (2001), 403-425.

FRENSCHKOWSKI, M., Parthica Apocalyptica. Mythologie und Militärwesen iranischer Völker in ihrer Rezeption durch die Offenbarung des Johannes, in: JAC 47 (2004), 16-57.

FREY. J., Erwägungen zum Verhältnis der Johannesapokalypse zu den übrigen Schriften im Corpus Johanneum, in: M. HENGEL (Hg.), Die johanneische Frage. Ein Lösungsversuch, mit einem Beitrag von J. FREY, WUNT 67, Tübingen 1993, 326-429.

Ders., Die Bildersprache der Johannesapokalypse, in: ZThK 98 (2/2001), 161-185.

Ders., Die Himmelskönigin, die Sonnenfrau und die Johannesapokalypse. Zum mythologischen Hintergrund und zur textpragmatischen Funktion eines wirkmächtigen Bildmotivs, in: WJTh 5 (2004), 95-112.

Ders., The Relevance of the Roman Imperial Cult for the Book of Revelation. Exegetical and Hermeneutical Reflections on the Revelation between the Seven Letters and the Visionary Main Part of the Book, in: J. FOTOPOULOS (Hg.), The New Testament and Early Christian Literature in Greco-Roman Context. Studies in Honor of David E. Aune, NT.S 122, Leiden 2006, 231-256.

Ders., Das Corpus Johanneum und die Apokalypse des Johannes. Die Johanneslegende, die Probleme der johanneischen Verfasserschaft und die Frage der Pseudonymität der Apokalypse, in: S. ALKIER/TH. HIEKE/T. NICKLAS (Hg.) in Zusammenarbeit mit M. SOMMER, Poetik und Intertextualität der Johannesapokalypse, WUNT 346, Tübingen 2015, 71-133.

FRIESEN, S. J., Revelation, Realia, and Religion. Archaeology in the Interpretation of the Apocalypse, in: HTR 88 (1995), 291-314.

Ders., Satan's Throne, Imperial Cults and the Social Setting of Revelation, in: JSNT 27 (2005), 351-373.

HAINZ, J., Biblische Apokalypse und säkulare Weltuntergangsstimmung, in: ders. (Hg.), Neues Testament und Kirche. Gesammelte Aufsätze, Regensburg 2006, 309-322.

Ders., »Siehe, ich stehe vor der Tür und klopfe an«. Eine exegetische Hinführung zu Offb 3,14-22, in: ders. (Hg.), Neues Testament und Kirche. Gesammelte Aufsätze, Regensburg 2006, 323-327.

GIELEN, M., Satanssturz und Gottesherrschaft (Offb 12). Das Verhältnis von Macht und Religion in der pragmatischen Konzeption der Johannesoffenbarung, in: ders./J. KÜGLER (Hg.), Liebe, Macht und Religion. Interdisziplinäre Studien zu Grunddimensionen menschlicher Existenz, Stuttgart 2003, 163-183.

GIESEN, H., Zur Christologie der Johannesapokalypse, in: ThG 43 (3/2000), 185-197.

Ders., Das Römische Reich im Spiegel der Johannes-Apokalypse, in: ANRW II.26.3 (1996), 2501-2614.

Ders., Das Gottesbild der Johannesoffenbarung, in: U. BUSSE (Hg.), Der Gott Israels im Zeugnis des Neuen Testaments, QD 201, Freiburg i. B. 2003, 162-192.

Ders., Wem gehört die Weltherrschaft? Zur politischen Dimension der Offenbarung des Johannes, in: WUB 52 (2009), 47-51.

GOLLINGER, H., Das geschlachtete Lamm auf Gottes Thron. Anmerkungen zum Christusbild der Johannesapokalypse, in: U. BUSSE (Hg.), Erinnerung an Jesus. Kontinuität und Diskontinuität in der neutestamentlichen Überlieferung, Bonn 2011, 401-417.

GRADL, H.-G., Kaisertum und Kaiserkult. Ein Vergleich zwischen Philos Legatio ad Gaium und der Offenbarung des Johannes, in: NTS 56 (2009), 116-138.

DE GROOTE, M., Apokalyptik und die eigene Art der Johannesapokalypse, in: BZ.NF 46 (1/2002), 103-106.

Ders., Kanonbildung im Westen. Das Schicksal der Johannesapokalypse, in: ZKG 114 (3/2003), 323-332.

Ders., Die Johannesapokalypse und die Kanonbildung im Osten, in: ZKG 116 (2/2005), 147-160.

HÄFNER, G./SCHREIBER, S., Pastoralbriefe und Johannesoffenbarung. Kontroverse Einstellungen zu Staat und Gesellschaft, in: M. EBNER/G. HÄFNER/K. HUBER (Hg.), Kontroverse Stimmen im Kanon, QD 279, Freiburg i. B. u. a. 2016, 10-63.

HAHN, F., Jahrtausendwende. Was sagt uns die Johannesoffenbarung zur Zukunft der Welt?, in: ZW 71 (1/2000), 7-18.

Ders., Das neue Jerusalem. Die Darstellung der Heilsvollendung im Rahmen der Schlußvision der Johannesoffenbarung, in: M. KARRER/W. KRAUS/O. MERK (Hg.), Kirche und Volk Gottes. FS für Jürgen Roloff zum 70. Geburtstag, Neukirchen-Vluyn 2000, 284-294.

HAYS, R. B., Faithful Witness, Alpha and Omega. The Identity of Jesus in the Apocalypse of John, in: ders./S. ALKIER (Hg.), Revelation and the Politics of Apocalyptic Interpretation, Waco (TX) 2012, 69-83.

HEILIGENTHAL, R., Wer waren die Nikolaiten? Ein Beitrag zur Theologiegeschichte des frühen Christentums, in: ZNW 82 (1991), 133-137.

HEININGER, B., Zwischen Anpassung und Widerstand. Die Johannesoffenbarung und der römische Kaiserkult, in: BiKi 67 (2/2012), 71-77.

VAN HENTEN, J. W., Ruler or God? The Demolition of Herod's Eagle, in: J. FOTOPOULOS (Hg.), The New Testament and Early Christian Literature in Greco-Roman Context, NT.S 122, Leiden 2006, 257-286.

HERNÁNDEZ JR., J., Scribal Tendencies in the Apocalypse. Starting the Conversation, in: C. A. EVANS/H. D. ZACHARIAS (Hg.), Jewish and Christian Scripture as Artifact and Canon, LSTS 70, London 2009, 248-260.

HIEKE, TH., Die literarische und theologische Funktion des Alten Testaments in der Johannesoffenbarung, in: S. ALKIER/TH. HIEKE/T. NICKLAS (Hg.) in Zusammenarbeit mit M. SOMMER, Poetik und Intertextualität der Johannesapokalypse, WUNT 346, Tübingen 2015, 271-290.

HOLTZ, T., Literatur zur Johannesapokalypse 1980-1996, ThR 62 (1997), 368-413.

Ders., Sprache als Metapher. Erwägungen zur Sprache der Johannesapokalypse, in: F. W. HORN/M. WOLTER (Hg.), Studien zur Johannesoffenbarung und ihrer Auslegung. FS Otto Böcher, Neukirchen-Vluyn 2005, 10-19.

HORN, F. W., Zwischen der Synagoge des Satans und dem neuen Jerusalem. Die christlich-jüdische Standortbestimmung in der Apokalypse des Johannes, in: ZRGG 46 (1994), 143-162.

HUBER, K., Schrei nach Vergeltung, göttliche Gewalt und Sieg des Lammes. Gewalt in der Johannesoffenbarung, in: BiKi 66 (3/2011), 164-168.

Ders./HASITSCHKA, M., Die Offenbarung des Johannes im Kanon der Bibel. Textinterner Geltungsanspruch und Probleme der kanonischen Rezeption, in: J.-M. AUWERS/H. J. DE JONGE (Hg.), The Biblical Canons, BETL 153, Leuven 2003, 609-618.

HUMPHREY, E. M., On Visions, Arguments, and Naming. The Rhetoric of Specificity and Mystery in the Apocalypse, in: Z. A. CROOK/P. A. HARLAND (Hg.), Identity and Interaction in the Ancient Mediterranean, NTM 18, Sheffield 2007, 164-178.

DE JONGE, H. J., The Function of Religious Polemics. The Case of the Revelation of John versus the Imperial Cult, in: T. L. HETTEMA u. a. (Hg.), Religious Polemics in Context, Assen 2004, 276-290.

JUDGE, E. A., The Mark of the Beast. Revelation 13:16, in: TynB 42 (1991), 158-160.

KARRER, M., Stärken des Randes. Die Johannesoffenbarung, in: U. MELL/U. B. MÜLLER (Hg.), Das Urchristentum in seiner literarischen Geschichte. FS für Jürgen Becker zum 65. Geburtstag (BZNW 100), Berlin u. a. 1999, 391-417.

Ders., Sprechende Bilder. Zur Christologie der Johannesapokalypse, in: J. Frey u. a (Hg.), Metaphorik und Christologie, TBT 120, Berlin 2003.

Ders., Von der Apokalypse zu Ezechiel. Der Ezechieltext der Apokalypse, in: D. Sänger (Hg.), Das Ezechielbuch in der Johannesoffenbarung, BThS 76, Neukirchen-Vluyn 2004, 84-120.

Ders., Der Text der Johannesoffenbarung. Varianten und Theologie, in: Neotestamentica 43 (2/2009), 373-398.

Ders., Ein alter Text neu gelesen. Die Johannesapokalypse, in: H.-G. Gradl (Hg.), Am Ende der Tage, Regensburg 2011, 9-33.

Ders., Christenverfolgungen, Lamm, Elysium und apokalyptische Reiter. Zur Wirkungsgeschichte der Johannesapokalypse, in: H.-G. Gradl (Hg.), Am Ende der Tage, Regensburg 2011, 68-89.

Ders., Apoll und die apokalyptischen Reiter, in: ders./M. Labahn (Hg.), Die Johannesoffenbarung. Ihr Text und ihre Auslegung, Leipzig 2012, 223-252.

Ders., Eine Zeit des Lichts für Israel und die Völker. Das vom Himmel herabsteigende Jerusalem der Johannesapokalypse, in: JBTh 28 (2013), 159-181.

Ders., Hellenistische und frühkaiserzeitliche Motive in der Johannesapokalypse, in: Th. Schmeller/M. Ebner/R. Hoppe (Hg.), Die Offenbarung des Johannes. Kommunikation im Konflikt, Freiburg i. B. u. a. 2013, 32-73.

Ders., Das Gottesbild der Offenbarung vor hellenistisch-frühkaiserzeitlichem Hintergrund, in: M. STOWASSER (Hg.), Das Gottesbild in der Offenbarung des Johannes, WUNT 397, Tübingen 2015, 53-81.

KERKESLAGER, A., Apollo, Greco-Roman Prophecy, and the Rider on the White Horse in Rev 6:2, in: JBL 112 (1993), 116-121.

KIRCHMAYR, K., Das sexagesimale System als Schlüssel zu Zahlen in der Offenbarung des Johannes, in: SNTU 35 (2010), 35-50.

KLAUCK, H.-J., Das Sendschreiben nach Pergamon und der Kaiserkult in der Johannesoffenbarung, in: ders. (Hg.), Alte Welt und neuer Glaube. Beiträge zur Religionsgeschichte, Forschungsgeschichte und Theologie des Neuen Testaments, NTOA 29, Freiburg (Schweiz) 1994, 115-143.

Ders., Die Johannesoffenbarung und die kleinasiatische Archäologie, in: MAX KÜCHLER (Hg.), Texte – Fakten – Artefakte. Beiträge zur Bedeutung der Archäologie für die neutestamentliche Forschung, NTOA 59, Göttingen 2006, 197-229.

KNÖPPLER, T., Das Blut des Lammes. Zur soteriologischen Relevanz des Todes Jesu nach der Johannesapokalypse, in: J. FREY (Hg.), Deutungen des Todes Jesu im Neuen Testament, WUNT 181, Tübingen 2005, 477-511.

VAN KOOTEN, G. H., The Year of the Four Emperors and the Revelation of John. The ›pro-Neronian‹ Emperors Otho and Vitellius, and the Images and Colossus of Nero in Rome, in: JSNT 30 (2007), 205-248.

KOWALSKI, B., Die Johannesoffenbarung im Kanon der Bibel. Ein neu geschriebener Ezechiel, in: BiKi 67 (2/2012), 78-84.

KYRTATAS, D., The Transformations of the Text. The Reception of John's Revelation, in: A. CAMERON (Hg.), History as Text. The Writing of Ancient History, London 1989, 146-162.

LABAHN, M., »Geschrieben in diesem Buche«. Die »Anspielungen« der Johannesapokalypse im Spannungsfeld zwischen den Referenztexten und der handschriftlichen Überlieferung in den großen Bibelhandschriften, in: M. KARRER/S. KREUZER/M. SIGISMUND (Hg.), Von der Septuaginta zum Neuen Testament. Textgeschichtliche Erörterungen, ANTF 43, Berlin/Boston 2010, 339-384.

Ders., Die Macht des Gedächtnisses. Überlegungen zu Möglichkeit und Grenzen des Einflusses hebräischer Texttradition auf die Johannesapokalypse, in: M. KARRER/S. KREUZER/M. SIGISMUND (Hg.), Von der Septuaginta zum Neuen Testament. Textgeschichtliche Erörterungen, ANTF 43, Berlin/Boston 2010, 385-416.

Ders., Teufelsgeschichten. Satan und seine Helfer in der Johannesapokalypse, in: ZNT 14 (28/2011), 33-42.

Ders., »Das Buch dieser Prophetie«. Die Schriften Israels und die Schrift des Sehers – Überlegungen zur Schrifthermeneutik der Johannesoffenbarung, in: B. J. KOET u. a. (Hg.), The Scriptures of Israel in Jewish and Christian Tradition. Essays in Honour of Maarten J. J. Menken, NT.S 148, Leiden 2013, 265-284.

LICHTENBERGER, H., Die Mahlmetaphorik in der Johannesapokalypse, in: C. GRAPPE (Hg.), Le Repas de Dieu/Das Mahl Gottes. 4. Symposium Strasbourg, Tübingen, Uspal (Strasbourg, 11-15 septembre 2002), WUNT 169, Tübingen 2004, 227-252.

LIETAERT PEERBOLTE, B. J., To Worship the Beast. The Revelation of John and the Imperial Cult in Asia Minor, in: M. LABAHN/J. ZANGENBERG (Hg.), Zwischen den Reichen. Neues Testament und römische Herrschaft, TANZ 36, Tübingen 2002, 239-259.

LONA, H. E., »Treu bis zum Tod«. Zum Ethos des Martyriums in der Offenbarung des Johannes, in: H. MERKLEIN (Hg.), Neues Testament und Ethik (FS Schnackenburg), Freiburg i. B. u. a., 442-481.

MATTHES, W., Die Chiffre 666 der Apokalypse (13,18), in: Hermes 139 (2011), 365-375.

MAYORDOMO-MARÍN, M., Gewalt in der Johannesoffenbarung als Problem ethischer Kritik, in: P. LAMPE u. a. (Hg.), Neutestamentliche Exegese im Dialog. Hermeneutik – Wirkungsgeschichte – Matthäusevangelium. FS für Ulrich Luz zum 70. Geburtstag, Neukirchen-Vluyn 2008, 45-69.

MINEAR, P. S., The Wounded Beast, in: JBL 72 (1953), 93-101.

MOBERLY, R., When was Revelation Conceived?, Bib 73 (1992), 376-393.

von Möllendorff, P., »Nimm und verschling es!« Elemente einer Poetik der Johannes-Apokalypse, in: S. Alkier/Th. Hieke/T. Nicklas (Hg.) in Zusammenarbeit mit M. Sommer, Poetik und Intertextualität der Johannesapokalypse, WUNT 346, Tübingen 2015, 155-176.

Moore, S. D., Revolting Revelations, in: I. R. Kitzberger (Hg.), The Personal Voice in Biblical Interpretation, London 2003, 183-200.

Moyise, S., Word Frequencies in the Book Revelation, AUSS 43.2 (2005), 285-299.

Ders., Intertextuality, Historical Criticism and Deconstruction, in: T. L. Brodie u. a. (Hg.), The Intertextuality of the Epistles. Explorations of Theory and Practice, NTM 16, Sheffield 2006, 24-34.

Mucha, R., Ein flavischer Nero. Zur Domitian-Darstellung und Datierung der Johannesoffenbarung, in: NTS 60 (1/2014), 83-105.

Ders./Witetschek, S. J., Das Buch ohne Siegel. Zur zeitgeschichtlichen Referentialität der Johannesapokalypse, in: EC 4 (1/2013), 96-125.

Müller, U. B., Der apokalyptische Prophet Johannes als Judenchrist. Judenchristliche Traditionen in der Johannesoffenbarung, in: ZNW 104 (1/2013), 98-117.

Ders., Frühchristliche Prophetie und die Johannesoffenbarung, in: NT 56 (2/2014), 174-195.

Müller-Fieberg, R., Paulusrezeption in der Johannesoffenbarung? Auf der Suche nach dem Erbe des Apostels im letzten Buch des biblischen Kanons, in: NTS 55 (1/2009), 83-103.

MUSSNER, F., Transzendentale Satanologie (Antichristologie). Impulse Karl Rahners und der Johannesapokalypse, in: J. E. AGUILAR CHIU (Hg.), »Il Verbo di Dio è vivo«. Studi sul Nuovo Testamento in onore del cardinale Albert Vanhoye S. I., AnBibl 165, Rom 2007, 569-581.

OEGEMA, G. S., Auferstehung in der Johannesoffenbarung. Eine rezeptionsgeschichtliche Untersuchung zur Vorstellung zweier Auferstehungen in der Offenbarung des Johannes, in: F. AVEMARIE/H. LICHTENBERGER (Hg.), Auferstehung - Resurrection. The Fourth Durham-Tübingen Research Symposium Resurrection, Transfiguration and Exaltation in Old Testament, Ancient Judaism and Early Christianity (Tübingen, September 1999), WUNT 135, Tübingen 2001, 205-227.

OMERZU, H., Die Himmelfrau in Apk 12. Ein polemischer Reflex des römischen Kaiserkults, in: M. BECKER/M. ÖHLER (Hg.), Apokalyptik als Herausforderung neutestamentlicher Theologie, WUNT II.214, Tübingen 2006, 167-194.

PARKER, F. O., ›Our Lord and God‹ in Rev 4,11 - Evidence for the Late Date of Revelation?, in: Bib. 82 (2001), 207-231.

PAULIEN, J., Elusive Allusions in the Apocalypse. Two Decades of Research into John's Use of the Old Testament, in: T. L. BRODIE u. a. (Hg.), The Intertextuality of the Epistles. Explorations of Theory and Practice, NTM 16, Sheffield 2006, 61-68.

PAULSEN, TH., Zu Sprache und Stil der Johannes-Apokalypse, in: S. ALKIER/TH. HIEKE/T. NICKLAS (Hg.) in Zusammenarbeit mit M. SOMMER, Poetik und Intertextualität der Johannesapokalypse, WUNT 346, Tübingen 2015, 3-25.

PETER, K., Im Wandel der Zeiten. Die Johannesoffenbarung im Spannungsfeld apokalyptischen Denkens, in: BiKi 67 (2/2012), 105-109.

PETERS, O. K., The Church in the Apokalyse of John, in: J. P. HARRISON/J. D. DVORAK (Hg.), The New Testament Church. The Challenge of Developing Ecclesiologies, McMaster Biblical Studies Series 1, Eugene 2012, 243-267.

PEZZOLI-OLGIATI, D., Between Fascination and Destruction. Considerations on the Power of the Beast in Rev 13:1-10, in: M. LABAHN/J. ZANGENBERG (Hg.), Zwischen den Reichen. Neues Testament und römische Herrschaft, TANZ 36, Tübingen 2002, 229-237.

PIPPIN, T., The Never-Ending Apocalypse. Evil and Antichrists in a Postmodern World, in: G. A. PHILLIPS/N. WILKINSON DUNCAN (Hg.), Reading Communities Reading Scripture. Essays in Honor of Daniel Patte, Harrisburg 2002, 49-65.

PRIGENT, P., Le temps et le Royaume dans l'Apocalypse, in: J. LAMBRECHT (Hg.), L'Apocalypse johannique et l'Apocalyptique dans le Nouveau Testament, Gembloux 1980, 231-245.

QUEK, T.-M., »I will give Authority over the Nations«. Psalm 2:8-9 in Revelation 2:26-27, in: C. A. EVANS/H. D. ZACHARIAS (Hg.), Early Christian Literature and Intertextuality. Volume 2. Exegetical Studies, LNTS 392, London 2009, 175-187.

RÄISÄNEN, H., The Nicolaitans. Apoc. 2; Acta 6, ANRW II.26.2 (1995), 1602-1644.

ROWLAND, C., The Lamb and the Beast, the Sheep and the Goats. ›The Mystery of Salvation‹ in Revelation, in: M. BOCKMUEHL/M. B. THOMPSON (Hg.), A Vision for the Church. Studies in Early Christian Ecclesiology, Edinburgh 1997, 181-192.

ROYALTY, R. M., Don't Touch This Book! Revelation 22:18-19 and the Rhetoric of Reading (in) the Apocalypse of John, in: BibInt 12 (2004), 282-299.

Ders., Demonic Symposia in the Apocalypse of John, in: JSNT 38 (4/2016), 503-525.

SANDERS, J. N., St. John on Patmos, in: NTS 9 (1962/63), 75-85.

SCHERRER, S. J., Signs and Wonders in the Imperial Cult. A New Look at a Roman Religious Institution in the Light of Rev 13:13-15, in: JBL 103 (1984), 599-610.

SCHLIER, H., Vom Antichrist. Zum 13. Kapitel der Offenbarung Johannis, in: E. WOLF (Hg.), Theologische Aufsätze (FS K. Barth), München 1936, 110-123.

SCHÜSSLER FIORENZA, E., Die Johannesapokalypse in kritisch-feministischer Perspektive, in: ZNT 11 (22/2008), 13-19.

SIGISMUND, M., Schreiber und Korrektoren in der Johannes-Apokalypse des Codex Alexandrinus, in: M. KARRER/S. KREUZER/M. SIGISMUND (Hg.), Von der Septuaginta zum Neuen Testament. Textgeschichtliche Erörterungen, ANTF 43, Berlin/Boston 2010, 319-338.

SLATER, T. B., On the Social Setting of the Revelation to John, in: NTS 44 (1998), 232-256.

SNYDER, G. F., The Two Thirteens. Romans and Revelation, in: D. E. AUNE/R. D. YOUNG (Hg.), Reading Religions in the Ancient World (FS Grant), NT.S 125, Leiden u. a. 2007, 177-197.

SÖDING, T., Heilig, heilig, heilig. Zur politischen Theologie in der Johannes-Apokalypse, in: ZThK 96 (1999), 49-76.

Ders., Siegertypen. Der Triumph des Glaubens nach den Sendschreiben der Johannesapokalypse (Offb 2-3), in: K. HUBER/B. REPSCHINSKI (Hg.), Im Geist und in der Wahrheit. Studien zum Johannesevangelium und zur Offenbarung des Johannes sowie andere Beiträge. FS für Martin Hasitschka SJ zum 65. Geburtstag, NTA.NF 52, Münster 2008, 331-362.

SOMMER, M., Die literarische Konzeption von räumlicher und zeitlicher Wahrnehmung in der Johannesoffenbarung, in: Bib. 96 (4/2015), 565-585.

STROBEL, A., Abfassung und Geschichtstheologie der Apokalypse nach Kap. XVII. 9-12, in: NTS 10 (1964), 433-445.

TAEGER, J.-W., Hell oder dunkel? Zur neueren Debatte um die Auslegung des ersten apokalyptischen Reiters, in: U. MELL/U. B. MÜLLER (Hg.), Das Urchristentum in seiner literarischen Geschichte. FS für Jürgen Becker zum 65. Geburtstag, BZNW 100, Berlin u. a. 1999, 369-389.

Ders., Offenbarung 1.1-3. Johanneische Autorisierung einer Aufklärungsschrift, in: NTS 49 (2003), 176-192.

TAVO, F., The Structure of the Apocalypse. Re-Examining a Perennial Problem, NT 47 (2005), 47-68.

THEOBALD, M., »Selig, die zum Hochzeitsmahl des Lammes geladen sind« (Offb 19,9). Mahlsprache und Mahlpraxis nach der Johannesoffenbarung, in: E. GASS/H.-J. STIPP (Hg.), »Ich werde meinen Bund mit euch niemals brechen!« (Ri 2,1). FS für Walter Groß zum 70. Geburtstag, HBS 62, Freiburg i. B. 2011, 399-433.

VAN TILBOURG, S., The Danger at Midday. Death Threats in the Apocalypse, in: Bib 85 (2004), 1-23.

TILLY, M., Textsicherung und Prophetie in der Johannesapokalypse. Beobachtungen zur Septuagintarezeption in Apk 22,18f., in: ders. (Hg.), Geschichte und Tradition. Aufsätze zum antiken Judentum und zum jüdischen Erbe des frühen Christentums, ANTZ 12, Berlin 2012, 107-123.

Ders., Die Offenbarung des Johannes und das Moselied (Dtn 32), in: ders. (Hg.), Geschichte und Tradition. Aufsätze zum antiken Judentum und zum jüdischen Erbe des frühen Christentums, ANTZ 12, Berlin 2012, 125-136.

TÓTH, F., Das Gebet der Heiligen. Gebet, Räucherwerk und Räucherkult in der Johannesapokalypse vor dem Hintergrund biblischer und frühjüdischer Traditionen, in: H. KLEIN/V. MIHOC/K.-W. NIEBUHR (Hg.) unter Mitarbeit von C. KARAKOLIS, Das Gebet im Neuen Testament. Vierte europäische orthodox-westliche Exegetenkonferenz in Sambata de Sus (4.-8. August 2007), WUNT 249, Tübingen 2009, 249-311.

Ders., Von der Vision zur Redaktion. Untersuchungen zur Komposition, Redaktion und Intention der Johannesapokalypse, in: ders./J. FREY/J. A. KELHOFFER (Hg.), Die Johannesapokalypse. Kontexte - Konzepte - Rezeption, Tübingen 2012, 319-411.

DE VILLIERS, P. G. R., Persecution in the Book of Revelation, in: AcTh 2 (2002), 47-70.

DE VRIES, J., Ps 86MT/Ps 85LXX in Apk 15,4bss. Anmerkungen zum Text von Psalter und Johannesoffenbarung, in: M. KARRER/S. KREUZER/M. SIGISMUND (Hg.), Von der Septuaginta zum Neuen Testament. Textgeschichtliche Erörterungen, ANTF 43, Berlin/Boston 2010, 417-423.

Ders., Kairos, Christus und der Einbruch der Gegenwart. Zum Zeitverständnis der Johannesoffenbarung, in: BiKi 67 (2/2012), 96-100.

ders./KARRER, M./SCHMID, U., Der Text der Johannesoffenbarung. Zeugen, Editionsgeschichte und »Editio critica maior«, in: BiKi 67 (2/2012), 110-112.

VAN DE WATER, R., Reconsidering the Beast from the Sea (Rev 13.1), in: NTS 46 (2000), 245-261.

WIEGER, M., »Celui qu'on appelle διαβόλος« (Apocalypse 12,9). L'histoire du nom grec de l'Adversaire, in: M. TILLY u. a. (Hg.), L'adversaire de Dieu/Der Widersacher Gottes. 6. Symposium Strasbourg, Tübingen, Uppsala (27.-29. Juni 2013 in Tübingen), WUNT 364, Tübingen 2016, 201-218.

WILSON, J. C., The Problem of the Domitianic Date of Revelation, in: NTS 39 (1993), 587-605.

WITETSCHEK, S. J., Der Lieblingspsalm des Sehers. Die Verwendung von Ps 2 in der Johannesapokalypse, in: M. A. KNIBB (Hg.), The Septuagint and messianism, Leuven 2006, 487-502.

Ders., Kontrollierter Weltuntergang. Die Darstellung von Katastrophen in der Johannesapokalypse, in: Diakonia 42 (4/2011), 255-261.

WITULSKI, TH., Das »himmlische« und das »satanische« Quartett. Antithetische Parallelisierungen in der Johannesapokalypse, in: ThZ 67 (3/2011), 289-320.

Ders., Offb 11,1f. und die (Neu-)Gründung Jerusalems durch Kaiser Hadrian, in: BZ 55 (2011), 35-62.

Ders., Das Zeugnis des Papias und die Datierung der Johannesapokalypse, in: BZ.NF 57 (2/2013), 184-215.

WONG, D. K. K., The Beast from the Sea in Revelation 13, in: BS 160 (2003), 337-348.

ZELLER, D., Zum Tempusgebrauch in der Offenbarung des Johannes, in: S. ALKIER/TH. HIEKE/T. NICKLAS (Hg.) in Zusammenarbeit mit M. SOMMER, Poetik und Intertextualität der Johannesapokalypse, WUNT 346, Tübingen 2015, 27-44.

1.6 Weiterführende Literatur

APPEL, K./DIRSCHERL, E. (Hg.), Das Testament der Zeit. Die Apokalyptik und ihre gegenwärtige Rezeption, QD 278, Freiburg i. B. 2016; insb. Kap. 4: »Exegetische Untersuchungen zur biblischen Zeiterfahrung und Johannesapokalypse«.

AUNE, D. E., Apocalypticism, Prophecy and Magic in Early Christianity. Collected Essays, WUNT 199, Tübingen 2006.

BACKHAUS, K./HÄFNER, G. (Hg.), Historiographie und fiktionales Erzählen. Zur Konstruktivität in Geschichtstheorie und Exegese, BThSt 86, Neukirchen-Vluyn 2007.

BLUHM, L., Untergangsszenarien. Apokalyptische Denkbilder in Literatur, Kunst und Wissenschaft, Berlin 2013.

BRAKKE, D. u. a. (Hg.), Beyond Reception. Mutual Influences between Antique Religion, Judaism, and Early Christianity, ECCA 1, Frankfurt a. M. 2006.

BROKOFF, J. (Hg.), Apokalyptik in Antike und Aufklärung, Paderborn 2004.

CANCIK, H., Religionsgeschichten. Römer, Juden und Christen im römischen Reich (Gesammelte Aufsätze 2), Tübingen 2008.

Ders., Römische Religion im Kontext. Kulturelle Bedingungen religiöser Diskurse (Gesammelte Aufsätze 1), Tübingen 2008.

Ders./HITZL, K. (Hg.), Die Praxis der Herrscherverehrung in Rom und seinen Provinzen, Tübingen 2003.

CONRAD, W., Christliche Stätten in der Türkei, Stuttgart 2006.

DAVIES, P., Apocalyptic, in: J. W. ROGERSON/J. M. LIEU (Hg.), The Oxford Handbook of Biblical Studies, Oxford 2008, 397-408.

DOCHHORN, J. (Hg.), »For it is written«. Essays on the Function of Scripture in Early Judaism and Christianity, ECCA 12, Frankfurt a. M. 2011.

ENGBERG, J. u. a. (Hg.), Contextualising Early Christian Martyrdom, ECCA 8, Frankfurt a. M. 2011.

FREY, J./BECKER, M. (Hg.), Apokalyptik und Qumran, Einblicke 10, 2007.

FRIESEN, S. J., Twice Neokoros. Ephesus, Asia and the Cult of the Flavian Imperial Family, Leiden 1993.

GRIMM, M. A., Lebensraum in Gottes Stadt. Jerusalem als Symbolsystem der Eschatologie, JThF 12, Münster 2007.

VON HAGEN, J. (Hg.), Money as god? The monetization of the market and its impact on religion, politics, law and ethics, Cambridge 2014.

HAHN, F., Frühjüdische und urchristliche Apokalyptik. Eine Einführung, BThS 36, Neukirchen-Vluyn 1998.

JACOBSEN, A.-C. u. a. (Hg.), Critique and Apologetics. Jews, Christians and Pagans in Antiquity, ECCA 4, Frankfurt a. M. 2009.

MOYISE, S., Evoking Scripture. Seeing the Old Testament in the New, Bloomsbury 2008.

NICKLAS, T., Zeit, Zeitmodelle und Zeitdeutung im Alten und Neuen Testament, in: K. APPEL/E. DIRSCHERL (Hg.), Das Testament der Zeit. Die Apokalyptik und ihre gegenwärtige Rezeption, QD 278, Freiburg i. B. 2016, 352-377.

OEGEMA, G. S., Apocalyptic Interpretation of the Bible. Apocalypticism and Biblical Interpretation in Early Judaism, the Apostle Paul, the Historical Jesus, and their Reception History, JCTC 13, London 2012.

OTTERMANN, A. (Hg.), Das spätkarolingische Fragment eines illustrierten Apokalypse-Kommentars in der Mainzer Stadtbibliothek, Veröffentlichungen der Bibliotheken der Stadt Mainz Band 60, Mainz 2014.

PEDROLI, L., Homo Apocalypticus – Ein Mensch in der »Krise«. Die eschatologische Konnotation der Anthropologie in der Apokalypse, in: K. APPEL/E. DIRSCHERL (Hg.), Das Testament der Zeit. Die Apokalyptik und ihre gegenwärtige Rezeption, QD 278, Freiburg i. B. 2016, 378-409.

PRICE, S. R. F., Rituals and Power. The Roman Imperial Cult in Asia Minor, Cambridge 1984.

SAAVEDRA MONROY, M., The Church of Smyrna. History and Theology of a primitive Christian Community, Patrologia 33, Frankfurt a. M. 2015.

STEINMANN, K., Die Apokalypse aus dem Altgriechischen von Kurt Steinmann, mit einem Nachwort von Jürgen Kaube und Illustrationen von Daniel Egnéus, München 2016.

TILLY, M., Apokalyptik, Bern 2012.

TREBILCO, P., The Early Christians in Ephesus from Paul to Ignatius, WUNT 166, Tübingen 2004.

VALENTIN, J., Zwischen Fiktionalität und Kritik. Die Aktualität apokalyptischer Motive als Herausforderung theologischer Hermeneutik, Freiburg i. B. 2005.

VONACH, A., Vom Ergreifen des »kairos« und dem Ausharren bis zum bitteren Ende. Zeitdimensionen im Grenzbereich von Frühjudentum und Frühchristentum und was wir davon lernen können, in: K. APPEL/E. DIRSCHERL (Hg.), Das Testament der Zeit. Die Apokalyptik und ihre gegenwärtige Rezeption, QD 278, Freiburg i. B. 2016, 331-351.

WALTERS, P. (Hg.), From Judaism to Christianity. Tradition and transition - FS Thomas H. Tobin, Leiden 2010.

WITULSKI, TH., Kaiserkult in Kleinasien. Die Entwicklung der kultisch-religiösen Kaiserverehrung in der römischen Provinz Asia von Augustus bis Antoninus Pius, NTOA 63, Göttingen 2011.

2. Antike Schriften

2.1 Neues Testament

Novum Testamentum Graece, ed. E. NESTLE/K. ALAND, Stuttgart [28]2012.

2.2 Griechische Schriften

Aischylos

Aeschylus. Tragoediae, ed. M. L. WEST, Stuttgart/Leipzig 1998.

Ammian

Die Epigramme des Ammianos, gr.-dt., hrsg., übers. und kommentiert von H. SCHULTE, Trier 2004.

Apollodor

Bibliotheke. Götter und Heldensagen, gr.-dt., hrsg., übers. und kommentiert von P. DRÄGER, Düsseldorf/Zürich 2005.

Aratos

Ἀράτου Φαινόμενα καὶ Διοσημεία. Des Aratos Sternerscheinungen und Wetterzeichen, gr.-dt., hrsg., übers. und erklärt von J. H. VOSS, Heidelberg 1824.

Phainomena. Sternbilder und Wetterzeichen, gr.-dt., hrsg. und übers. von M. ERREN, Düsseldorf 2009.

Aristoteles

Poetik, gr.-dt., hrsg. und übers. von M. FUHRMANN, Stuttgart 1982.

Euripides

Fragmente, hrsg. und übers. von G. A. Seeck, München 1981.

Hesiod

Theogonie. Vom Ursprung der Götter, gr.-dt., hrsg. und übers. von O. Schönberger, Stuttgart 2014.

Homer

Homeri Opera. Tom. III. Odysseae libros I-XII continens, ed. Th. W. Allen, Nachdr. d. Ausg. ^{2}1917, Oxford 1979.

Homeri Opera. Tom. IV. Odysseae libros XIII-XXIV continens, ed. Th. W. Allen, Nachdr. d. Ausg. ^{2}1919, Oxford 1985.

Die Odyssee, übers. von W. Schadewaldt, Berlin ^{4}2012.

Josephus

Flavii Iosephi Opera. Vol. III. Antiquitatum Iudaicarum libri XI-XV, ed. B. Niese, Berlin 21955.

Kallimachos

Werke, gr.-dt., hrsg. und übers. von M. Asper, Darmstadt 2004.

Nikander

Œuvres. Tome II. Les Thériaques, gr.-fr., texte établi et traduit par J.-M. Jacques, Paris 2002.

Polybios

Polybii Historiae. Vol. III. Libri IX-XIX, ed. L. Dindorf/Th. Büttner-Wobst, Stuttgart 1962.

Praxilla

Greek lyric poetry. A selection of early Greek lyric, elegiac and iambic poetry, ed. D. A. CAMPBELL, London 2003.

Sophokles

Sophoclis fabulae, ed. H. LLOYD-JONES/N. G. WILSON, Oxford 1990.

Thukydides

Thucydidis Historiae, ed. H. STUART JONES/J. E. POWELL, 2 Bd., Oxford 1948/49.

Der Peloponnesische Krieg, gr.-dt., hrsg. und übers. von G. P. LANDMANN, Düsseldorf 2002.

2.3 Römische Schriften

Cicero

M. Tulli Ciceronis de natura deorum libri III, ed. A. S. PEASE, Darmstadt 1968.

Horaz

Q. Horati Flacci Opera, ed. F. KLINGNER, Leipzig 1959.

Ovid

P. Ovidii Nasonis Metamorphoses, ed. W. S. ANDERSON, Leipzig [2]1982.

Metamorphosen, lat.-dt., hrsg. und übers. von G. FINK, Düsseldorf/Zürich 2004.

Metamorphosen, lat.-dt., hrsg. und übers. von N. HOLZBERG, Berlin/Boston 2017.

Plinius der Ältere

Naturkunde. Buch 11, lat.-dt., hrsg. und übers. von R. KÖNIG, München u. a. 1990.

Sueton

Suetonius. Vol. II, translated by J. C. ROLFE, with an introduction by K. R. BRADLEY, Cambridge (MA) 1970.

3. Altertumswissenschaftliche Schriften

3.1 Monographien

von Albrecht, M., Ovids Metamorphosen. Texte. Themen. Illustrationen, Heidelberg 2014.

Bergmann, M., Die Strahlen der Herrscher. Theomorphes Herrscherbild und politische Symbolik im Hellenismus und in der römischen Kaiserzeit, Mainz 1998.

Bömer, F., P. Ovidius Naso. Metamorphosen. Kommentar, Buch XIV–XV, Heidelberg 1986.

Burkert, W., Griechische Religion der archaischen und klassischen Epoche, Die Religionen der Menschheit 15, 2. überarb. u. erw. Aufl., Stuttgart 2011.

Cook, B., Zeus. A Study in Ancient Religion. Vol. II. Zeus. God of the Dark Sky (Thunder and Lightning), Neudr. d. Aufl. Cambridge 1925, New York 1965.

Classen, J./Steup, J., Thukydides, 1. Band, Berlin [5]1919.

Delatte, A./Derchain, Ph., Les Intailles magiques gréco-égyptiennes, Paris 1964.

Easterling, P. E., Sophocles Trachiniae, Cambridge 1982.

Franke, P. R., Kleinasien zur Römerzeit. Griechisches Leben im Spiegel der Münzen, München 1968.

Hackl, U./Jacobs, B./Weber, D. (Hg.), Quellen zur Geschichte des Partherreiches. Textsammlung mit Übersetzungen und Kommentaren. Bd. 2, NTOA/StUNT 84, Göttingen 2010.

Head, V., Historia Numorum. A Manual of Greek Numismatics, Neudr. d. Aufl. Oxford [2]1911, London 1963.

de Jong, I. J. F., A Narratological Commentary on the Odyssey, Cambridge 2001.

Kienast, D., Augustus. Prinzeps und Monarch, Darmstadt [4]2009.

Klose, O. A., Die Münzprägung von Smyrna in der römischen Kaiserzeit, Antike Münzen und geschnittene Steine Bd. 10, Berlin 1987.

Lamm, S., Die Darstellung des Augustus bei Tibull und Ovid, Berlin 2006.

Lange, E., Thukydides in Auswahl. Hilfsheft, Leipzig 1896.

Levick, B., Augustus. Image and Substance, Harlow u. a. 2010.

Meyer, H. D., Die Aussenpolitik des Augustus und die augusteische Dichtung, Kölner Historische Abhandlungen 5, Köln/Graz 1961.

von Möllendorff, P., Grundlagen einer Ästhetik der Alten Komödie. Untersuchungen zu Aristophanes und Michail Bachtin, Classica Monacensia 9, Tübingen 1995.

Möller, K., Götterattribute in ihrer Anwendung auf Augustus. Eine Studie über die indirekte Erhöhung des ersten Princeps in der Dichtung seiner Zeit, Geschichtswissenschaftliche Beiträge 101, Idstein 1985.

Oberleitner, W., Das Partherdenkmal von Ephesos. Ein Siegesmonument für Lucius Verus und Marcus Aurelius, Schriften des Kunsthistorischen Museums 11 A, Wien 2009.

Overduin, F., Nicander of Colophon's Theriaca. A Literary Commentary, Leiden 2015.

PAULSEN, TH., Geschichte der griechischen Literatur, Stuttgart 2004.

WEINSTOCK, S., Divus Iulius, Oxford 1971.

WIESEHÖFER, J., Das frühe Persien. Geschichte eines antiken Weltreichs, München [5]2015.

WINTER, E./DIGNAS, B., Rom und das Perserreich. Zwei Weltmächte zwischen Konfrontation und Koexistenz, Studienbücher Geschichte und Kultur der Alten Welt, Berlin 2001.

3.2 Aufsätze

HIJMANS, S. E., Sol Invictus, the Winter Solstice, and the Origins of Christmas, in: Museion 47.3 (2003), 377–398.

KERSCHBAUM, S., Apollon Lairbenos und seine lokalen Epiklesen auf den Bronzemünzen des phrygischen Hierapolis, in: JNG 64 (2014), 15-42.

KNIBBE, D., Ephesos - nicht nur die Stadt der Artemis. Die ›anderen‹ ephesischen Götter, in: S. ŞAHIN/E. SCHWERTHEIM/J. WAGNER (Hg.), Studien zur Religion und Kultur Kleinasiens II. FS F. K. Dörner, Leiden 1978, 489-503.

VON MÖLLENDORFF, P., Christliche Apokalypsen und ihr mimetisches Potential in der paganen Bildungskultur. Ein Beitrag zu Lukians Wahren Geschichten, in: S. ALKIER/R. B. HAYS (Hg.) unter Mitarb. v. K. DRONSCH/L. A. HUIZENGA/K. KRÜGER/M. SCHNEIDER, Die Bibel im Dialog der Schriften. Konzepte intertextueller Bibellektüre, NET 10, Tübingen/Basel 2005, 179-194.

PETER, U., Götter auf Reisen. Münzbilder über die Verbreitung ägyptischer Kulte, in: dies./S. J. SEIDLMAYER (Hg.), Mediengesellschaft Antike? Information und Kommunikation vom Alten Ägypten bis Byzanz, Altertumswissenschaftliche Vortragsreihe an der Berlin-Brandenburgischen Akademie der Wissenschaften, Berlin 2006, 151-183.

SCHMITZER, U., Ovids Carmentalia - oder: Kann man einem Dichter vertrauen?, in: ders./M. JANKA/H. SENG (Hg.), Ovid. Werk - Kultur - Wirkung, Darmstadt 2007, 113-144.

TYBOUT, R. A., »Herrscher, erhalte dieses Haus«. Reiterheroen im Hauskult, in: TH. GANSCHOW (Hg.), Otium. FS V. M. Strocka, Remshalden 2005, 391-398.

4. Theologische Schriften

4.1 Monographien

AICHELE, G., The Control of Biblical Meaning. Canon as Semiotic Mechanism, Trinity Press International, Harrisburg, Pennsylvania 2001.

ALKIER, S., Neues Testament, Tübingen/Basel 2010.

Ders., Die Realität der Auferweckung in, nach und mit den Schriften des Neuen Testaments, NET 12, Tübingen/Basel 2009.

HAYS, R. B., Echoes of Scripture in the Letters of Paul, Yale UP New Haven and London 1989.

Ders., Echoes of Scripture in the Gospels, Waco (TX) 2016.

MOORE, S. D., The Bible in Theory. Critical and Postcritical Essays, SBL Resources for Biblical Study 57, Atlanta 2010.

4.2 Aufsätze

ALKIER, S., »Geld« im Neuen Testament - Der Beitrag der Numismatik zu einer Enzyklopädie des Frühen Christentums, in: S. ALKIER/J. ZANGENBERG (Hg.), Zeichen aus Text und Stein. Studien auf dem Weg zu einer Archäologie des Neuen Testaments, Tübingen/Basel 2003, 308-335.

Ders., Intertextualität - Annäherungen an ein texttheoretisches Paradigma, in: D. SÄNGER (Hg.), Heiligkeit und Herrschaft. Intertextuelle Studien zu Heiligkeitsvorstellungen und zu Psalm 110, BThSt 55, Neukirchen-Vluyn 2003, 1-26.

Ders., Die Bibel im Dialog der Schriften und das Problem der Verstockung in Mk 4. Intertextualität im Rahmen einer kategorialen Semiotik biblischer Texte, in: ders./R. B. HAYS (Hg.) unter Mitarb. v. K. DRONSCH/L. A. HUIZENGA/K. KRÜGER/M. SCHNEIDER, Die Bibel im Dialog der Schriften. Konzepte intertextueller Bibellektüre, NET 10, Tübingen/Basel 2005, 1-22.

Ders., New Testament Studies on the Basis of Categorical Semiotics, in: ders./R. B. HAYS/L. HUIZENGA (Hg.), Reading the Bible Intertextually, BUP, Waco (TX) 2009, 223-248.

Ders., Identitätsbildung im Medium der Schrift, in: M. GROHMANN (Hg.), Identität und Schrift. Fortschreibungsprozesse als Mittel religiöser Identitätsbildung, BThS, Göttingen 2016, 105-161.

Ders., Intertextuality Based on Categorical Semiotics, in: B. J. OROPEZA/STEVE MOYISE (Hg.), Exploring Intertextuality. Diverse Strategies for New Testament Interpretation of Texts, Eugene (OR) 2016, 128-147.

Ders., Positionierung - Transpositionierung - Dialogizität. Zur aktuellen hermeneutischen Relevanz der paulinischen Schriftrezeption, in: F. WILK/M. ÖHLER (Hg.), Paulinische Schriftrezeption. Grundlagen - Ausprägungen - Wirkungen - Wertungen, FRLANT 268, Göttingen 2016, 275-296.

NOTHAFT, C. P. E., The Origins of the Christmas Date. Some Recent Trends in Historical Research, in: Church History 81 (2012), 903-911.

WALTER, N., Nikolaos, Proselyt aus Antiochien, und die Nikolaiten in Ephesus und Pergamon. Ein Beitrag auch zum Thema: Paulus und Ephesus, ZNW 93 (2002), 200-226.

4.3 Sammelwerke

ALKIER, S./HAYS, R. B. (Hg.) unter Mitarb. v. K. DRONSCH/L. A. HUIZENGA/K. KRÜGER/M. SCHNEIDER, Die Bibel im Dialog der Schriften. Konzepte intertextueller Bibellektüre, NET 10, Tübingen/Basel 2005.

ALKIER, S./HAYS, R. B. (Hg.), Kanon und Intertextualität, Kleine Schriften des Fachbereichs Evangelische Theologie der Goethe-Universität Frankfurt Main 1, Frankfurt am Main 2010.

5. Literaturtheoretische Schriften

5.1 Monographien

ALLEN, G., Intertextuality, London/New York 2000.

BACHTIN, M. M., Probleme der Poetik Dostoevskijs, Orig. Problemy poėtiki Dostoevskogo, aus d. Russ. von A. SCHRAMM, Ullstein Materialien, ungekürzte Ausg., Frankfurt a. M./Berlin/Wien 1985.

Ders., Chronotopos, aus d. Russ. von M. DEWEY, mit einem Nachwort von M. C. FRANK u. K. MAHLKE, stw 1879, Frankfurt a. M. 2008.

BARR, D. L., Tales of the End. A Narrative Commentary on the Book of Revelation, Salem (OR) 2012.

BERNDT, F./TONGER-ERK, L., Intertextualität. Eine Einführung, Grundlagen der Germanistik 53, Berlin 2013.

HOLTHUIS, S., Intertextualität. Aspekte einer rezeptionsorientierten Konzeption, Stauffenburg Colloquium 28, Tübingen 1993.

LINK, H., Rezeptionsforschung. Eine Einführung in Methoden und Probleme, Stuttgart u. a. [2]1980.

5.2 Aufsätze

BARTHES, R., Am Nullpunkt der Literatur, in: ders. (Hg.), Am Nullpunkt der Literatur. Literatur oder Geschichte. Kritik und Wahrheit, aus d. Franz. von HELMUT SCHEFFEL, SV 2471, Frankfurt a. M. 2006, 7-69.

KRISTEVA, J., Bachtin, das Wort, der Dialog und der Roman, in: D. KIMMICH/R. G. RENNER/B. STIEGLER (Hg.), Texte zur Literaturtheorie der Gegenwart, Stuttgart 1996, 334-348.

PETÖFI, J., Explikative Interpretation. Explikatives Wissen, in: ders./T. OLIVI (Hg.), Von der verbalen Konstitution zur symbolischen Bedeutung - From verbal constitution to symbolic meaning, Papiere zur Textlinguistik 62, Hamburg 1988, 184-195.

5.3 Sammelwerke

KLEIN, J./FIX, U. (Hg.), Textbeziehungen. Linguistische und literaturwissenschaftliche Beiträge zur Intertextualität, Tübingen 1997.

6. Hilfsmittel und Weiteres

6.1 Lexika

[DNP] Der Neue Pauly. Enzyklopädie der Antike, H. CANCIK/H. SCHNEIDER (Hg.), 16 Bd., Stuttgart 1996–2010.

[LIMC] Lexicon Iconographicum Mythologiae Classicae, L. KAHIL (Hg.), 8 Bd., Zürich/München 1981-1997.

[RAC] Reallexikon für Antike und Christentum. Sachwörterbuch zur Auseinandersetzung des Christentums mit der antiken Welt, TH. KLAUSER/E. DASSMANN/G. SCHÖLLGEN (Hg.), Stuttgart 1950ff., bisher erschienen: Band 1-27 (*Pelagius - Porträt*), 2016.

[RE] Paulys Realencyclopädie der classischen Altertumswissenschaft, G. WISSOWA/W. KROLL/K. MITTELHAUS/K. ZIEGLER (Hg.), München 1893-1980.

[WiBiLex] Das wissenschaftliche Bibellexikon im Internet, S. ALKIER/M. BAUKS/K. KOENEN (Hg.), 2007ff., http://www.wibilex.de

6.2 Wörterbücher

[LSJ] H. G. LIDDELL/R. SCOTT/H. STUART JONES, A Greek-English lexicon, Nachdr. d. Ausg. Oxford ^{9}1940, ebd. 1996.

[TGL] C. B. HASE/W. DINDORF/L. DINDORF, Thesaurus Graecae linguae ab HENRICO STEPHANO constructus, 8 Teile in 9 Bd., Nachdr. d. Ausg. Paris ^{3}1831-1865, Graz 1954.

[THWNT] G. KITTEL/G. FRIEDRICH, Theologisches Wörterbuch zum Neuen Testament, 10 Bd., unveränd. Nachdr. d. Ausg. Stuttgart 1933-1979, Stuttgart/Berlin/Köln 1990.

6.3 Grammatiken

BORNEMANN, E./RISCH, E., Griechische Grammatik, Frankfurt am Main [2]1978.

RUBENBAUER, H./HOFMANN, J. B., Lateinische Grammatik, Bamberg/München [12]1995.

6.4 Neuzeitliche Romane

ECO, U., Il nome della rosa, Milano 1980.

RAY, J., Malpertuis, übers. v. R. A. ZONDERGELD, Frankfurt 1974.

Stellenregister

Das Register ist unterteilt in Stellenangaben zu Büchern des Alten und Neuen Testaments sowie zu Schriften der griechisch-römischen Antike, die nicht dem biblischen Kanon angehören. Die Stellenangaben sind durch Semikola getrennt. Angaben vor Kommata bezeichnen Seitenzahlen, Angaben hinter Kommata die entsprechenden Anmerkungen.

1. Altes und Neues Testament

1.1 Altes Testament

1.2 Neues Testament

2. Außerkanonische Schriften der Antike

2.1 Griechische Schriften

Hesiod

Homer

2.2 Römische Schriften